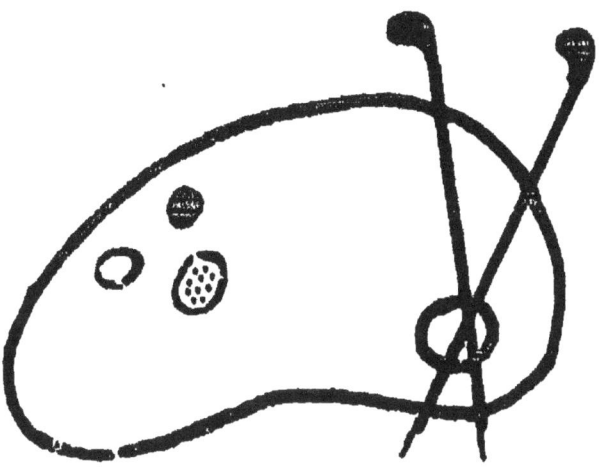

Couvertures supérieure et inférieure
en couleur

BIBLIOTHÈQUE ROSE ILLUSTRÉE

APRÈS LA PLUIE
LE BEAU TEMPS

PAR

Mme LA COMTESSE DE SÉGUR

NÉE ROSTOPCHINE

OUVRAGE ILLUSTRÉ DE 198 VIGNETTES SUR BOIS

PAR É. BAYARD

PARIS
LIBRAIRIE HACHETTE ET Cie
79, BOULEVARD SAINT-GERMAIN, 79

PRIX : 2 FRANCS 25

LE JOURNAL DE LA JEUNESSE

NOUVEAU RECUEIL HEBDOMADAIRE ILLUSTRÉ

POUR LES ENFANTS DE DOUZE A QUINZE ANS

CONDITIONS DE VENTE ET D'ABONNEMENT

Un numéro comprenant 16 pages grand in-8 paraît le samedi de chaque semaine.

Prix de chaque année, brochée en 2 volumes : 20 fr.

Chaque semestre, formant un volume, se vend séparément : 10 fr.
Le cartonnage en percaline rouge, tranches dorées, se paye en sus par volume 3 fr.

Prix de l'abonnement pour Paris et les départements :
un an 20 fr. ; six mois 10 fr.

Prix de l'abonnement pour les pays étrangers qui font partie de l'Union générale des postes : un an, 22 fr. ; six mois, 11 fr.

Les abonnements se prennent du 1ᵉʳ décembre et du 1ᵉʳ juin de chaque année.

MON JOURNAL

NOUVEAU RECUEIL HEBDOMADAIRE

ILLUSTRÉ DE NOMBREUSES GRAVURES EN COULEURS ET EN NOIR

A L'USAGE DES ENFANTS DE HUIT A DOUZE ANS

Deuxième série

MON JOURNAL, à partir du 1ᵉʳ octobre 1892, est devenu hebdomadaire de mensuel qu'il était, et convient à des enfants de 8 à 12 ans.

Il paraît un numéro le samedi de chaque semaine.
Prix du numéro, 15 centimes.

ABONNEMENTS

FRANCE { Six mois, 4 fr. 50 | Un an, 8 fr. } UNION POSTALE { Six mois 5 fr. 50 | Un an 10 fr. }

Prix de l'année (1ʳᵉ série) : brochée, 2 fr. ; cartonnée en percaline gaufrée, avec fers spéciaux à froid, 2 fr. 50.

Paris. — Imprimerie Lahure, rue de Fleurus, 9.

APRÈS LA PLUIE
LE BEAU TEMPS

OUVRAGES DU MÊME AUTEUR

PUBLIÉS DANS LA BIBLIOTHÈQUE ROSE ILLUSTRÉE

PAR LA LIBRAIRIE HACHETTE ET Cie

Un bon petit diable; 1 vol. avec 100 gravures d'après Castelli.
Quel amour d'enfant! 1 vol. avec 70 gravures d'après E. Bayard.
Pauvre Blaise; 1 vol. avec 90 gravures d'après Castelli.
Mémoires d'un Âne; 1 vol. avec 75 gravures d'après Castelli.
Les vacances; 1 vol. avec 36 gravures d'après Bertall.
Les petites filles modèles; 1 vol. avec 21 gravures d'après Bertall.
Les malheurs de Sophie; 1 vol. avec 48 gravures d'après Castelli.
Les deux nigauds; 1 vol. avec 75 gravures d'après Castelli.
Les bons enfants; 1 vol. avec 70 gravures d'après Feroglo.
Le général Dourakine; 1 vol. avec 100 gravures d'après E. Bayard.
L'auberge de l'Ange-Gardien; 1 vol. avec 75 grav. d'après Foulquier.
La sœur de Gribouille; 1 vol. avec 72 gravures d'après Castelli.
La fortune de Gaspard; 1 vol. avec 32 gravures d'après Gorlier.
Jean qui grogne et Jean qui rit; 1 vol. avec 70 grav. d'après Castelli.
François le Bossu; 1 vol. avec 114 gravures d'après E. Bayard.
Diloy le Chemineau; 1 vol. avec 90 gravures d'après H. Castelli.
Comédies et proverbes; 1 vol. avec 60 gravures d'après E. Bayard.
Le mauvais génie; 1 vol. avec 90 gravures d'après E. Bayard.
Après la pluie le beau temps; 1 vol. avec 128 grav. d'après E. Bayard.

Prix de chaque volume broché, 2 25
Relié en percaline rouge, tranches dorées, 3 50

Format in-8°, broché

La Bible d'une grand'mère, avec 30 gravures. . . . . . . 10 »
Évangile d'une grand'mère, avec 30 gravures. . . . . . . 10 »
Les Actes des Apôtres, avec 10 gravures . . . . 10 »

Évangile d'une grand'mère, édition classique, in-12 cart. . 1 50
La santé des enfants, in-18 raisin, broché. . . . . » 50

34606. — Imprimerie LAHURE, rue de Fleurus, 9, à Paris.

APRÈS LA PLUIE
LE BEAU TEMPS

PAR

Mme LA COMTESSE DE SÉGUR

NÉE ROSTOPCHINE

OUVRAGE ILLUSTRÉ DE 128 VIGNETTES DESSINÉES SUR BOIS

Par É. BAYARD

NOUVELLE ÉDITION

PARIS

LIBRAIRIE HACHETTE ET Cie

79, BOULEVARD SAINT-GERMAIN, 79

1897

Droits de traduction et de reproduction réservés.

APRÈS LA PLUIE

LE BEAU TEMPS

I

LES FRAISES

GEORGES.
Geneviève, veux-tu venir jouer avec moi? Papa m'a donné congé parce que j'ai très bien appris toutes mes leçons.
GENEVIÈVE.
Oui, je veux bien; à quoi veux-tu jouer?
GEORGES.
Allons dans le bois chercher des fraises.
GENEVIÈVE.
Alors je vais appeler ma bonne.

GEORGES.

Pourquoi cela? Nous pouvons bien aller seuls, c'est si près.

GENEVIÈVE.

C'est que j'ai peur....

GEORGES.

De quoi as-tu peur?

GENEVIÈVE.

J'ai peur que tu ne fasses des bêtises, tu en fais toujours quand nous sommes seuls.

GEORGES.

Moi, je ne fais pas de bêtises; c'est toi qui en dis.

GENEVIÈVE.

Comment! tu ne fais pas de bêtises? Et ce fossé où tu m'as fait descendre? Et je ne pouvais plus en sortir; et tu as eu si peur que tu as pleuré.

GEORGES.

J'ai pleuré parce que tu pleurais et que cela m'a fait peur. Tu vois bien que je t'ai tirée du fossé.

GENEVIÈVE.

Et ce petit renard que tu as tiré d'un trou! Et la mère qui est accourue furieuse et qui voulait nous mordre!

GEORGES.

Parce que tu t'es jetée devant moi pendant que je tenais le petit renard qui criait.

GENEVIÈVE.

Je me suis jetée devant toi pour que le gros renard ne te morde pas. Et tu as été obligé de lâcher le petit renard tout de même.

GEORGES.

C'était pour t'empêcher d'être mordue ; la mère était furieuse ; elle déchirait ta robe.

GENEVIÈVE.

Oui ; mais tu vois que tu fais des bêtises tout de même.

GEORGES.

Je t'assure que je n'en ferai plus, ma petite Geneviève ; nous cueillerons tranquillement des fraises ; nous les mettrons sur des feuilles dans ton panier et nous les servirons à papa pour le dîner.

GENEVIÈVE.

Oui ! c'est très bien ! c'est une bonne idée que tu as là. Mon oncle aime beaucoup les fraises des bois ; il sera bien content.

GEORGES.

Partons vite alors ; ce sera long à cueillir. »

Georges se précipita hors de la chambre, suivi par Geneviève ; tous deux coururent vers le petit bois qui était à cent pas du château. D'abord ils ne trouvèrent pas beaucoup de fraises ; mais, en avançant dans le bois, ils en trouvèrent une telle quantité, que leur panier fut bientôt plein.

Enchantés de leur récolte, ils s'assirent sur la mousse pour couvrir de feuilles le panier ; après quoi Geneviève pensa qu'il était temps de rentrer.

A peine avaient-ils fait quelques pas qu'ils entendirent la cloche sonner le premier coup du dîner.

« Déjà, dit Georges ; rentrons vite pour ne pas être en retard.

GENEVIÈVE.

Je crains que nous ne soyons en retard tout de même, car nous sommes très loin. As-tu entendu comme la cloche sonnait dans le lointain?

GEORGES.

Oui, oui. Pour arriver plus vite, allons à travers bois; nous sommes trop loin par le chemin.

GENEVIÈVE.

Tu crois? mais j'ai peur de déchirer ma robe dans les ronces et les épines.

GEORGES.

Sois tranquille; nous passerons dans les endroits clairs, sur la mousse. »

Geneviève résista encore quelques instants, mais, sur la menace de Georges de la laisser seule dans le bois, elle se décida à le suivre et ils entrèrent dans le fourré; pendant quelques pas ils marchèrent très facilement; Georges courait en avant, Geneviève suivait. Une ronce accrochait de temps en temps Geneviève, qui tirait sa robe et rattrapait Georges; bientôt les ronces et les épines devinrent si serrées que Georges lui-même passait difficilement. Geneviève avait déjà entendu craquer sa robe plus d'une fois, mais elle avançait toujours; enfin elle fut obligée de traverser un fourré si épais qu'elle se trouva dans l'impossibilité d'aller plus loin.

« Georges, Georges! cria-t-elle, viens m'aider; je ne peux pas avancer; je suis prise dans des ronces.

GEORGES.

Tire ferme; tu passeras.

GENEVIÈVE.

Je ne peux pas; les épines m'entrent dans les bras, dans les jambes. Viens, je t'en prie, à mon secours. »

Georges, ennuyé par les cris de détresse de Geneviève, revint sur ses pas. Au moment où il la rejoignit, le second coup de cloche se fit entendre.

GENEVIÈVE.

Ah! mon Dieu! le second coup qui sonne. Et mon oncle qui n'aime pas que nous le fassions attendre. Oh! Georges, Georges, tire-moi d'ici; je ne puis ni avancer ni reculer. »

Geneviève pleurait. Georges s'élança dans le fourré, saisit les mains de Geneviève et, la tirant de toutes ses forces, il parvint à lui faire traverser les ronces et les épines qui l'entouraient. Elle en sortit donc, mais sa robe en lambeaux, ses bras, ses jambes, son visage même pleins d'égratignures. Aucun des deux n'y fit attention; le bois s'éclaircissait, le temps pressait; ils arrivèrent à la porte au moment où M. Dormère les appelait pour dîner.

Quand ils apparurent rouges, suants, échevelés, Geneviève traînant après elle les lambeaux de sa robe, Georges le visage égratigné et son pantalon blanc verdi par le feuillage qu'il lui avait fallu traverser avec difficulté, M. Dormère resta stupéfait.

M. DORMÈRE.

D'où venez-vous donc? Que vous est-il arrivé?

GEORGES.

Nous venons du bois, papa; il ne nous est rien arrivé.

M. DORMÈRE.

Comment, rien? Pourquoi es-tu vert des pieds à la tête? Et toi, Geneviève, pourquoi es-tu en loques et égratignée comme si tu avais été enfermée avec des chats furieux? »

Georges regarde Geneviève et ne répond pas.

Geneviève baisse la tête, hésite et finit par dire :

« Mon oncle,... ce sont les ronces,... ce n'est pas notre faute.

M. DORMÈRE.

Pas votre faute? Pourquoi as-tu été dans les ronces? Pourquoi y as-tu fait aller Georges, qui te suit partout comme un imbécile? »

Geneviève espérait que Georges dirait à son père que ce n'était pas elle, mais bien lui qui avait voulu aller à travers bois. Georges continuait à se taire; M. Dormère paraissait de plus en plus fâché. Geneviève, espérant l'adoucir, lui présenta le panier de fraises et dit :

« Nous voulions vous apporter des fraises des bois, que vous aimez beaucoup, mon oncle. Si vous voulez bien en goûter, vous nous ferez grand plaisir.

M. DORMÈRE.

Je ne tiens pas à vous faire plaisir, mademoiselle, et je ne veux pas de vos fraises. Emportez-les. »

Et d'un revers de main M. Dormère repoussa le panier, qui tomba par terre; les fraises furent jetées au loin. Geneviève poussa un cri.

M. DORMÈRE.

Eh bien, allez-vous crier maintenant comme un

enfant de deux ans? Laissez tout cela; allez vous débarbouiller et changer de robe. Viens dîner, Georges; il est tard. »

M. Dormère passa dans la salle à manger avec

Il parvint à lui faire traverser les ronces. (Page 5.)

Georges pendant que Geneviève alla tristement retrouver sa bonne, qui la reçut assez mal.

LA BONNE.

Encore une robe déchirée! Mais, mon enfant, si tu continues à déchirer une robe par semaine, je n'en aurai bientôt plus à te mettre, et ton oncle sera très mécontent.

GENEVIÈVE.

Pardon, ma bonne; Georges a voulu revenir à

travers le bois; les ronces et les épines ont déchiré ma robe, ma figure et mes mains. Et mon oncle m'a grondée.

LA BONNE.

Et Georges?

GENEVIÈVE.

Il n'a rien dit à Georges; il l'a emmené dîner.

LA BONNE.

Mais est-ce que Georges n'a pas cherché à t'excuser?

GENEVIÈVE.

Non, ma bonne; il n'a rien dit.

— C'est toujours comme ça, murmura la bonne; c'est lui qui fait les sottises, elle est grondée, et lui n'a rien. »

Pélagie débarbouilla le visage saignant de Geneviève, lui enleva quelques épines restées dans les égratignures, la changea de robe et l'envoya dans la salle à manger.

En traversant le vestibule, Geneviève fut étonnée de n'y plus trouver ni panier ni fraises; les dalles en marbre blanc étaient nettoyées, lavées.

« Qui est-ce qui a nettoyé tout cela? se demanda Geneviève. J'en suis bien aise tout de même, parce que mon oncle n'y pensera plus. Il n'aime pas qu'on salisse le vestibule, et il m'aurait encore grondée. »

Quand elle prit sa place à table, le dîner était très avancé; on en était aux légumes; Geneviève avala bien vite sa soupe, un plat de viande, et les rattrapa au plat sucré. Son oncle ne disait rien,

Georges la regardait en dessous pour voir si elle lui en voulait; mais Geneviève n'avait jamais de rancune, elle lui sourit quand elle rencontra ses regards embarrassés.

Au dessert on servit des fraises du potager; elle regarda son oncle.

M. DORMÈRE, *avec ironie*.

Vous voyez, mademoiselle, qu'on n'a pas besoin de votre aide pour avoir des fraises qui sont bien meilleures que les vôtres.

GENEVIÈVE.

Je le sais bien, mon oncle, mais nous avons pensé que vous préfériez les fraises des bois.

M. DORMÈRE.

Pourquoi dites-vous *nous*? Vous cherchez toujours à mettre Georges de moitié dans vos sottises.

GENEVIÈVE.

Je dis la vérité, mon oncle. N'est-ce pas, Georges, que c'est toi qui m'as demandé d'aller dans le bois chercher des fraises?

GEORGES, *embarrassé*.

Je ne me souviens pas bien. C'est possible.

GENEVIÈVE.

Comment, tu as oublié que…?

M. DORMÈRE, *impatienté*.

Assez, assez; finissez vos accusations, mademoiselle. Rien ne m'ennuie comme ces querelles, que vous recommencez chaque fois que vous avez fait une sottise qui vous fait gronder. »

Geneviève baissa la tête en jetant un regard de

reproche à Georges; il ne dit rien, mais il était visiblement mal à l'aise et n'osait pas regarder sa cousine.

II

LA VISITE

Après le dîner, M. Dormère se retira au salon et se mit à lire ses journaux qu'il n'avait pas achevés; les enfants restèrent dehors pour jouer. Mais Geneviève était triste; elle restait assise sur un banc et ne disait rien. Georges allait et venait en chantonnant; il avait envie de parler à Geneviève, mais il sentait qu'il avait été lâche et cruel à son égard.

Pourtant, comme il s'ennuyait, il prit courage et s'approcha de sa cousine.

« Veux-tu jouer, Geneviève?

GENEVIÈVE.

Non, Georges, je ne jouerai pas avec toi : tu me fais toujours gronder.

GEORGES.

Je ne t'ai pas fait gronder : je n'ai rien dit.

GENEVIÈVE.

C'est précisément pour cela que je suis fâchée

contre toi. Tu aurais dû dire à mon oncle que c'était toi qui étais cause de tout, et tu m'as laissé accuser et gronder sans rien dire. C'est très mal à toi.

GEORGES.

C'est que..., vois-tu, Geneviève,... j'avais peur d'être grondé aussi ; j'ai peur de papa.

GENEVIÈVE.

Et moi donc? J'en ai bien plus peur que toi. Toi, tu es son fils, et il t'aime. Moi, il ne m'aime pas, et je ne suis que sa nièce.

GEORGES.

Oh! Geneviève, je t'en prie, pardonne-moi ; une autre fois je parlerai ; je t'assure que je dirai tout.

GENEVIÈVE.

Tu dis cela maintenant! tu as dit la même chose le jour où le renard a déchiré ma robe avec ses dents. Je ne te crois plus.

GEORGES.

Ma petite Geneviève, je t'en prie, crois-moi et viens jouer. »

Geneviève, un peu attendrie, était sur le point de céder, quand une voiture parut dans l'avenue et, arrivant au grand trot, s'arrêta devant le perron.

Une jeune dame élégante descendit de la calèche, suivie d'une petite fille de huit ans, de l'âge de Geneviève, d'un petit garçon de douze ans, de l'âge de Georges, et d'une grosse petite dame d'environ trente ans, laide, couturée de petite vérole, mais avec une physionomie aimable et bonne qui la rendait agréable.

Ce fut elle qui s'approcha la première de Geneviève.

« Bonjour, ma petite; comme vous êtes gentille! Où est donc votre oncle? Bonjour, Georges. Ah! comme vous voilà vert! Une vraie perruche! Vert de la tête aux pieds. Comment vous laisse-t-on habillé si drôlement? Ha, ha, ha! Viens donc voir, Cornélie. Un vrai gresset. Vois donc, Hélène; ne va pas te mettre comme cela, au moins. »

Mme de Saint-Aimar s'approcha à son tour, embrassa Georges très affectueusement et dit :

« Mais il est très gentil comme cela! A la campagne, est-ce qu'on fait dix toilettes par jour? C'est très bien de ne pas avoir de prétentions; il sera tombé dans l'herbe probablement.

GENEVIÈVE.

Non, madame, c'est en m'aidant à me tirer des ronces qui me déchiraient, que le pauvre Georges s'est sali et un peu écorché.

MADAME DE SAINT-AIMAR.

Comme c'est gentil ce que vous dites là, Geneviève. Vois, Louis, comme elle est généreuse; comme elle excuse gentiment ceux qu'elle aime! Charmante enfant! »

Elle embrassa encore Geneviève et entra avec sa grosse cousine dans le salon.

« Bonjour, cher monsieur, dit-elle en tendant la main à M. Dormère. Nous venons d'embrasser vos enfants; ils sont charmants.

MADEMOISELLE PRIMEROSE.

Bonjour, mon cousin. Quelle drôle de mine a

votre garçon ! Comment la bonne le laisse-t-elle arrangé en gresset ? Voulez-vous que j'aille la chercher pour le rhabiller ?

MADAME DE SAINT-AIMAR.

Qu'est-ce que cela fait, Cunégonde, que l'enfant ait un peu verdi sa veste et son pantalon ? Laisse-le donc tranquille.

M. DORMÈRE.

Je vous demande pardon de sa tenue, chère madame ; je crois que ma cousine a raison de vouloir lui faire changer de vêtements....

MADAME DE SAINT-AIMAR.

Mais non, mais non, cher voisin ; Geneviève nous a bien gentiment expliqué que c'était par bonté pour elle, pour la tirer d'un fourré de ronces, qu'il avait mis du désordre dans ses vêtements ; c'est très honorable.

MADEMOISELLE PRIMEROSE.

Laissez-moi faire, mon cher cousin. Je vais arranger tout cela. »

La cousine Primerose, sans attendre la réponse de M. Dormère, sortit du salon et monta lestement chez la bonne.

MADEMOISELLE PRIMEROSE.

Bonjour, ma chère Pélagie ; je viens vous avertir que Georges n'est pas tolérable avec ses habits tout verts. Il faut que vous le fassiez changer de tout ; la petite est très propre ; vous la soignez celle-là, c'est bien ; mais vous négligez trop le garçon ; il est tout honteux de sa verdure ; il ne lui manque que des plumes pour être perruche ou perroquet.

PÉLAGIE.

Je ne savais pas, mademoiselle, que Georges eût besoin d'être changé. La petite était rentrée avec sa robe en lambeaux, mais Georges n'est pas venu.

MADEMOISELLE PRIMEROSE.

Ah! pourquoi cela?

PÉLAGIE.

Je n'en sais rien, mais je vais le chercher.

MADEMOISELLE PRIMEROSE.

J'y vais avec vous, ma bonne Pélagie; nous lui ferons raconter la chose. »

Mlle Primerose, enchantée d'apprendre du nouveau pour en faire quelque commérage, descendit l'escalier plus vite que la bonne et parut au milieu des enfants, qui jouaient au crocket.

« Venez vite, cria-t-elle à Georges; votre bonne vous cherche pour vous habiller Mais venez donc; vous nous raconterez ce qui vous est arrivé.

GEORGES.

Il ne m'est rien arrivé du tout; je n'ai rien à raconter, ma cousine.

MADEMOISELLE PRIMEROSE.

Si j'en crois un mot, je veux bien être pendue. Va, va t'habiller; nous nous passerons bien de toi, mon garçon. Je vais prendre ton jeu au crocket; et sois tranquille, je te gagnerai ta partie. »

Georges, étonné et ennuyé, obéit pourtant à la bonne, qui l'appelait. Pendant sa courte absence, Mlle Primerose ne perdit pas son temps; en jouant au crocket aussi lourdement et maladroitement que le faisait supposer sa grosse taille, elle questionna habilement Geneviève et apprit ainsi ce qui s'était passé, excepté le mécontentement de M. Dormère et le vilain rôle qu'avait joué Georges en présence de son père.

Quand Georges revint, elle lui remit son maillet du crocket.

MADEMOISELLE PRIMEROSE.

Je n'ai pas eu de bonheur, mon ami ; j'ai perdu votre partie. Mais j'ai gagné à votre absence de savoir toute votre aventure du bois et des fraises. »

Georges devint très rouge ; il lança un regard furieux à la pauvre Geneviève. Mlle Primerose retourna au salon, pendant que les enfants recommençaient une partie de crocket.

« Mon cher cousin, dit-elle en entrant au salon, je viens justifier le pauvre Georges ; je sais toute l'histoire : il ne mérite pas d'être grondé pour avoir sali ses habits ; au contraire, il mérite des éloges, car c'est en secourant Geneviève, qui ne pouvait sortir des ronces où elle était imprudemment entrée, qu'il s'est verdi à l'état de gresset.

M. DORMÈRE.

Je le sais, ma cousine, et je n'ai pas grondé Georges.

MADEMOISELLE PRIMEROSE

Mais... qui avez-vous donc grondé, car vous avez grondé quelqu'un ?

M. DORMÈRE.

J'ai grondé Geneviève, qui méritait d'être grondée.

Mlle Primerose jouant au croequet. (Page 15.)

MADEMOISELLE PRIMEROSE.

Qu'a-t-elle donc fait, la pauvre fille ?

M. DORMÈRE.

C'est elle qui a poussé, presque obligé Georges à entrer dans le bois pour manger des fraises, comme si elle n'en avait pas assez dans le jardin, et plus tard c'est elle qui a voulu revenir au travers des ronces.

MADEMOISELLE PRIMEROSE.

Ta, ta, ta. Qu'est-ce que vous dites donc, mon pauvre cousin ; c'est au contraire elle qui ne voulait pas, et c'est Georges qui l'a voulu. Je vois que vous n'êtes pas bien informé de ce qui se passe chez vous. Moi qui suis ici depuis une demi-heure, je suis plus au courant que vous.

M. DORMÈRE.

Me permettez-vous de vous demander, ma cousine, par qui vous avez été si bien informée ?

MADEMOISELLE PRIMEROSE.

Par Geneviève elle-même.

M. DORMÈRE.

Je ne m'étonne pas alors que l'histoire vous ait été contée de cette manière ; Geneviève a toujours le triste talent de tout rejeter sur Georges.

MADEMOISELLE PRIMEROSE.

Mais au contraire ; elle a parlé de Georges avec éloge, avec grand éloge, et si je vous en ai parlé, c'est qu'elle m'avait avoué que vous n'étiez pas content et je croyais que c'était Georges que vous aviez grondé. Et par le fait il le méritait un peu, quoi qu'en dise Geneviève. »

M. Dormère, un peu surpris, ne répondit pas, pour ne pas accuser Georges, dont il comprit enfin le silence. Mlle Primerose retourna près des enfants pour tâcher de mieux éclaircir l'affaire, qui lui semblait un peu brouillée du côté de Georges.

Elle trouva Geneviève en larmes; Georges boudait dans un coin; Louis et Hélène cherchaient à consoler Geneviève.

MADEMOISELLE PRIMEROSE.

Eh bien, eh bien, qu'y a-t-il encore? qu'est-ce que c'est?

— Ce n'est rien, ma cousine; je me suis fait mal à la jambe, répondit Geneviève en essuyant ses larmes.

MADEMOISELLE PRIMEROSE.

Et pourquoi Georges boude-t-il tout seul près du mur?

HÉLÈNE.

Parce que, Louis et moi, nous lui avons dit qu'il était un méchant et que nous ne voulions plus jouer avec lui.

MADEMOISELLE PRIMEROSE.

Pourquoi lui avez-vous dit cela?

LOUIS.

Parce qu'après avoir dit beaucoup de choses désagréables à la pauvre Geneviève, qui ne lui répondait rien, il lui a donné un grand coup de maillet dans les jambes. Hélène et moi, nous nous sommes fâchés; nous avons chassé Georges et nous sommes revenus consoler la pauvre Geneviève qui pleurait.

MADEMOISELLE PRIMEROSE.

Méchant garçon, va! Tu mériterais que j'aille raconter tout cela à ton père, qui te croit si bon.

GENEVIÈVE, *effrayée.*

Non, non, ma cousine, ne dites rien à mon oncle : il punirait le pauvre Georges.

MADEMOISELLE PRIMEROSE.

Punir Georges! ton oncle! Laisse donc! il le gronderait à peine.

GENEVIÈVE.

Et puis, ma cousine, Georges n'a pas fait exprès de me taper. J'étais trop près de sa boule, et il m'a attrapé la jambe au lieu de la boule.

MADEMOISELLE PRIMEROSE.

Ça m'a l'air d'une mauvaise excuse Voyons, Georges, parle; est-ce vrai ce que dit Geneviève?

GEORGES, *très bas.*

Oui, ma cousine.

MADEMOISELLE PRIMEROSE.

Alors pourquoi n'es-tu pas venu l'embrasser et lui demander pardon?

GEORGES.

Je n'ai pas eu le temps; Louis et Hélène se sont jetés sur moi en me disant : « Méchant, vilain, va-« t'en! » Et ils m'ont chassé.

MADEMOISELLE PRIMEROSE.

Tant mieux pour toi si tu dis vrai. Et si tu mens, tu es encore plus méchant que ne le croient Louis et Hélène. Allons, embrassez-vous et que tout soit fini. »

Geneviève alla au-devant de Georges qui s'approchait d'elle pour l'embrasser; et la cousine, au lieu de retourner au salon, monta chez la bonne pour la questionner sur Georges, dont elle commençait à n'avoir pas très bonne opinion.

Les enfants recommencèrent à jouer au crocket, mais le jeu fut moins gai. Georges comprenait qu'on n'avait pas cru ce qu'il disait : il se sentait mal à l'aise. Louis et Hélène conservaient leur humeur contre Georges, et Geneviève était triste de le voir méchant et menteur. Louis et Hélène la vengeaient en donnant tort à Georges dans tous les coups incertains du jeu.

Une heure après, Mme de Saint-Aimar demanda sa voiture et partit avec Mlle Primerose, Louis et Hélène. M. Dormère accompagnait ces dames.

MADAME DE SAINT-AIMAR.

Ainsi donc, à après-demain; nous vous attendons à déjeuner avec vos enfants; soyez exact : à onze heures et demie.

M. DORMÈRE.

Je n'y manquerai pas, chère madame. Adieu, ma cousine.

MADEMOISELLE PRIMEROSE.

Adieu, mon cousin; et soyez de plus belle humeur : aujourd'hui vous avez l'air d'un pacha qui va faire couper des têtes.

MADAME DE SAINT-AIMAR.

Quelles idées vous avez, Cunégonde. M. Dormère a, comme toujours, l'air aimable et bon.

MADEMOISELLE PRIMEROSE.

Surtout dans ce moment-ci, où il fronce le sourcil comme un sultan. »

La voiture partit, et Mlle Primerose raconta à son amie la méchanceté de Georges et ce qu'elle croyait être une excuse mensongère. Mme de Saint-Aimar prit parti pour Georges, tout en se gardant d'accuser Geneviève.

Une discussion un peu vive s'engagea entre les deux amies : toutes deux commençaient à se fâcher.

MADAME DE SAINT-AIMAR, *vivement*.

Je persiste à croire Georges aussi bon que sa cousine.

MADEMOISELLE PRIMEROSE.

Et moi, ma chère, mon opinion est que Geneviève est un ange de bonté et de douceur, et que Georges est méchant et ne perd pas une occasion de lui faire du tort et de dire du mal de cette pauvre enfant à mon cousin, qui est injuste et trop sévère pour elle.

LOUIS.

Moi aussi, je crois cela.

HÉLÈNE.

Et moi aussi ; et je n'aime pas Georges.

MADAME DE SAINT-AIMAR.

Taisez-vous, petits nigauds ; je ne veux pas que vous parliez ainsi d'un voisin que j'estime et de son fils que j'aime.

LOUIS.

Je n'ai pas dit de mal, maman ; j'ai seulement dit : « Moi aussi ».

MADAME DE SAINT-AIMAR.

C'est comme si tu avais répété tout ce qu'a dit Cunégonde.

HÉLÈNE.

Mais si Mlle Primerose....

MADAME DE SAINT-AIMAR.

Tais-toi, je te dis. Je ne veux pas que vous disiez ni répétiez des choses qui peuvent me brouiller avec M. Dormère. Ses terres touchent aux miennes; c'est commode pour se voir, et j'y tiens. »

Personne ne répondit; Mlle Primerose lança aux enfants des regards qui semblaient dire : « Continuez à penser comme moi, mes enfants; Georges est méchant et M. Dormère est injuste »

III

ENCORE LES FRAISES

Le surlendemain, la bonne mit aux enfants leurs beaux vêtements; ils avaient encore une heure à attendre : Geneviève se mit à lire et Georges s'amusait à ouvrir tous les tiroirs de sa cousine et à examiner ce qu'ils contenaient. En ouvrant une petite armoire il poussa une exclamation de surprise.

GEORGES.

Geneviève, viens voir; nous ne comprenions pas pourquoi cela sentait si bon ici; le panier de fraises d'avant-hier est enfermé dans ton armoire de poupée. »

Geneviève accourut et trouva en effet les fraises un peu écrasées, mais proprement rangées sur des feuilles dans le panier.

GENEVIÈVE.

Tiens! Qui est-ce qui a mis ces fraises dans ce tiroir? Et comment sont-elles dans le panier, puisque mon oncle les a jetées par terre? Ma bonne, sais-tu qui les apportées et serrées là dedans?

LA BONNE.

Oui, et j'ai oublié de te le dire. C'est Julie, la fille de cuisine; elle passait devant la porte juste au moment où Monsieur a jeté le panier. Quand il est entré avec Georges dans la salle à manger, elle a pensé que vous seriez bien aises de les retrouver; elle les a proprement ramassées avec une cuiller, ce qui a été facile à faire, puisque le panier était tombé sens dessus dessous avec les fraises; elle n'a laissé que celles qui se sont trouvées écrasées et qui touchaient au pavé; elle a tout nettoyé et elle me les a données quand j'ai été dîner.

GENEVIÈVE.

Oh! merci, ma bonne. Comme Julie est bonne! Dis-lui que je la remercie bien.

GEORGES.

Nous allons les manger.

GENEVIÈVE.

Non, pas à présent; cela nous empêcherait de déjeuner chez Mme de Saint-Aimar.

GEORGES.

Quelle bêtise! Comment des fraises nous empêcheraient-elles de déjeuner?

GENEVIÈVE.

Je ne sais pas; mais tu sais que mon oncle nous défend de manger si tôt avant les repas.

GEORGES.

Mais pas des fraises. Voyons, je commence. »

Et Georges en prit avec ses doigts une pincée, qu'il mit dans sa bouche.

GEORGES.

Excellentes! Je n'en ai jamais mangé de si bonnes. A ton tour.

GENEVIÈVE.

Non; je t'ai dit que je n'en mangerai pas.

« Tu en mangeras. »

GEORGES.

Tu en mangeras. Je te les ferai manger.

GENEVIÈVE.

Je te dis que non.

GEORGES.

Je te dis que si. »

Georges en prit une seconde pincée et voulut les mettre de force dans la bouche de Geneviève, qui se mit à courir en riant. Georges l'attrapa et lui mit dans la bouche ouverte les fraises qu'il tenait; elle voulut les cracher, mais Georges lui ferma la bouche avec sa main; elle fut obligée de les avaler; Georges mangea le reste des fraises, ses mains en étaient pleines; il se lava la bouche et les mains; à peine avait-il fini, que M. Dormère les appela. Georges descendit en courant. Geneviève saisit son chapeau et le suivit de près. M. Dormère inspecta d'abord la toilette de Georges et la trouva très bien. Il examina ensuite celle de Geneviève.

Au premier coup d'œil il aperçut les traces des fraises.

M. DORMÈRE.

Qu'est-ce que cela? Tu en as donc mangé?

GENEVIÈVE.

Non, mon oncle; je n'ai pas voulu en manger.

M. DORMÈRE.

Tu mens joliment, ma chère amie. Pourquoi alors as-tu des taches de fraises sur ta figure, sur les mains, sur ta robe même?

— Mon oncle, je vous assure, dit Geneviève les larmes aux yeux, que je ne voulais pas en manger. C'est Georges qui....

M. DORMÈRE.

Bon, voilà encore Georges que tu vas accuser. Tu ne me feras pas croire que lorsque je vois ta bouche, tes mains, ta robe tachées de fraises, c'est Georges qui les a mangées. J'ai défendu qu'on mangeât avant les repas. Tu m'as désobéi; tu mens par-dessus le marché; tu accuses ce pauvre Georges : tu vas être punie comme tu le mérites. Voici la voiture avancée; remonte dans ta chambre, je n'emmène que Georges. »

M. Dormère monta en voiture avec son fils, et la voiture partit pendant que la malheureuse Geneviève pleurait à chaudes larmes dans le vestibule. Au bout de quelques instants elle remonta chez sa bonne.

« Qu'y a-t-il encore, ma pauvre enfant? » s'écria la bonne en allant à elle et l'embrassant. Geneviève se jeta dans les bras de sa bonne et sanglota sans pouvoir parler. Enfin elle se calma un peu et put raconter ce que lui avait dit son oncle.

LA BONNE.

Et Georges n'a pas expliqué à ton oncle que c'était lui qui avait tout fait et que c'est lui qui t'a mis de force les fraises dans la bouche pendant que tu riais?

GENEVIÈVE.

Non, ma bonne; il n'a rien dit.

LA BONNE.

Et pourquoi n'as-tu pas expliqué toi-même à ton oncle comment les choses s'étaient passées?

GENEVIÈVE.

Je n'ai pas eu le temps; j'ai été saisie; et mon

oncle est monté en voiture avant que j'aie pu lui dire un mot.

LA BONNE.

Pauvre petite! Ne t'afflige pas trop; nous tâcherons de passer une bonne matinée, meilleure peut-être que celle de Georges.

GENEVIÈVE.

C'est impossible, ma bonne; j'aurais tant aimé voir Louis et Hélène! Ils sont si bons pour moi! Quand pourrai-je les voir maintenant? Pas avant huit jours peut-être.

LA BONNE.

Dès demain je t'y mènerai en promenade pendant que Georges prendra ses leçons avec son père. Et puisque tu les aimes tant, je t'y mènerai souvent; mais n'en dis rien à Georges, parce qu'il voudrait nous accompagner et qu'il obtiendrait un congé de son père. Nous allons déjeuner à présent; je vais demander à la cuisinière de te faire des crêpes; et, en attendant le déjeuner, allons chercher des fraises au potager. »

Geneviève, à moitié consolée, se déshabilla, mit sa robe de tous les jours et descendit avec sa bonne. Elles cueillirent des fraises superbes; le jardinier donna à Geneviève des cerises qu'il avait cueillies le matin; elle fit un excellent déjeuner avec sa bonne : un bifteck aux pommes de terre, des œufs frais, des asperges magnifiques et des crêpes; au dessert, elle mangea des fraises et des cerises, qu'elle partagea avec sa bonne.

Elle sortit ensuite; elle s'amusa à cueillir des

fleurs et à faire des bouquets pendant que sa bonne travaillait près d'elle.

Quand Geneviève revint à la maison, elle trouva Georges et s．．père rentrés.

IV

LA BONNE SE PLAINT DE GEORGES

M. Dormère ne parla pas à Geneviève de ce qui s'était passé le matin ; il fut avec elle froid et sévère, comme toujours ; avec Georges il fut au contraire plus affectueux que d'habitude. Après avoir fait une petite promenade dans le potager et la basse cour, il dit à Georges d'aller jouer avec sa cousine.

Georges, qui craignait les reproches que pouvaient lui faire Geneviève et sa bonne, demanda à son père de rester avec lui.

« Tu es bien aimable, mon ami, de préférer ma société à celle de ta cousine, mais j'ai à travailler, et je veux être seul », répondit M. Dormère en l'embrassant.

Georges alla donc, quoique avec répugnance, rejoindre Geneviève. Elle lisait et n'interrompit pas sa lecture ; la bonne ne lui dit rien non plus, elle continua à travailler.

Georges s'assit et bâilla. Quelques instants après, il bâilla encore avec bruit et poussa un profond soupir. Enfin il se décida à parler.

« Tu n'es guère aimable aujourd'hui », dit-il à Geneviève.

Il n'obtint aucune réponse; elle lisait toujours.

GEORGES.

Tu es donc décidée à rester muette?

GENEVIÈVE.

Très décidée.

GEORGES.

Et pourquoi cela?

GENEVIÈVE.

Pour être moins exposée à tes méchancetés.

GEORGES.

Quelles méchancetés t'ai-je faites?

GENEVIÈVE.

Je n'ai pas besoin de t'apprendre ce que tu sais aussi bien que moi.

GEORGES.

Je sais que papa n'a pas voulu t'emmener parce que tu étais sale.

GENEVIÈVE.

Et pourquoi étais-je sale?

GEORGES.

Parce que tu n'as pas eu l'esprit de te débarbouiller avant de descendre.

GENEVIÈVE.

Et qui est-ce qui m'a barbouillée?

GEORGES.

Ce n'est pas moi, toujours.

GENEVIÈVE, *sautant de dessus sa chaise.*

Pas toi! pas toi! Et tu oses le dire devant ma bonne, qui a vu que tu m'avais poursuivie pour me forcer à désobéir à mon oncle.

GEORGES.

Je ne t'ai pas forcée à désobéir; j'ai voulu te faire manger ces fraises qui étaient excellentes; ta bouche était ouverte et j'y ai mis les fraises; tu as craché comme une sotte et tu t'es salie : c'est ta faute.

GENEVIÈVE, *indignée.*

Tais-toi, tu sais que tu mens; tu m'as assez fait de mal aujourd'hui, laisse-moi tranquille. Je ne veux pas jouer avec toi parce que tu trouves toujours moyen de me faire gronder.

GEORGES.

Moi! par exemple! Je ne dis jamais rien ; c'est papa qui te gronde, parce que tu trouves toujours moyen de faire des sottises.

LA BONNE.

Georges, je suis fâchée pour toi de tout ce que tu as dit à ma pauvre Geneviève depuis que tu es entré. Tu sais très bien qu'un mot de toi ce matin aurait justifié ta cousine; tu as eu assez peu de cœur pour ne pas le dire; tu es parti tranquillement, gaiement, laissant ta pauvre cousine, que tu savais innocente, sangloter dans le vestibule pour la punition injuste que tu lui as seul attirée.

GEORGES.

La punition n'est pas grande, c'était très ennuyeux là-bas; Louis et Hélène gémissaient sans cesse après Geneviève ; ils ne jouaient pas avec moi!

ils sont allés se promener avec papa, Mlle Primerose et d'autres personnes qui étaient là, et moi je me suis ennuyé horriblement.

LA BONNE.

C'est bien fait, monsieur; c'est le bon Dieu qui vous a puni, et c'est ce qui arrive toujours aux méchants.

GEORGES.

Je dirai à papa comme vous me traitez, et il vous grondera joliment toutes les deux.

LA BONNE.

Ah! c'est ainsi que vous le prenez! Je vais de ce pas chez Monsieur, pour justifier Geneviève en lui racontant la scène de ce matin, en lui expliquant la promenade dans le bois de l'autre jour, et nous verrons qui sera grondé.

GEORGES, *effrayé.*

Oh non! Pélagie, ne dites rien à papa, je vous en prie; je ne recommencerai pas, bien sûr.

LA BONNE.

Si vous aviez témoigné du repentir, je vous aurais peut-être pardonné cette fois encore et je n'aurais rien dit; mais, après des heures de réflexion, vous revenez dans des sentiments plus mauvais: vous osez vous justifier avec une fausseté dont votre cousine même est indignée malgré sa grande bonté et son indulgence. Non, monsieur, je ne vous ferai pas grâce, et je vais trouver votre père; j'espère qu'il me croira et qu'il vous punira comme vous le méritez. »

Georges pleurait et suppliait; Geneviève se

joignit à lui, mais la bonne fut inflexible.

« Ma chère enfant, dit-elle à Geneviève, je manquerais à mon devoir si je ne te justifiais pas aux yeux de ton oncle; tu as perdu tes parents, il faut qu'il sache la vérité; je n'ai que trop pardonné et trop attendu pour l'éclairer. Dans l'intérêt même de Georges et de son avenir, je dois l'informer de tout et je le ferai. »

Et, sans attendre de nouvelles supplications, elle sortit et descendit chez M. Dormère.

Pélagie entra résolument chez M. Dormère, qui écrivait. Il se retourna, parut surpris et contrarié en la voyant.

« Que me voulez-vous? lui dit-il d'un ton froid.

PÉLAGIE.

Monsieur, je viens remplir un devoir très pénible et dont j'ai trop tardé à m'acquitter. Mais il s'agit de Georges et je ne doute pas que vous ne m'écoutiez jusqu'au bout.

M. DORMÈRE.

Parlez, Pélagie; je vous écoute. Vous savez la tendresse que j'ai pour Georges, et l'intérêt que je porte à tout ce qui le regarde.

PÉLAGIE.

C'est pour cela, Monsieur, que je vous demande de vouloir bien écouter ce que j'ai à vous dire. »

Pélagie commença alors le récit de ce qui s'était passé le matin; elle fit voir à M. Dormère la fausseté de la conduite de Georges, l'injustice de la punition de Geneviève; elle lui expliqua l'aventure de la robe déchirée, lui fit remarquer la générosité de Geneviève dans cette occasion comme dans bien d'autres.

« Voilà, ajouta-t-elle, ce que je voulais enfin faire connaître à Monsieur ; ce qui m'y a décidée, ce sont les menaces que Georges a proférées tout à l'heure encore contre Geneviève et contre moi-même ; à la suite des reproches que je lui ai adressés. Je ne pouvais laisser plus longtemps Geneviève victime des faussetés de Georges. La pauvre petite est orpheline ; elle n'a d'autre soutien que moi ; j'ai promis à sa mère mourante de me consacrer à cette enfant aussi longtemps qu'elle aurait besoin de moi. En révélant à Monsieur les injustices pour ainsi dire involontaires qu'il commet, je crois remplir un devoir sacré. »

M. Dormère avait écouté le récit de Pélagie sans l'interrompre. Quand elle eut fini, il resta quelques instants plongé dans de pénibles réflexions. Enfin il se leva, s'élança vers Pélagie, lui tendit la main et serra fortement la sienne.

M. DORMÈRE.

Je vous remercie, Pélagie ; merci du service que vous rendez à mon fils et à moi-même. Oui, j'ai été un peu faible pour mon fils, et trop sévère pour la pauvre petite orpheline confiée à mes soins par la tendresse de mon frère et de ma malheureuse belle-sœur. Envoyez-moi Georges ; je veux lui parler seul. »

Pélagie se retira ; elle monta dans sa chambre, où elle retrouva Georges inquiet et tremblant. Geneviève cherchait à le rassurer ; mais elle-même

La bonne fut inflexible. (Page 37.)

partageait les craintes de son cousin. Elle trouvait Georges très coupable et ne pensait pas que son oncle pût lui pardonner son manque de cœur et sa fausseté.

LA BONNE.

Votre père vous demande, Georges; descendez dans son cabinet de travail.

GEORGES.

Est-il bien en colère contre moi?

LA BONNE.

Vous le saurez quand il vous aura parlé.

GEORGES.

Qu'est-ce que vous lui avez raconté? de quoi lui avez-vous parlé?

LA BONNE.

Il vous le dira lui-même. »

Georges, voyant qu'elle ne voulait lui rien dire, se décida à descendre chez son père. Il entra doucement, s'avança lentement vers lui et le regarda attentivement. Il s'arrêta à moitié chemin, effrayé par l'expression froide et sévère de son visage.

M. DORMÈRE.

Avancez, Georges. J'ai à vous parler. »

Georges s'approcha en tremblant.

M. DORMÈRE.

Vous savez que Pélagie sort d'ici, qu'elle m'a parlé de vous?

GEORGES.

Oui, papa.

M. DORMÈRE.

Je n'ai pas besoin alors de vous répéter ce

qu'elle avait à me dire; elle m'a appris ce que j'ignorais, vos discussions avec votre cousine dans bien des circonstances où c'était vous qui méritiez d'être réprimandé et où vous avez laissé accuser Geneviève, sans dire un mot pour sa défense.

GEORGES, *reprenant courage*.

Mais, papa, vous ne m'avez pas questionné; si vous m'aviez fait des questions, je vous aurais répondu. Geneviève ne disait rien non plus.

M. DORMÈRE.

Est-ce une raison pour me laisser gronder et punir Geneviève, sans faire le moindre effort pour la justifier quand vous saviez qu'elle n'était pas seule coupable!

GEORGES.

Papa, c'est que..., c'est que... je croyais..., je ne savais pas..

M. DORMÈRE, *vivement*.

C'est que vous avez agi sans réflexion, et qu'il en résulte que vous ne pouvez plus vivre agréablement chez moi avec votre cousine; et comme je ne peux pas la renvoyer, puisqu'elle n'a d'autre asile que ma maison, vous m'obligez à un sacrifice bien pénible pour moi, celui de me séparer de vous. Tu es mon seul enfant, Georges, et je me vois forcé de te mettre au collège deux ou trois ans plus tôt que je ne le voulais. Il faut que je me mette à la recherche d'un collège, et, quelque parfait qu'il soit, tes moindres fautes y seront punies par tes maîtres, et tes espiègleries seront réprimées rudement par tes camarades. J'espère que le temps et la réflexion t'habitueront à la vie de collège ; mais je crains que tu ne regrettes plus d'une fois la vie douce que tu menais ici sous ma direction indulgente. Va annoncer à Geneviève et à sa bonne ton prochain départ.

GEORGES.

Oh! papa, je vous en supplie!

M. DORMÈRE.

Non, mon enfant, je ne changerai pas de résolution ; pour toi-même, pour ton bonheur, il faut que tu ailles au collège. Va, mon pauvre Georges ; j'ai à écrire pour des affaires pressées. »

M. Dormère embrassa Georges et le fit sortir de chez lui. Georges, remonté par la tendresse de son père, monta lentement l'escalier et entra chez Geneviève, qui l'attendait avec impatience.

GENEVIÈVE.

Eh bien, qu'est-ce que mon oncle t'a dit? qu'est-ce que tu lui as répondu?

GEORGES.

Je n'ai rien répondu, puisqu'il ne m'a rien demandé. Il m'a dit qu'il allait me mettre au collège dans quelques jours.

GENEVIÈVE, *effrayée.*

Au collège! Oh! pauvre Georges! ce sera horrible!

GEORGES.

Pas du tout, ce ne sera pas horrible. Ce sera au contraire très agréable. Dans le premier moment j'ai eu peur comme toi, mais j'ai réfléchi que j'aurais des camarades, avec lesquels je pourrais jouer tout à mon aise, comme on joue entre garçons, que je ne serais plus obligé de travailler tout seul, et que je ne serais plus grondé et ennuyé toute la journée par ta bonne.

GENEVIÈVE, *vivement*.

Ma bonne! Elle est excellente ma pauvre bonne!

GEORGES.

Pour toi peut-être, mais pas pour moi, qu'elle déteste; et je la déteste aussi joliment.

GENEVIÈVE.

Oh! Georges, comment peux-tu...?

GEORGES, *avec humeur*.

Laisse-moi tranquille; tu m'ennuies aussi, toi. Je suis enchanté de m'en aller loin de vous tous. »

La bonne, qui entra, mit fin à la conversation. Georges prit un livre et ne voulut plus dire un mot. Geneviève apprit à sa bonne le départ prochain de Georges pour un collège; Pélagie approuva beaucoup ce parti qu'avait pris M. Dormère.

« De toutes façons, dit-elle, ce sera très avantageux pour Georges. Et toi, ma petite Geneviève, tu en seras bien plus heureuse. »

Geneviève pensait de même et pourtant elle regrettait son compagnon de jeu, qu'elle n'avait pas quitté depuis trois ans, car elle n'avait que cinq ans quand elle perdit ses parents. Son père était mort à la suite d'une chute de cheval, et, six mois après, sa mère était morte de chagrin.

V

LE DÉPART DE GEORGES DÉCIDÉ

Quand la cloche sonna le dîner, les enfants descendirent dans la salle à manger. M. Dormère les y rejoignit bientôt. A la grande surprise de Geneviève, il s'approcha d'elle et lui sourit amicalement.

M. DORMÈRE.

Eh bien, Geneviève, tu sais que je vais te séparer de ton cousin?

GENEVIÈVE.

Oui, mon oncle, il me l'a dit, et je suis bien fâchée de le quitter.

M. DORMÈRE.

Je croyais au contraire que tu serais très contente, car vous n'êtes pas toujours de bon accord.

GENEVIÈVE.

Nous nous disputons quelquefois, mon oncle, c'est vrai; mais nous sommes bien contents de jouer ensemble; n'est-ce pas, Georges?

GEORGES.

Oui, mais j'aime mieux jouer avec des garçons.

M. DORMÈRE.

Tu n'es donc pas triste d'entrer au collège?

GEORGES.

Non, papa; je suis fâché de vous quitter, voilà tout. Dans quel collège me mettrez-vous, papa?

M. DORMÈRE.

Je ne sais pas encore, mon pauvre ami; je m'informerai demain s'il y a de la place pour toi au collège des Pères Jésuites?

GEORGES.

Celui où est mon cousin Jacques?

M. DORMÈRE.

Précisément; on dit que les enfants y sont très heureux, et qu'ils aiment beaucoup les Pères.

GEORGES.

Jacques les aime bien; il dit qu'ils sont bons comme de vrais pères; mais mon cousin Rodolphe dit qu'il faut travailler énormément.

M. DORMÈRE.

Il faut travailler partout, mon ami.

GEORGES.

Mais Rodolphe est puni très souvent.

GENEVIÈVE.

Je crois bien, il ne fait rien; il t'a dit à sa dernière sortie qu'il n'apprenait pas ses leçons et qu'il ne les apprendrait pas, car cela l'ennuyait trop.

GEORGES.

C'est qu'il en a trop à apprendre, et il est découragé

GENEVIÈVE.

Jacques a justement les mêmes choses à apprendre, et il trouve qu'il n'y en a pas trop.

GEORGES.

Parce que Jacques est *un fort*; il est toujours premier ou second.

M. DORMÈRE.

Écoute, mon ami. Si Jacques est premier ou second, c'est parce qu'il travaille bien, de tout son cœur; fais comme lui, tu seras aussi *un fort* et tu seras heureux comme lui.

GEORGES.

Et s'il n'y a pas de place chez les Pères Jésuites, où me mettrez-vous, papa?

M. DORMÈRE.

Je ne sais pas; je verrai.

GEORGES.

Vous vous dépêcherez un peu, papa, n'est-ce pas?

M. DORMÈRE.

Tu es donc bien pressé de me quitter!

GEORGES.

Non, papa, mais je voudrais jouer avec des camarades; je m'ennuie avec Geneviève. »

M. Dormère parut contrarié, mais il ne répondit pas. Geneviève était étonnée; le dîner ne fut pas gai. Georges seul parlait pour expliquer à sa cousine combien sa vie de collège serait plus amusante que celle qu'il avait menée jusqu'ici. Geneviève répondait à peine, parce qu'elle voyait que son oncle était de plus en plus contrarié.

Quelques jours se passèrent ainsi. M. Dormère

fit une petite absence pour parler au Père Recteur. Il y avait encore deux places vacantes, et tout fut convenu pour que Georges pût être reçu au collège la semaine suivante.

Au retour de M. Dormère, quand Georges apprit qu'il entrerait sous peu de jours au collège, il ne put cacher sa joie et il reprocha à Geneviève de ne pas la partager.

GENEVIÈVE.

Comment veux-tu que je me réjouisse de te voir partir?

GEORGES.

Tu devrais être enchantée, puisque tu dis toi-même que je te fais toujours gronder.

GENEVIÈVE.

Mais je ne pense plus au passé ; je pense seulement que je ne te verrai plus. Et puis mon pauvre oncle est tout triste ; cela me fait de la peine.

GEORGES.

Que tu es bête! Qu'est-ce que cela te fait, puisqu'il ne t'aime pas et que tu ne l'aimes pas non plus?

GENEVIÈVE.

Oui, je l'aime, parce qu'il est mon oncle et qu'il est souvent bon pour moi. Et je crois qu'il m'aime un peu. »

Quand le départ de Georges fut décidé, M. Dormère mena ses enfants faire des visites d'adieu. Mme de Saint-Aimar, Mlle Primerose et les deux enfants étaient assis devant le château quand M. Dormère arriva.

Après les premières paroles de politesse M. Dormère dit :

« Je viens vous annoncer, chère madame et chère cousine, le départ de Georges....

— Le départ de Georges! s'écria Mme de Saint-Aimar. Où le menez-vous donc?

M. DORMÈRE.

Au collège des Pères Jésuites, chère madame.

MADEMOISELLE PRIMEROSE.

Bon Dieu! Pourquoi cela? Mais c'est très mal de renvoyer de chez vous votre fils, votre seul enfant! Ce pauvre garçon, je le plains de tout mon cœur.

M. DORMÈRE.

Vous avez tort, ma cousine; car il en est enchanté; il me presse de l'y faire entrer le plus tôt possible.

MADEMOISELLE PRIMEROSE.

Mais c'est incroyable! Comment! il n'est pas au désespoir?

M. DORMÈRE.

Pas le moins du monde, puisque je vous dis qu'il voudrait déjà y être.

MADEMOISELLE PRIMEROSE.

Je ne le croirai que lorsqu'il me l'aura dit lui-même. Georges, Georges! Où est-il donc? Les voilà tous partis! Je cours les chercher et savoir par moi-même si vous dites vrai. »

Mlle Primerose partit précipitamment en répétant toujours : « C'est impossible! absolument impossible! »

Après un quart d'heure de course, essoufflée, hors d'haleine, elle rejoignit enfin les enfants ; elle se précipita sur Georges, le serra dans ses bras en l'embrassant.

« Georges, mon pauvre Georges! Est-il vrai que ton père veuille te mettre au collège! Malheureux enfant! mais c'est impossible! T'arracher de la maison paternelle! Te séparer de Geneviève, ta sœur d'adoption, ta meilleure amie! Non, pauvre victime, je ne permettrai pas une pareille cruauté. Viens avec moi te jeter aux pieds de ton père et implorer sa pitié. »

Georges, surpris, presque effrayé de cette douleur qui lui paraissait ridicule, se débattait de toutes ses forces, mais il ne pouvait parvenir à se débarrasser des gros bras vigoureux de Mlle Primerose. Les autres enfants, même Geneviève, riaient tout bas et ne comprenaient pas l'indignation et la douleur de Mlle Primerose. Georges venait de leur exprimer sa satisfaction d'entrer au collège; Louis et Hélène approuvaient beaucoup l'idée de M. Dormère; Geneviève, tout en témoignant ses regrets de se séparer de son cousin, trouvait sa joie naturelle et ne comprenait pas plus que ses amis les exclamations désolées de Mlle Primerose.

Georges parvint enfin à se dégager à moitié.

« Lâchez-moi donc, ma cousine, criait-il; vous m'étouffez! »

Il donna une dernière saccade; la secousse fit trébucher Mlle Primerose et fit tomber Georges sur l'herbe tout de son long. Il se releva, s'éloigna de quelques pas pour ne pas se trouver saisi une seconde fois, et la regarda avec surprise.

GEORGES.

Qu'avez-vous donc, ma cousine? Pourquoi ne voulez-vous pas me laisser entrer au collège? Je

« Georges, mon pauvre Georges! »

ne veux pas du tout demander à papa de me garder chez lui.

MADEMOISELLE PRIMEROSE.

Tu ne veux pas? Tu veux nous quitter? Mais que deviendras-tu au collège, petit malheureux?

GEORGES.

Ce que deviennent ceux qui y sont, ma cousine ; je travaillerai, je jouerai, je me promènerai : je serai très heureux.

MADEMOISELLE PRIMEROSE.

Heureux ! Dans une prison ?

GEORGES, *riant*.

Ha, ha, ha ! Une prison ! Je veux aller dans cette prison, moi, et je vous prie en grâce, ma cousine, de ne pas m'empêcher d'y entrer. »

Mlle Primerose était stupéfaite.

« C'est incroyable ! Ils sont fous, en vérité ! Le père est calme comme un chef de sauvages, et le fils tend le cou pour être mis à la chaîne.

« C'est bien, mon ami ; faites comme vous voudrez ; je ne me mêlerai plus de vos affaires. Allez, allez, je ne vous retiens plus.

— Merci, ma cousine ! s'écria Georges ; et il s'éloigna en courant. Les trois enfants le suivirent ; elle put entendre leurs éclats de rire qui se prolongèrent une grande distance.

« Faites donc du bien aux gens malgré eux, dit-elle en s'en allant lentement du côté de la maison. J'y ai gagné d'avoir des douleurs dans les bras.... Est-il fort ce garçon ! J'avais une peine à le retenir.... Et quelle ingratitude ! Au lieu de me remercier, il me rit au nez ; et tous les trois se moquent probablement de ma bonté.... Au fait, le père a raison : que faire d'un pareil sans-cœur ? Et le père n'en a guère plus que le fils. Ma foi, je ne m'en mêle plus. »

En finissant ces réflexions, Mlle Primerose entra au salon, où elle trouva M. Dormère causant tranquillement avec Mme de Saint-Aimar.

MADEMOISELLE PRIMEROSE.

Vous aviez raison, mon cousin, Georges a un courage héroïque, à moins que....

M. DORMÈRE.

A moins que quoi, ma cousine?

MADEMOISELLE PRIMEROSE.

A moins que..., mais non, je ne veux pas vous dire ce que je pense; c'est inutile.

M. DORMÈRE.

Si votre pensée est bonne, ma cousine, pourquoi ne voulez-vous pas m'en faire profiter?

MADEMOISELLE PRIMEROSE.

Parce que... vous-même, vous n'avez peut-être pas.... Non, décidément, j'aime mieux me taire.... C'est plus sûr.

M. DORMÈRE.

Comment, plus sûr? C'est donc bien désagréable pour moi, que vous n'osez pas me le dire.

MADEMOISELLE PRIMEROSE.

Oh! je n'ose pas,... c'est une manière de parler. Si je le voulais, je vous le dirais bien. Mais il y a certaines personnes auxquelles..., avec lesquelles...; enfin... décidément je me tais,... et pour ne pas parler, je me sauve. »

Mlle Primerose fit une lourde pirouette et rentra dans sa chambre.

« Cet homme n'a pas plus de cœur qu'un tigre, pensa-t-elle; il chasse son fils avec une insouciance, une gaieté. C'est incroyable ! C'est ce que je voulais lui dire... et ce que j'ai eu raison de garder pour moi. »

Peu de temps après, les enfants rentrèrent; M. Dormère demanda sa voiture et ils firent leurs adieux.

VI

RAMORAMOR

Pendant la visite de M. Dormère chez Mme de Saint-Aimar, un événement extraordinaire se passait au château de Plaisance : c'est ainsi que s'appelait la demeure de M. Dormère.

Les domestiques causaient dans la cuisine, quand ils virent arriver un nègre d'une quarantaine d'années, vêtu en matelot, grand, vigoureux, à l'air vif et décidé. Il entra sans en demander la permission, ôta son chapeau, s'assit et examina les visages qui l'entouraient.

« Bon ça, dit-il en se frottant les mains ; tous bonnes figures. Vous donner à manger à moi. Ramoramor avoir faim ; Ramoramor être fatigué. Moi pas voir Moussu Dormère ; moi pas voir petite Mam'selle ; pas voir bonne Mam'selle Pélagie ; et moi venir pour ça.

— Vous êtes fou, mon bonhomme, dit un domestique; qui êtes-vous? d'où venez-vous? que voulez-vous?

LE NÈGRE.

Moi avoir dit : Moi Ramoramor; moi veux manger; moi veux voir Moussu Dormère; voir petite maîtresse, Mam'selle Geneviève; moi voir bonne à petite maîtresse. Et moi avoir faim.

LE DOMESTIQUE.

Vous ne comptez pas vous établir ici, je pense, mon cher. Ce n'est pas une auberge chez nous.

LE NÈGRE.

Moi veux rester ici toujours; moi rester avec petite maîtresse.

LE DOMESTIQUE.

Il faut chasser cet homme; il est fou!

LA CUISINIÈRE.

Non, Pierre; il n'a l'air ni fou ni méchant. Je vais lui donner à manger; et puisqu'il connaît Monsieur et Mlle Geneviève, il faut qu'il attende leur retour.

LE NÈGRE, *riant*.

Vous brave femme; et moi vous être ami. »

La cuisinière se mit aussi à rire et plaça sur la table un reste de gigot, des pommes de terre, de la salade, la moitié d'un pain et un broc de cidre. Le nègre riait et découvrait ses dents blanches, que son visage noir d'ébène faisait paraître plus blanches encore. Il mangea et but avec un appétit qui fit rire les domestiques; bientôt il ne resta plus rien de ce que lui avait servi la cuisinière. Ils entourèrent le nègre et lui firent une foule de questions. Ramoramor tournait la tête à droite et à gauche, mais il n'avait pas le temps de répondre à une demande qu'on lui en adressait une autre. Il frappa un grand coup de poing sur la table et cria d'une voix de stentor :

« Silence, tous ! Moi ai pas dix bouches pour répondre à dix à la fois. Moi va dire quoi j'ai fait. Moi Ramoramor servais Moussu, Madame Dormère, moi servais petite Mam'selle Geneviève ; moi aimais beaucoup petite Mam'selle, très bonne, très douce pour pauvre nègre ; moi portais petite Mam'selle quand petite Mam'selle être fatiguée. Moi partir avec maîtres à moi, petite Mam'selle et Mam'selle Pélagie ; tous monter sur un grand vaisseau. Aller longtemps, longtemps. Vaisseau arrêter ; moi nager et aller à terre ; vaisseau partir, laisser Ramoramor tout seul ; moi vouloir rattraper maîtres, et moi monter sur vaisseau plus grand ; mais grand vaisseau tromper pauvre moi et aller en arrière très longtemps, très longtemps ; moi m'ennuyer et devenir matelot ; moi arriver enfin dans la France ; capitaine dit : « Voilà France ; va chercher maîtres « à toi. Toi brave matelot et moi payer toi. » Bon capitaine mettre dans la main à moi beaucoup pièces jaunes pour trois ans. Moi ôter chapeau, dire adieu et aller chercher Moussu Dormère, Madame Dormère, petite Mam'selle. Moi pas trouver et marcher toujours ; moi arriver ici pas loin et demander Moussu Dormère. « C'est ici, dit bonne femme ; pas « loin sur grand chemin vous trouver maison à « Moussu Dormère. » Moi dire merci à bonne femme et marcher et demander Moussu Dormère ; et moi enfin arriver chez Moussu Dormère, et moi veux voir maîtres et petite maîtresse et mam'selle Pélagie; et maîtres bien contents voir pauvre Ramoramor, et moi bien content et embrasser beaucoup fort petite Mam'selle.

— Je vois que vous êtes un brave homme, dit la cuisinière ; je vais appeler Mlle Pélagie. »

La cuisinière monta et redescendit quelques instants après avec Pélagie ; quand elle aperçut le nègre, elle jeta un cri : « Rame ! » s'écria-t-elle en s'élançant vers lui. Le nègre bondit de son côté, la saisit dans ses bras et l'embrassa avec un bonheur qu'il exprima ensuite par des rires, des sauts, des gestes multipliés.

Tout le monde riait ; Pélagie interrogeait, Ramoramor répondait à tort et à travers. Pendant cette scène de reconnaissance, la voiture de M. Dormère s'arrêta devant le perron.

Les domestiques, entendant la voiture, se précipitèrent tous dehors pour assister à l'entrevue du nègre avec Geneviève.

« Qu'est-ce que cela ? dit M. Dormère. Pourquoi sont-ils tous là ? »

Les enfants étaient descendus de voiture et regardaient. Le nègre s'élança au-devant d'eux ; Geneviève, en le voyant, se jeta dans ses bras. Après l'avoir embrassée avec des cris de joie, le nègre posa enfin Geneviève par terre.

GENEVIÈVE.

Rame, mon pauvre Rame ! comment, c'est toi ! Quel bonheur de te revoir ! Où donc as-tu été si longtemps? Pourquoi nous as-tu quittés?

RAME.

Pauvre petite Mam'selle, chère petite Mam'selle, comme vous grandie! Rame plus porter petite maîtresse. Où donc maîtres à moi? Moussu Dormère, Madame Dormère?

— N'en parle pas, Rame, dit Pélagie qui était près de lui : ils sont morts tous les deux. Geneviève est chez son oncle, M. Dormère.

LE NÈGRE, *consterné.*

Morts! morts! Pauvres maîtres! Pauvre petite Mam'selle! »

Toute la joie du nègre avait disparu; une grosse larme roula le long de sa joue. Geneviève pleura aussi; la vue du nègre lui avait rappelé sa petite enfance et ses parents.

« Que diable veut dire tout cela? dit enfin M. Dormère, qui avait été tellement surpris de cette scène qu'il était resté immobile ainsi que Georges.

— Monsieur, dit Pélagie en s'avançant vers M. Dormère, c'est le pauvre Ramoramor, ce nègre si fidèle, si dévoué, dont le frère et la belle-sœur de Monsieur lui ont parlé tant de fois. Il était au service de M. et Mme Dormère pendant les cinq années qu'ils sont restés en Amérique; il s'est embarqué avec eux, n'ayant jamais voulu les quitter; il a disparu pendant le retour, et jamais personne dans le bâtiment n'a su ce qu'il était devenu. Et le voici arrivé sans que je sache comment il a pu nous retrouver.

M. DORMÈRE.

Ah! c'est lui qu'on appelait Rame! Je me souviens que mon frère m'en a parlé souvent. Et où allez-vous, mon ami? Vous êtes marin, à ce que je vois.

RAME.

Moi plus marin, Moussu; moi aller nulle part; moi rester ici.

M. DORMÈRE.

Comment! rester ici? Chez qui donc?

LE NÈGRE.

Chez petite maîtresse, Mam'selle Geneviève.

M. DORMÈRE.

Mais Geneviève n'est pas chez elle; elle est chez moi.

LE NÈGRE.

Ça fait rien, Moussu. Moi rester chez vous.

M. DORMÈRE.

Si cela me convient. J'ai assez de domestiques, mon cher; je n'ai pas d'ouvrage pour vous.

LE NÈGRE, *effrayé*.

Oh! Moussu. Moi faire tout quoi ordonnera Moussu. Moi pas demander argent, pas demander chambre, moi demander rien; seulement moi servir petite maîtresse, voir petite maîtresse. Moi manger pain sec, boire l'eau, coucher dehors sur la terre et moi être heureux avec petite maîtresse; moi tant aimer petite maîtresse, si douce, si bonne pour son pauvre Rame. »

Le pauvre nègre avait l'air si suppliant, si humble, que M. Dormère fut un peu touché de ce grand attachement. Geneviève, le voyant indécis, joignit ses supplications à celles de Rame ; elle pleura, elle se mit aux genoux de son oncle ; du côté des domestiques, M. Dormère entendait des exclamations étouffées : « Pauvre homme ! — Il est touchant. — Cela fait de la peine. — C'est cruel de le renvoyer. — Je n'aurais jamais ce cœur-là. — Quel brave homme ! — Et la petite demoiselle, comme elle pleure ! Ça fait pitié vraiment. »

M. DORMÈRE.

Voyons, Geneviève, ne pleure pas. Je veux bien le garder, mais que ce soit pour ton service particulier avec Pélagie ; et qu'il ne vienne surtout pas m'ennuyer par des querelles avec mes domestiques.

GENEVIÈVE.

Merci, mon oncle, mille fois merci. Jamais je n'oublierai cette bonté de votre part, mon oncle, ajouta-t-elle en lui baisant la main.

M. DORMÈRE, *l'embrassant.*

C'est bien, Geneviève ; tu es une bonne fille ; va installer ton ami, et vous, Pélagie, faites-lui donner une chambre et tout ce qu'il lui faut.

PÉLAGIE.

Merci, Monsieur. Je réponds que Rame sera reconnaissant toute sa vie de ce que Monsieur fait pour lui aujourd'hui. »

Geneviève baisa encore la main de son oncle et courut à son cher Rame, qui pleurait de joie de la retrouver et de chagrin de la mort de ses anciens maîtres.

GENEVIÈVE.

Ne pleure pas, mon pauvre Rame; nous allons être bien heureux! Tu ne vas plus jamais me quitter et tu sais que je t'aimerai toujours.

LE NÈGRE.

Oh oui! Mam'selle; Rame être bien heureux à présent! Pauvres maîtres à Rame! moi pleurer pas exprès, petite maîtresse; bien sûr, pas exprès. »

Et le pauvre nègre l'embrassait encore, la serrait contre son cœur en pleurant de plus belle. Il ne tarda pourtant pas à se consoler; les domestiques, touchés de son attachement pour ses maîtres, lui témoignèrent leur satisfaction du consentement de M. Dormère; il leur offrit à tous ses services.

« Rame toujours votre ami, dit-il; aujourd'hui vous bons; lui pas oublier jamais. Rame toujours là, prêt pour courir, pour travailler, pour aider, tous, tous. »

Pélagie et Geneviève emmenèrent Rame dans leur appartement; ils causèrent longtemps. Rame raconta son histoire; Pélagie et Geneviève racontèrent la leur depuis trois ans qu'ils étaient séparés.

Enfin il fallut descendre pour dîner : Geneviève embrassa une dernière fois son cher Rame, qui jadis avait été son ami et celui de ses parents plutôt que leur serviteur.

Pélagie arrangea avec Rame la chambre où il devait demeurer et qui tenait à leur appartement. Rame défit sa petite valise, se débarbouilla,

« Ne pleure pas, mon pauvre Rame. »

démêla ses cheveux crépus, changea de linge, brossa ses habits de matelot et revint rayonnant près de Pélagie. Elle le mit au courant de la position de Geneviève dans la maison, du peu d'affection que lui portaient son oncle et Georges.

« Heureusement, ajouta-t-elle, qu'elle n'a pas à souffrir de privations d'argent, car ses parents lui ont laissé une grande fortune, et Monsieur, qui est son tuteur, me donne tout ce que je lui demande pour elle. Ainsi, mon pauvre Rame, ne vous gênez pas quand vous aurez besoin d'argent ou d'effets d'habillement; je vous fournirai tout ce qui vous sera nécessaire. »

VII

HOSTILITÉS DE GEORGES CONTRE RAME

Quand Ramoramor s'était retiré avec Pélagie et Geneviève, Georges avait suivi son père dans sa bibliothèque, qui était en même temps son cabinet de travail. Il s'assit pensif dans un fauteuil.

« Papa, dit-il, pourquoi avez-vous gardé ce vilain nègre?

M. DORMÈRE.

Pour faire plaisir à Geneviève, qui paraissait désolée de devoir le quitter.

GEORGES.

Bah! Geneviève a vécu sans lui depuis trois ans qu'elle est chez nous; elle s'en serait bien passée comme auparavant.

M. DORMÈRE.

Et puis par pitié pour ce pauvre homme qui lui est si attaché.

GEORGES.

Il serait retourné dans son pays. Il est affreux ce nègre ; d'abord, moi, je ne veux pas qu'il me touche.

M. DORMÈRE.

Sois tranquille, il n'aura rien à faire pour toi ; tu ne le verras même pas.

GEORGES.

Alors il faut que vous lui défendiez de servir à table ; avec ses vilaines mains noires, il est dégoûtant.

M. DORMÈRE.

Il ne servira pas à table ; je ne compte pas en faire mon maître d'hôtel.

GEORGES.

C'est ennuyeux tout de même qu'il soit chez nous.

M. DORMÈRE.

Mon cher ami, tu as tort de prendre ce pauvre homme en aversion ; pense donc qu'il a fidèlement servi mon frère et sa femme pendant cinq ans, qu'ils m'en ont raconté de beaux traits de dévouement et d'attachement

GEORGES.

Mais, papa, ce n'est pas une raison pour le garder chez vous.

M. DORMÈRE.

Je trouve que c'est une raison suffisante ; je veux qu'il reste près de Geneviève et je te prie de ne plus m'en parler ; c'est un mauvais sentiment que tu témoignes : je voudrais t'en voir de meilleurs, surtout au moment de nous séparer. »

Georges ne dit plus rien; il prit un livre et fit semblant de lire, jusqu'au moment où la cloche du dîner sonna.

Geneviève entra dans la salle à manger en même temps que son oncle; elle courut à lui le visage rayonnant de bonheur et lui baisa la main.

M. DORMÈRE.

Tu es donc bien contente d'avoir ton Rame, ma chère petite?

GENEVIÈVE.

Oh oui! mon oncle; si contente que je sens mon cœur qui saute dans ma poitrine. Tu verras, Georges, comme il est bon et complaisant! Quand tu auras envie de quelque chose, tu n'auras qu'à le lui demander; il te l'aura tout de suite.

GEORGES, *avec humeur.*

Je n'ai besoin de rien et je ne lui demanderai rien. D'ailleurs c'est bête ce que tu dis; est-ce que ce nègre qui n'a rien, qui n'est pas chez lui, mais chez papa, peut m'avoir un cheval, un éléphant, un fusil, un meuble?

GENEVIÈVE, *riant.*

Mais non, ce n'est pas cela; je veux dire : te dénicher un nid, te faire une jolie canne avec une baguette cueillie dans le bois; des choses comme ça. »

Georges leva les épaules sans répondre. Geneviève n'y fit pas attention; elle crut l'avoir convaincu et elle se mit à raconter avec animation quelques-unes des aventures de Ramoramor.

M. Dormère souriait; Georges lui disait de temps en temps une parole désagréable, comme : « Il est joliment bête, ton nègre! » ou bien : « Ce que tu racontes n'est ni drôle ni amusant. — Tu ennuies papa avec tes sottes histoires. — Auras-tu bientôt fini avec ton noiraud? »

Geneviève finit par s'apercevoir de la mauvaise humeur de Georges; elle s'arrêta tout court et le regarda avec surprise.

GENEVIÈVE.

Qu'as-tu donc, Georges? Tu as l'air fâché! Est-ce que je t'ai dit quelque chose de désagréable? Qu'est-ce que c'est? Dis-moi, Georges; dis, je t'en prie.

GEORGES.

Je te prie de me laisser tranquille; tu m'ennuies depuis que nous sommes à table, avec ton vilain Rame. Je n'aime pas les nègres, moi, et surtout celui-là; ainsi je te prie de ne plus m'en rabâcher les oreilles. »

Geneviève devint rouge comme une cerise; les larmes lui vinrent aux yeux; elle se tut.

M. DORMÈRE, *sévèrement*.

Georges, tu réponds grossièrement et sottement à ta cousine; je te prie, à mon tour, de ne pas prendre ce ton avec elle.

GEORGES.

Bon, voilà que vous me grondez à cause de ce vilain nègre.

M. DORMÈRE.

Taisez-vous, Monsieur, ou sortez de table. »

Georges aurait voulu sortir de table, mais on allait servir des glaces aux fraises et puis des cerises, qu'il ne voulait pas laisser échapper. Il se tut donc et ne souffla plus un mot. Geneviève garda aussi le silence, et M. Dormère pensa qu'il était

« Je veux dire : le dénicher un nid.... » (Page 71.)

trop dur pour son fils, que c'était mal de le reprendre si sévèrement pour des propos d'enfant.

« C'est singulier, se disait-il, que ce soit toujours Geneviève qui amène des désagréments à mon pauvre Georges; cette petite fille, qui est bonne pourtant, brouille tout mon intérieur; elle est cause que, deux ou trois jours avant le départ de Georges, je suis obligé de lui faire du chagrin en le grondant. Pauvre Georges ! »

VIII

GEORGES SE DESSINE DE PLUS EN PLUS

D'après ce que Pélagie avait dit à Rame des sentiments de Georges pour Geneviève, le bon nègre ne se trouvait pas bien disposé pour Georges. Lorsqu'ils se rencontrèrent le lendemain, Rame ôta son chapeau, mais sans dire un mot. Il accompagnait sa petite maîtresse et ne la quittait pas des yeux.

GENEVIÈVE.

Georges, veux-tu venir au potager? nous cueillerons des fraises pour le goûter.

GEORGES.

Je veux bien, mais seul avec toi. Je ne veux pas que ton nègre vienne avec moi.

GENEVIÈVE.

Il ne sera pas avec toi; c'est moi que le bon Rame va accompagner.

GEORGES.

Alors va-t'en de ton côté; je n'ai pas besoin

d'être gardé comme un enfant de deux ans.

GENEVIÈVE.

Alors bonsoir; j'aime mieux être gardée, moi. Avec Rame, je peux aller partout. »

Geneviève s'approcha du nègre.

GENEVIÈVE.

Rame, n'allons pas au potager; viens avec moi au bout du bois; nous pêcherons des écrevisses dans le ruisseau.

GEORGES.

Mais moi aussi je veux pêcher des écrevisses.

GENEVIÈVE.

Puisque tu ne veux pas venir avec Rame.

GEORGES.

Dans le potager; mais aux écrevisses, je veux bien.

GENEVIÈVE.

Viens alors, décide-toi. Je pars. »

Geneviève donna la main à Rame et l'emmena dans le bois, traversé par un ruisseau; les arbres étaient très serrés; le chemin pour y arriver était frais et charmant. Ils étaient suivis par Georges, qui avait envie de pêcher, mais qui aurait voulu se débarrasser du protecteur de Geneviève; il avait de l'humeur et il n'osait pas trop la témoigner.

« Si je dis seulement un mot désagréable à Geneviève, pensa-t-il, son vilain nègre serait capable de me dire des sottises. Geneviève, qui se sent soutenue à présent, va être insupportable; il faudra que je fasse toutes ses volontés; elle prend déjà des airs d'indépendance : « Je veux; je ne veux pas;

« je m'en vais », etc. Je ne comprends pas que papa ait laissé cet affreux homme demeurer dans notre maison. Heureusement que je pars après-demain. Et quand je reviendrai en vacances, je le ferai tellement enrager, qu'il faudra bien qu'il s'en aille. »

Pendant que Georges faisait ces réflexions, Geneviève et Rame parlaient à qui mieux mieux. On arriva ainsi au bout du pré, près d'un joli bosquet taillé dans le bois.

« A présent, dit Geneviève, cherchons les écrevisses.

GEORGES.

Avec quoi vas-tu les prendre?

GENEVIÈVE.

Ah! mon Dieu, tu as raison! J'ai oublié les pêchettes, la viande et tout.

GEORGES, *triomphant*.

Voilà ce que c'est que de t'en aller comme une folle avec un nègre qui ne sait rien, et sans me prévenir, sans que j'aie pu préparer ce qu'il faut pour la pêche des écrevisses.

GENEVIÈVE.

Comme c'est ennuyeux! Qu'allons-nous faire?... Georges, veux-tu aller dire à Lucas de nous...?

GEORGES.

Non certainement, je ne veux pas. Vas-y toi-même. Quant à envoyer ton nègre, c'est inutile, parce qu'on ne l'écouterait pas.

LE NÈGRE, *riant*.

Avoir pas chagrin, petite Maîtresse; Rame avoir écrevisses pour sa chère petite mam'selle.

GENEVIÈVE.

Comment feras-tu, mon pauvre Rame? Tu n'as rien pour les prendre.

RAME.

Moi pas avoir besoin rien. Prendre écrevisses tout seul.

GENEVIÈVE.

Comment vas-tu faire?

RAME.

Voilà! eau pas profonde; moi entrer, écrevisses mordre jambes; moi prendre vite, une, deux, dix, vingt. Petite Maîtresse avoir beaucoup.

GEORGES.

Tiens! c'est une bonne idée ça; allons, vite dans l'eau, le nègre.

GENEVIÈVE.

Non, non, Rame; je ne veux pas que tu te fasses mordre pour moi; cela te fera mal et je ne veux pas.

RAME.

Pas mal du tout, petite Maîtresse; moi sais bien. »
Et il se mit à défaire ses souliers.

GEORGES.

Laisse-le faire! puisqu'il veut bien.

GENEVIÈVE.

Rame veut se faire piquer pour que j'aie des écrevisses : je ne le veux pas.

GEORGES.

Et moi je veux; je suis plus maître que toi : Rame est chez papa, il n'est pas chez toi. Je lui ordonne d'aller dans l'eau. »

Le nègre ne bougeait plus.

« Écrevisses mordre jambes à moi. »

RAME.

Moi obéir à petite Maîtresse. Quoi ordonne à Rame ?

GENEVIÈVE.

Je te défends de te faire mordre, Rame; je t'en prie, Rame, mon cher Rame, ne le fais pas. »

Rame embrassa sa chère petite Maîtresse et dit :

« Rame obéir à petite Maîtresse. »

Et il remit un de ses souliers déjà ôté.

GEORGES.

Puisque je vous ai ordonné d'aller dans l'eau, pourquoi remettez-vous vos souliers ?

RAME, *froidement.*

Rame obéir à petite Maîtresse.

GEORGES.

Insolent! Je le dirai à papa; nous verrons ce qu'il dira, lui; je vous arrangerai bien, allez!

GENEVIÈVE, *effrayée.*

Oh non! Georges; ne dis rien à mon oncle; tu vas mentir et mon oncle te croira.

GEORGES.

Je dirai ce que je veux, et je mentirai si je veux, et je ferai chasser ce nègre si je veux, et toi avec lui si tu m'ennuies trop. »

Geneviève fondit en larmes. Rame, désolé, regardait Georges avec une colère qu'il n'osait pas faire paraître et qui augmentait le triomphe de Georges.

« Adieu, pleureuse, adieu, nègre; je vais trouver

papa, s'écria Georges en riant d'un air méchant.

— Tu n'auras pas loin à aller », dit une voix tout près d'eux.

Georges se retourna avec frayeur.

« La voix de papa, dit-il.

M. DORMÈRE, *sortant du bosquet*.

Oui, c'est moi; j'entends que tu me cherches; qu'est-ce que tu veux?

GEORGES, *troublé*.

Rien, papa; rien du tout.

M. DORMÈRE.

Tu avais pourtant quelque chose à me raconter, ce me semble.

GEORGES.

Non, papa; non. Où étiez-vous donc?

M. DORMÈRE.

Dans ce bosquet où je lisais. Voyons, raconte-moi ce que tu voulais me faire savoir tout à l'heure. — Parle donc, puisque nous voici tous réunis. »

Georges avait peur; il devinait que son père avait tout entendu; et il se taisait, ne sachant comment s'excuser.

M. DORMÈRE.

Puisque tu ne veux pas parler, c'est moi qui te dirai que j'ai entendu tout ce qui s'est passé depuis un quart d'heure; tu t'es très mal comporté vis-à-vis de ce pauvre nègre tout dévoué à Geneviève; très mal vis-à-vis de ta cousine, à laquelle tu as parlé grossièrement et méchamment. Tu pars après-demain, c'est pourquoi je ne t'inflige aucune punition, mais je te défends de jouer avec ta cousine, que tu ne cesses de tourmenter, et de parler à ce brave homme, que tu insultes par tes paroles et tes gestes dédaigneux. Tu me causes beaucoup de chagrin, mon pauvre Georges; Dieu veuille que le collège te change! Maintenant suis-moi. »

M. Dormère s'éloigna tristement avec Georges tout confus. Quand ils furent loin, le nègre dit :

« Moussu Dormère, pas mauvais. A fait bien, a dit bien avec Moussu Georges; a fait mal avec petite Maîtresse.

GENEVIÈVE.

Comment cela, mon bon Rame? En quoi a-t-il fait mal?

RAME.

Mam'selle pleurait; devait embrasser petite Mam'selle, comme Rame embrasse. Moussu Dormère parti sans regarder, sans consoler. Pas bien ça, pas bien, pas aimer petite Mam'selle. »

Et il hochait la tête d'un air mécontent.

GENEVIÈVE.

Ce n'est pas sa faute, mon pauvre Rame : je ne suis pas sa fille.

RAME, *attendri.*

Mam'selle pas fille à Rame, et Rame l'aimer fort, tant que lui avoir cœur. Rame mourir pour petite Maîtresse.

GENEVIÈVE.

Mon bon Rame, comme je t'aime aussi! »

Rame ramena Geneviève à Pélagie et ils repartirent tous les trois pour la pêche aux écrevisses, après avoir fait un paquet de tout ce qu'il fallait pour en prendre. Ils y restèrent une partie de l'après-midi, et Rame rapporta un grand panier plein d'écrevisses.

IX

GEORGES ENTRE AU COLLÈGE

La veille du départ de Georges pour le collège, M. Dormère et les enfants venaient de déjeuner; il était une heure et ils se promenaient devant le château, quand ils virent arriver Mlle Primerose.

MADEMOISELLE PRIMEROSE.

Bonjour, mon cousin; bonjour, mes enfants; je viens faire mes adieux au futur collégien.... Ah! on est un peu triste aujourd'hui; personne ne parle. C'est très bien. Il faut toujours un peu pleurer quand on se quitte. Je n'aime pas les gens qui rient toujours. Qui est-ce qui mène Georges? Est-ce vous, mon cousin?

M. DORMÈRE.

Certainement, ma cousine; je ne me séparerai de mon fils que le plus tard possible.

MADEMOISELLE PRIMEROSE.

A la bonne heure. Vous étiez si gai l'autre jour,

que je venais vous offrir de vous éviter l'ennui du voyage en accompagnant Georges moi-même.

M. DORMÈRE.

Merci, ma cousine; je ne céderai à personne cette triste satisfaction.

MADEMOISELLE PRIMEROSE.

Et toi, Geneviève, y vas-tu?

GENEVIÈVE.

Si mon oncle veut bien le permettre, ma cousine; cela me fera grand plaisir de connaître la maison où va demeurer Georges.

MADEMOISELLE PRIMEROSE.

Emmenez-vous Geneviève, mon cousin?

M. DORMÈRE.

Je ne demande pas mieux; il y a à peine deux heures de chemin de fer; le voyage ne la fatiguera pas. Nous reviendrons ici le soir même pour dîner.

MADEMOISELLE PRIMEROSE.

Ah! mon Dieu, qu'est-ce que je vois? Un homme tout noir! Un nègre, Dieu me pardonne! Il vient ici! Prenez garde; il approche. »

En effet Rame s'approchait. Il ôta son chapeau et, à la grande surprise de Mlle Primerose, il prit la main de Geneviève.

RAME.

Moi venir voir si petite Maîtresse besoin de Rame?

GENEVIÈVE.

Pas à présent, mon bon Rame; va chez Pélagie, je t'appellerai.

MADEMOISELLE PRIMEROSE.

Qu'est-ce que c'est que cela, grands dieux! Où

avez-vous pêché cet homme noir, mon cousin? et comment ose-t-il prendre la main de Geneviève?

M. DORMÈRE.

C'est un ancien et fidèle serviteur de mon frère et de ma belle-sœur; il est arrivé depuis trois jours; il paraît fort attaché à ma nièce, qu'il a soignée et portée dans ses bras pendant sa petite enfance, et je lui ai permis de rester près d'elle. Il est attaché à son service particulier.

MADEMOISELLE PRIMEROSE.

Eh bien, en voilà du nouveau! Quel chevalier d'honneur! Comment l'appelez-vous?

GEORGES.

Il s'appelle Ramor

MADEMOISELLE PRIMEROSE.

Ra? rat mort! Drôle de nom. Je voudrais bien l'entendre parler; ça parle si drôlement ces nègres.

GENEVIÈVE.

Voulez-vous le voir, ma cousine? Il est allé chez ma bonne. Il est si bon! Il m'aime tant! Papa et maman l'aimaient beaucoup; il était toujours avec moi.

MADEMOISELLE PRIMEROSE.

Oui, certainement, ma petite Geneviève; je veux faire connaissance avec lui.

GENEVIÈVE.

Montons alors chez ma bonne; vous le verrez bien à votre aise. »

Mlle Primerose, enchantée, suivit Geneviève chez Pélagie.

MADEMOISELLE PRIMEROSE.

Bonjour, ma bonne Pélagie; je viens vous voir et dire bonjour à ce monsieur nègre. Bonjour, monsieur Ra-ra-mort.

RAME.

Bonjour, madame. Moi pas moussu; moi Rame; pauvre nègre, pas moussu.

MADEMOISELLE PRIMEROSE.

Comme c'est bien ce qu'il dit là! Vous aimez beaucoup maîtresse?

RAME.

Oh oui! Moi aimer, moi servir petite Maîtresse, toujours, toujours!

MADEMOISELLE PRIMEROSE.

Qui aimez-vous encore, excellent serviteur?

RAME.

Moi aimer qui aime petite Maîtresse; moi pas aimer, moi haïr qui fait mal à petite Maîtresse.

MADEMOISELLE PRIMEROSE.

Dieu! quels yeux il fait! C'est effrayant. Et dites-moi, mon cher monsieur Rame, aimez-vous Georges?

RAME, *froidement.*

Moi connais pas.

MADEMOISELLE PRIMEROSE.

Comment! vous ne le connaissez pas! le cousin de Geneviève?

RAME, *de même.*

Moi connais pas.

MADEMOISELLE PRIMEROSE.

Et M. Dormère? Vous le connaissez bien! L'aimez-vous?

RAME.

Moi connais pas.

MADEMOISELLE PRIMEROSE.

Ah! je vois ce que c'est. Vous voyez que Georges et M. Dormère n'aiment pas Geneviève?

RAME, *avec colère.*

Moi a dit : Connais pas.

MADEMOISELLE PRIMEROSE.

Il me fait peur avec ses yeux étincelants. Connais pas, Connais pas. Je comprends ce que cela veut dire : Connais pas. — Voyons, mon excellent ami, ne vous fâchez pas : moi j'aime beaucoup petite Maîtresse; ainsi il faut aimer moi aussi, mon bon Rame, et pas faire des yeux terribles à moi mam'selle Primerose.

RAME, *riant.*

Vous, mam'selle? Vous, Rose?

MADEMOISELLE PRIMEROSE.

Oui, mon cher Rame; je suis *Mam'selle* comme Geneviève; et pas *Rose*, mais *Primerose*. Et j'aime beaucoup ma petite cousine Geneviève; n'oubliez pas cela. »

Rame jeta un regard interrogateur sur Pélagie et sur Geneviève. Mlle Primerose se mit à le questionner sur une foule de choses. Geneviève finit par s'ennuyer de cette longue conversation et bâilla. Aussitôt Rame s'approcha d'elle et lui prit la main en disant :

« Petite Maîtresse ennuyée. Rame plus parler.

MADEMOISELLE PRIMEROSE, *à demi-voix.*

Tiens! il n'est guère poli ce fidèle serviteur. —

C'est mal élevé ces nègres! — (*Haut.*) Allons, je m'en vais. Viens-tu, Geneviève?

GENEVIÈVE.

Non, ma cousine, je reste avec Rame, qui va me faire des meubles pour ma poupée avec son couteau. »

Mlle Primerose descendit seule et rejoignit M. Dormère et Georges qui enveloppait divers objets que son père venait de lui donner pour le collège.

MADEMOISELLE PRIMEROSE.

Vous faites vos derniers préparatifs de départ, mon cousin. Je ne veux pas vous déranger, je m'en vais; au revoir, mon cousin; adieu, Georges. J'ai causé avec votre Ramor.... Je ne peux pas m'habituer à ce nom. C'est un drôle de corps; il a des yeux si brillants que c'est effrayant par moments. Je viendrai causer avec lui quelquefois, car je m'ennuie souvent là-bas chez les Saint-Aimar. Cornélie n'est pas toujours de bonne humeur. M. de Saint-Aimar est sans cesse absent. — Je viendrai souvent chez vous, mon cousin, et puis j'emmènerai quelquefois Geneviève; vous voudrez bien, n'est-ce pas? Adieu : je m'en vais. Bon voyage. Quand vous irez voir Georges, vous me préviendrez, n'est-ce pas? Je vous accompagnerai. Adieu, Georges; amuse-toi bien et sois bon garçon. Ne va pas bourrer tes camarades comme tu bourres Geneviève. Une fille, cela n'a pas de défense; mais les garçons! Ce sont de vrais diables; n'oublie pas cela; ils te battraient comme plâtre. Sais-tu pourquoi on dit : battre comme plâtre?... »

M. DORMÈRE, *impatienté.*

Adieu, adieu, ma cousine; nous sommes un peu pressés; nous avons beaucoup à faire.

MADEMOISELLE PRIMEROSE.

C'est ce que je vois; je voudrais seulement expliquer à Georges...

M. DORMÈRE.

Je lui expliquerai, ma cousine. Adieu. »

Mlle Primerose comprit enfin qu'elle était importune et s'en alla.

« Il n'est guère poli, se dit-elle; je parie qu'il ne saura rien expliquer à Georges; c'est pourtant intéressant ce que j'avais à lui dire; c'est ainsi qu'on fait l'éducation des enfants; on leur apprend un tas de choses tout en causant. Mais celui-ci ne saura jamais rien avec ce père maussade. C'est un vrai ours que ce cousin. Au reste, qu'ils s'arrangent comme ils voudront; je ne m'en mêle plus. »

Le lendemain, M. Dormère et Georges s'apprêtaient pour aller gagner le chemin de fer. Geneviève mettait son chapeau dans sa chambre.

GEORGES.

Papa, je suis fâché que vous emmeniez Geneviève : elle va vous gêner pour vos courses à Paris.

M. DORMÈRE.

C'est bien ce que je pense, mais elle a demandé à nous accompagner; je croyais que cela te ferait plaisir.

GEORGES.

Moi! pas du tout, papa; au contraire, elle me gêne. Et puis le nègre voudra la suivre bien certainement. Nous allons avoir encore une scène; vous verrez cela.

M. DORMÈRE.

Je ne veux pas te contrarier, mon pauvre garçon; je peux lui dire que j'ai des affaires à Paris. — Va l'appeler; je le lui annoncerai tout doucement. »

Georges partit en courant :

« Geneviève, Geneviève, lui cria-t-il; tu n'as pas besoin de mettre ton beau chapeau. Papa ne t'emmène pas.

GENEVIÈVE, *étonnée*.

Pourquoi cela?

GEORGES.

Parce que tu le gênerais; il a des affaires à Paris, et puis il aime mieux être seul avec moi.

GENEVIÈVE, *tristement*.

Mais mon oncle m'avait dit hier....

GEORGES.

Hier n'est pas aujourd'hui; il a changé d'idée. Je vais te dire adieu, car nous partons.

GENEVIÈVE, *embrassant Georges à plusieurs reprises*.

Adieu, Georges, adieu. Je suis fâchée de te quitter si brusquement. Tiens, Georges, prend ce petit souvenir de moi; il te sera utile là-bas. Je voulais te le donner au collège. »

Geneviève tira de sa poche un joli portefeuille en cuir de Russie, qu'elle lui mit dans la main. Georges, touché de cette aimable attention, embrassa affectueusement Geneviève et s'en alla, un peu repentant de cette dernière méchanceté qu'il venait de lui faire.

M. DORMÈRE.

Eh bien, Geneviève ne descend pas pour nous dire adieu ?

GEORGES.

Non, papa ; elle m'a dit adieu en haut, et elle m'a donné un joli portefeuille. »

Ils montèrent en voiture. Georges voulut voir le dedans de son portefeuille. Il l'ouvrit et vit avec autant de plaisir que de surprise qu'il contenait un petit couteau, des ciseaux, un porte-plume, un portecrayon, une petite lime, une pince, plusieurs compartiments pour mettre des papiers, et puis un compartiment plein de timbres-poste, un autre avec une petite pelote d'épingles, enfin une petite glace et un petit peigne en écaille.

GEORGES.

Oh ! que c'est joli, papa ! Voyez donc comme Geneviève est bonne ! Comme tout cela va me servir au collège !

M. DORMÈRE.

Oui, c'est très joli et très utile. C'est fort aimable à Geneviève ; je regrette que nous ne l'ayons pas emmenée. Cette pauvre enfant, elle croit peut-être que c'est un caprice de ma part ?

GEORGES.

Non, papa ; je lui ai dit que vous étiez bien fâché, mais que vous aviez des affaires importantes à régler ; elle a bien compris qu'elle vous gênerait.

M. DORMÈRE.

Pauvre enfant ! Heureusement qu'elle a son Rame et Pélagie qui l'aiment bien et qui vont la consoler. »

Trois heures après, M. Dormère et Georges arrivèrent rue de Vaugirard, au collège des Pères Jésuites. Georges se trouva un peu intimidé au premier moment, mais l'accueil que lui firent les bons Pères le rassura promptement et il demanda lui-même à faire connaissance avec ses futurs camarades. Ils étaient en pleine récréation ; M. Dormère et Georges furent un peu ahuris par les cris qui partaient de tous côtés, mais, quand ils surent que c'étaient des cris de joie, Georges demanda à en prendre sa part. Le Père qui l'accompagnait le présenta à ses camarades, parmi lesquels il aperçut Jacques et Rodolphe ; Georges fut immédiatement entraîné et mis au courant du jeu qui excitait les rires et les cris de tous les enfants. Quand la cloche annonça la fin de la récréation, chacun courut prendre son rang pour entrer à l'étude.

« Allons, Georges, dit le Père qui causait avec M. Dormère, venez dire adieu à monsieur votre père, et ne pleurez pas trop, si vous pouvez.

GEORGES.

Je n'ai pas envie de pleurer, Père.

LE PÈRE.

Ah ! ah ! Vous avez déjà pris le langage de nos enfants ! Père, au lieu de : Mon père ; c'est très bien : je vois que nous n'aurons pas beaucoup de peine à vous habituer au collège.

GEORGES.

Oh non ! Père ; je suis très content.

LE PÈRE.

J'espère que, nous aussi, nous serons très

contents, que vous travaillerez bien, que vous serez bien sage.

GEORGES.

Oui, oui, Père; vous verrez, vous verrez. Où faut-il que j'aille?

LE PÈRE.

Quand vous aurez dit adieu à monsieur votre père, je vous mènerai au P. de Lanoix, qui vous mettra au courant.

GEORGES.

Je voudrais être auprès de mon cousin Jacques.

LE PÈRE.

Ah! Jacques est votre cousin! Je vous en félicite, car c'est un de nos meilleurs élèves.

M. DORMÈRE.

Je vois, mon révérend Père, que je puis m'en aller sans causer de peine à mon fils. Adieu, Georges; adieu, mon ami. Je viendrai te voir dimanche prochain. »

M. Dormère embrassa son fils plusieurs fois.

GEORGES, *froidement*.

Adieu, papa, au revoir; soyez tranquille, je suis très content. »

Et il se retourna vers le Père pour s'en aller. M. Dormère soupira, salua le Père.

LE PÈRE.

Vous n'accompagnez pas votre père jusqu'à la porte, Georges?

GEORGES.

C'est que je voudrais bien rejoindre mes camarades.

M. DORMÈRE.

Va, va, mon ami. Ne vous donnez pas la peine de me reconduire, mon révérend Père; je trouverai bien la porte tout seul. Adieu, Georges. »

M. Dormère se retira. Le Père fronça un peu le

« J'espère que vous serez bien sage. »

sourcil, mais ne dit rien au nouvel élève, qu'il alla remettre entre les mains du P. de Lanoix.

Quand M. Dormère remonta dans sa voiture, une larme mouilla sa paupière; la froideur de l'adieu de son fils l'avait péniblement impressionné. « Serait-il ingrat? se demanda-t-il. Moi qui l'aime tant et qui ai toujours été si indulgent pour lui! Avec quelle insouciance il m'a quitté.... Geneviève aurait témoigné plus de cœur. »

M. Dormère termina une ou deux affaires chez son notaire, dîna au restaurant et repartit pour Plaisance vers huit heures. Il était de retour à dix heures. Geneviève était couchée depuis longtemps. Il ne la revit que le lendemain.

X

GENEVIÈVE SANS GEORGES

Le lendemain, quand Geneviève alla voir son oncle, sa première question fut pour Georges.

GENEVIÈVE.

Bonjour, mon oncle. Comment avez-vous laissé le pauvre Georges? A-t-il beaucoup pleuré?

M. DORMÈRE.

Pas du tout pleuré. Georges a plus de courage que tu ne le penses; il a été très bien.

GENEVIÈVE.

Mais il était bien triste, ce pauvre garçon?

M. DORMÈRE.

Non, pas trop; il sait prendre sur lui.

GENEVIÈVE.

A-t-il vu ses camarades?

M. DORMÈRE.

Certainement; ils ont été fort aimables pour lui.

GENEVIÈVE.

J'en suis bien contente. Je craignais qu'ils ne fussent froids.

M. DORMÈRE.

Pourquoi cela? Tout le monde n'est pas si difficile que toi. Ils l'ont trouvé très bien.

GENEVIÈVE.

Mais, mon oncle, je trouve Georges très bien, moi aussi.

M. DORMÈRE.

Excepté quand tu t'en plains.

GENEVIÈVE.

Moi, mon oncle, je ne me suis jamais plainte de Georges.

M. DORMÈRE.

Ne fais donc pas l'innocente. Ce n'est pas à moi que tu t'en plaignais, mais à ta bonne, qui allait le raconter à tout le monde; de sorte que Georges passait pour un méchant qui te rendait malheureuse.

GENEVIÈVE.

Je vous assure, mon oncle, que vous vous trompez et que j'aime beaucoup Georges.

M. DORMÈRE.

C'est bon, n'en parlons plus. Qu'as-tu fait hier pour t'amuser?

GENEVIÈVE.

Mon oncle, j'étais triste du départ de Georges; je pensais à vous, et je n'étais pas en train de m'amuser.

M. DORMÈRE.

A moi? Pourquoi pensais-tu à moi?

GENEVIÈVE.

Parce que je savais, mon oncle, que vous aviez du chagrin du départ de Georges, et j'en étais attristée pour vous.

M. DORMÈRE.

Ma chère amie, au lieu de t'affliger pour moi après le départ de mon fils, tu aurais mieux fait de ne pas rendre cette séparation nécessaire.

GENEVIÈVE, *étonnée*.

Comment aurais-je pu l'empêcher, mon oncle?

M. DORMÈRE.

En n'ayant pas sans cesse des discussions avec Georges; en ne le poussant pas à mille petites sottises qu'il n'aurait pas faites sans toi, en ne te plaignant pas de lui à ta bonne, à tes amis. Tu as rendu la vie insupportable à Georges, et j'ai dû dans son intérêt me séparer de mon fils unique.

GENEVIÈVE, *pleurant*.

Oh! mon oncle, je vous assure que je n'ai rien fait de ce que vous supposez. J'ai au contraire évité de me plaindre de Georges, et d'en mal parler; et si ma bonne et mes amis voyaient qu'il ne me traitait pas toujours très bien, ce n'est pas ma faute, je vous assure.

M. DORMÈRE.

Tant mieux pour toi si tu as fait comme tu dis. Je t'engage à sécher tes larmes; je déteste de voir pleurer. Va avec ta bonne, tu me retrouveras à déjeuner. »

Geneviève quitta son oncle; elle pleura quelque temps dans le vestibule, assise sur la dernière marche de l'escalier. Quand elle retira le mouchoir qu'elle tenait sur ses yeux, elle vit Rame debout devant elle, qui la regardait si tristement que ses pleurs redoublèrent; elle se jeta dans ses bras sans parler.

RAME.

Pauvre petite Maîtresse! Pauvre petite Mam'selle! Rame malheureux ; lui pas pouvoir empêcher petite Maîtresse avoir du chagrin. Moi savoir quoi c'est ; moi vouloir beaucoup punir méchant Moussu, mais moi pas oser, Moussu chasser Rame, et moi alors, plus voir petite Maîtresse! Pauvre moi, pauvres nous! »

Rame se mit à pleurer avec Geneviève. Tout à coup il entendit s'ouvrir la porte du cabinet de travail de M. Dormère. S'il trouvait le nègre s'affligeant avec Geneviève, il serait certainement en colère et il accuserait sa nièce d'avoir raconté ses chagrins à son fidèle serviteur. Il n'y avait pas un moment à perdre ; il saisit Geneviève dans ses bras, monta l'escalier en deux bonds et fut hors de vue avant que M. Dormère eût eu le temps d'arriver dans le vestibule.

Rame déposa sa petite maîtresse dans la chambre de Pélagie, sortit avec précipitation, descendit quatre à quatre l'escalier de service, qui donnait dans la cuisine, et se mit à essuyer vivement de la vaisselle.

Après le départ de sa nièce, M. Dormère avait regretté les reproches qu'il lui avait adressés ; il se souvint plus nettement des paroles de Pélagie et de

Il monta l'escalier en deux bonds.

l'impression défavorable à Georges qu'elles avaient produite sur son esprit. Il réfléchit à la fausseté des accusations qu'il avait prononcées contre sa nièce, à l'isolement de la pauvre Geneviève qui n'avait pour la défendre et pour l'aimer que sa bonne et le pauvre nègre. Il résolut de réparer son erreur par quelques bonnes paroles et il quitta son cabinet pour monter chez Geneviève. Au bas de l'escalier il aperçut un mouchoir; il le ramassa; c'était celui de Geneviève : il était trempé des larmes de la pauvre enfant.

M. DORMÈRE.

Pauvre petite! comme je la traite! J'avais pourtant promis à mon frère et à ma belle-sœur de l'aimer comme ma fille, de la garder, de la rendre heureuse. O mon frère, ma sœur, pardonnez-moi! Je tiendrai ma parole à l'avenir. »

M. Dormère monta et entra chez Pélagie. Geneviève était assise près d'elle; sa bonne l'embrassait; Geneviève pleurait encore.

M. DORMÈRE.

Chère petite, voici ton mouchoir que je te rapporte. Je l'ai trouvé au bas de l'escalier et tout mouillé de tes larmes. Ma pauvre enfant, je suis bien fâché de t'avoir affligée à ce point; je retire toutes mes accusations, je crois tout ce que tu m'as dit et je rends justice à ton aimable caractère et à ton bon cœur. Je ferai mon possible pour te rendre heureuse. »

Geneviève, d'abord effrayée par la vue de son oncle, demeura interdite en l'entendant; jamais il ne lui avait adressé des paroles aussi aimables et aussi affectueuses. M. Dormère s'aperçut de sa surprise et se reprocha plus vivement encore sa froide indifférence. Il s'approcha d'elle et l'embrassa avec tendresse. Geneviève fondit en larmes, jeta ses bras au cou de son oncle et lui rendit ses baisers en disant d'une voix entrecoupée par ses larmes :

« Merci, mon oncle ; merci mille fois de votre bonté.

— Ne pleure plus, ma fille, ne pleure plus ; tout est fini, n'est-ce pas ? tu resteras une bonne fille comme tu as toujours été et tu trouveras en moi un meilleur oncle que je ne l'ai été jusqu'ici. »

M. Dormère l'embrassa une dernière fois et retourna dans son cabinet de travail.

Quand il fut parti, Geneviève essuya ses yeux ; sa bonne les lui fit bassiner dans de l'eau fraîche, et acheva de la consoler en lui proposant d'aller passer l'après-midi avec ses amis de Saint-Aimar.

Geneviève demanda à sa bonne d'aller chercher Rame pour le rassurer ; Pélagie voulut descendre, mais elle rencontra Rame qui montait tout doucement pour savoir des nouvelles de sa petite maîtresse.

PÉLAGIE.

Voici tout justement Rame qui montait, Geneviève ; raconte-lui toi-même ce que t'a dit ton oncle.

GENEVIÈVE.

Viens vite, Rame, mon cher Rame. Mon oncle a été très bon ; il est très fâché de m'avoir fait pleurer ; il m'a presque demandé pardon et il m'a promis qu'il m'aimerait beaucoup.

RAME.

Moi pas croire oncle ; lui méchant ; lui jamais

aimer petite Maîtresse; moi jamais aimer lui.

GENEVIÈVE.

Oh! Rame, ne dis pas cela; je t'assure qu'il a été très bon; demande à ma bonne. Ne sois plus fâché, Rame; je t'en prie, tâche de l'aimer, tu me feras tant plaisir!

RAME.

Moi peux pas; oncle trop mauvais; toujours mauvais.

GENEVIÈVE.

Tu veux donc me faire de la peine, mon bon Rame, toi qui m'aimes tant?

RAME.

Oui, moi aime petite Maîtresse; mais moi dis: Oncle pas aimer petite Mam'selle; oncle jaloux. Tous aimer petite Maîtresse; tous pas aimer garçon Georges; oncle pas pardonner, jamais. »

Geneviève se mit à rire, embrassa Rame, le cajola, le supplia si bien, qu'il consentit à promettre d'aimer M. Dormère; mais l'air dont il fit la promesse fit sourire Pélagie, qui se disait que Rame avait trouvé le motif de l'antipathie de M. Dormère et que Geneviève en serait victime tant qu'elle resterait chez lui.

XI

PREMIÈRE SORTIE DE GEORGES

Le premier mois de l'absence de Georges se passa bien. M. Dormère allait le voir une fois par semaine, le dimanche, et chaque fois il en revenait de mauvaise humeur et disposé à trouver mal tout ce que disait et faisait Geneviève. Il cherchait à dissimuler son peu d'amitié pour elle, mais Pélagie et Rame ne s'y trompaient pas et en causaient souvent entre eux.

Geneviève allait deux ou trois fois par semaine voir ses amis Louis et Hélène de Saint-Aimar; Pélagie et Rame l'accompagnaient toujours. Tous les trois étaient reçus avec une grande joie; Rame amusait beaucoup Louis et Hélène, qui lui témoignaient une grande amitié et qui étaient touchés de son dévouement plein de tendresse pour sa petite maîtresse. Il inventait toutes sortes de jeux pour passer agréablement le temps.

Mlle Primerose était enchantée quand elle apercevait de sa fenêtre la petite cousine et son escorte. Elle courait vite au-devant d'eux et les questionnait avec une si grande habileté, qu'elle se trouvait bientôt au courant de tout ce qui s'était dit et fait dans le château de Plaisance. Rame avait des histoires sans fin à lui raconter, tant du passé que du présent ; elle était au courant de la vie de Geneviève, de ses parents, de M. Dormère, comme si elle ne les eût jamais quittés. L'intérêt qu'elle portait aux histoires de Rame lui valut son amitié ; elle avait l'air de beaucoup plaindre Geneviève et elle blâmait avec vivacité Georges et M. Dormère.

Malheureusement elle laissa voir à M. Dormère plus d'une fois le fond de sa pensée ; il ne manqua pas de croire que Geneviève avait porté ses plaintes à Mlle Primerose ; que ce pauvre Georges était accusé à tort et sans pouvoir se défendre, à cause de son éloignement ; il pensa que c'était bien mal à Geneviève de perdre ainsi le malheureux Georges dans l'esprit de ses amis ; il s'irritait de plus en plus contre elle et lui témoignait une froideur que Geneviève ne pouvait s'expliquer, car la pauvre enfant faisait tout son possible pour plaire à son oncle et ne laissait pas échapper une occasion de dire du bien de Georges.

Un mois se passa ainsi, sans que Geneviève pût obtenir de son oncle la permission de l'accompagner quand il allait voir son fils à Vaugirard. Un jour qu'elle le lui demandait pour le lendemain, qui était un mercredi, M. Dormère lui répondit :

« Il est inutile que tu y ailles; Georges doit sortir demain; on sort par extraordinaire à six heures du matin; je vais coucher ce soir à Paris; je serai au collège demain à six heures; nous irons déjeuner au café du chemin de fer et nous prendrons le train de sept heures; nous serons ici vers neuf heures. J'amènerai aussi ton cousin Jacques, qui n'a personne pour le faire sortir.

GENEVIÈVE.

Que je suis contente, mon oncle, de revoir Georges et Jacques! Me permettez-vous d'engager Louis et Hélène à déjeuner?

M. DORMÈRE.

Certainement; cela fera grand plaisir à Georges. »

Geneviève courut chez sa bonne pour lui annoncer cette heureuse nouvelle.

GENEVIÈVE.

Allons vite, ma bonne, engager Louis et Hélène à venir passer la journée de demain avec nous.

LA BONNE.

Je ne demande pas mieux, ma chère petite; je vais prévenir Rame pour qu'il nous accompagne. Il faut nous dépêcher, il est tard. »

Dix minutes après, ils partaient tous les trois pour le château de Saint-Aimar.

A moitié chemin Geneviève s'arrêta essoufflée. Elle se jeta au pied d'un arbre pour se reposer.

RAME.

Petite Maîtresse fatiguée? moi porter; petite Maîtresse pas lourde.

GENEVIÈVE.

Non, non, Rame; je ne veux pas : tu as déjà très chaud; je suis assez grande pour marcher longtemps.

RAME.

Petite Maîtresse trop fatiguée, tout mouillée, tout rouge.

GENEVIÈVE.

Ce n'est rien cela; reposons-nous un peu : ma pauvre bonne aussi est rouge et fatiguée.

LA BONNE.

C'est que nous avons été trop vite; nous n'avons pas besoin de nous tant dépêcher. »

Pélagie s'assit près de Geneviève; Rame voulut rester debout.

Après quelques minutes de repos, ils continuèrent leur route, mais plus doucement; ils ne tardèrent pas à arriver. Hélène et Louis jouaient sur l'herbe.

« Mes amis, mes amis, venez demain à Plaisance! » leur cria Geneviève du plus loin qu'elle les vit.

LOUIS ET HÉLÈNE, *courant à Geneviève.*

Pourquoi demain? Qu'est-ce qu'il y a?

GENEVIÈVE.

Georges sort demain; Jacques vient avec lui. Ils arrivent à neuf heures avec mon oncle, qui va coucher ce soir à Paris.

LOUIS.

Je vais demander à maman; attends-moi. »

Mlle Primerose, entendant causer, mit la tête à la fenêtre; elle descendit précipitamment.

« Qu'est-ce que c'est? dit-elle. Pourquoi est-on si agité?

MADEMOISELLE GENEVIÈVE.

C'est pour demain, ma cousine. Georges sort.

HÉLÈNE.

Et Jacques aussi.

MADEMOISELLE PRIMEROSE.

Qu'est-ce que ça fait! Il n'y a pas de quoi courir et crier comme si le feu était à la maison.

HÉLÈNE.

Geneviève nous invite à déjeuner et à dîner.

MADEMOISELLE PRIMEROSE.

Je ne demande pas mieux; je vous y mènerai. —Tu as l'air effrayée, Geneviève. Est-ce que ton oncle t'a défendu de m'inviter?

GENEVIÈVE, *embarrassée*.

Non, ma cousine; il ne m'a rien dit, mais je crains..., peut-être que..., j'ai peur qu'il ne me gronde; il n'aime pas que j'invite sans sa permission.

MADEMOISELLE PRIMEROSE.

Très bien. Je comprends. Il ne veut pas de moi. Il a peur que je ne voie des choses qu'il veut cacher; c'est encore pour son méchant Georges; mais je le saurai tout de même. — Ah! il me croit donc bien bête, bien aveugle.... J'y vois, j'y vois, et mieux qu'il ne le voudrait. — Écoute, ma pauvre enfant, tu ne peux pas vivre avec cet homme; tu es trop malheureuse! J'irai lui parler.

GENEVIÈVE, *effrayée*.

Je vous en prie, je vous en supplie, ma bonne cousine, n'en parlez pas à mon oncle; il serait très en colère contre moi, il croirait que je vous ai porté plainte contre lui. Je vous assure qu'il est très bon pour moi, que je suis très heureuse. Et puis j'ai ma bonne et mon cher Rame qui me consolent de tout.

MADEMOISELLE PRIMEROSE.

Ils te consolent? Tu as donc besoin d'être consolée? Tu es donc malheureuse? Je ne veux pas de cela, moi. »

Geneviève est désolée. Mlle Primerose était fort irritée et persistait à vouloir parler sérieusement, disait-elle, à M. Dormère. Pélagie eut beaucoup de peine à la calmer et à obtenir d'elle un silence absolu au sujet de Geneviève.

La visite de Geneviève ne fut pas longue, parce qu'elle craignit en la prolongeant de faire attendre son oncle pour le dîner; elle repartit avec Pélagie et Rame, en recommandant à ses amis de venir de très bonne heure.

Le lendemain elle se leva de grand matin pour cueillir des fleurs et les arranger dans les vases de la chambre de Georges. A neuf heures précises, elle entendit la voiture qui ramenait son oncle et les deux collégiens. Elle descendit l'escalier et embrassa affectueusement Georges et Jacques.

GENEVIÈVE.

Comme tu as bonne mine, Georges; et comme tu es grand, Jacques; il y a longtemps que je ne t'ai vu.

JACQUES.

Oui, il y a près de trois mois : depuis que tu es partie pour la campagne.

GENEVIÈVE.

Georges, viens voir dans ta chambre les jolis bouquets que j'ai mis dans tes vases. »

Tous les trois montèrent.

JACQUES.

Ils sont jolis en effet. Quelles belles roses! Et quelle odeur délicieuse!

GEORGES.

Tu aurais pu t'éviter la peine de les cueillir et de les arranger; tu sais que je ne me soucie pas des fleurs.

GENEVIÈVE.

Mais elles sont si jolies! Je pensais que cela te ferait plaisir.

GEORGES.

Papa n'aime pas qu'on prenne ses fleurs; cela dégarnit le jardin.

GENEVIÈVE.

Oh! il y en a tant! D'ailleurs, j'ai demandé hier à mon oncle la permission d'en cueillir, et il m'a dit de prendre tout ce que je voudrais, puisque c'était pour toi.

JACQUES.

Je serais bien content d'avoir de si jolies fleurs dans ma chambre.

GEORGES.

Oh! toi, tu es toujours content de tout.

JACQUES.

C'est pour cela que je suis toujours gai et heureux.

GENEVIÈVE.

Et toi, Georges, es-tu heureux au collège?

GEORGES.

Oui, très heureux ; les Pères sont très bons ; seulement je trouve qu'ils font trop travailler.

JACQUES.

Tu dis cela parce que tu n'as pas encore pris l'habitude de travailler. Quand tu seras habitué, tu ne trouveras pas que ce soit trop.

GEORGES.

Rodolphe ne dit pas comme toi.

JACQUES.

Je crois bien, un paresseux fini ; un vrai cancre, qui ne veut pas travailler. Je te conseille de ne pas l'écouter ; tu te feras punir si tu fais comme lui.

GEORGES.

Tu es ennuyeux, toi ; tu prêches toujours.

JACQUES.

Je ne te prêche pas ; je te donne un bon conseil.

GEORGES.

Je n'ai pas besoin de conseils ; je sais ce que je dois faire.

JACQUES.

Fais comme tu voudras ; seulement je vois bien que tu écoutes trop Rodolphe, et comme tu es mon cousin, je serais fâché de te voir faire comme lui. — Dis donc, Geneviève, je voudrais bien voir Rame, ce bon nègre qui t'aime tant.

GENEVIÈVE.

Comment sais-tu cela ?

JACQUES.

C'est Georges qui me l'a dit ; il m'a dit que Rame

ne te quittait jamais, qu'il faisait tout ce que tu voulais, qu'un jour même il avait voulu se faire manger les pieds par des écrevisses pour te faire plaisir.

GENEVIÈVE, *avec indignation.*

Pour me faire plaisir! Et tu as cru cela! Pauvre Rame! Je te raconterai cela. Il est excellent mon pauvre Rame, mais je ne veux pas qu'il souffre pour moi. Je serais bien méchante si j'avais fait ce qu'a dit Georges. — Viens le voir; il est chez ma bonne. Viens-tu, Georges?

GEORGES, *avec dédain.*

Non, merci; je vais vous attendre au potager. »

Geneviève amena Jacques chez Pélagie; Rame y était en effet.

« Bonjour, Pélagie, bonjour, Rame, dit Jacques en entrant.

GENEVIÈVE.

Mon bon Rame, voici Jacques; il faut que tu l'aimes beaucoup, car il est très bon.

RAME.

Si Moussu Jacques aimer petite Maîtresse, moi aimer Moussu Jacques.

GENEVIÈVE.

Oui, oui, Rame, il m'aime beaucoup; n'est-ce pas, Jacques?

— Oui certainement, répondit Jacques en l'embrassant et en riant. Qu'est-ce qui ne t'aimerait pas? tu es si bonne!

RAME, *riant.*

Bon ça! Moussu Jacques, bonne figure; gentil Moussu. Rame l'aimer bien sûr.

« Et Moussu Georges? Lui pas venir à château? »

JACQUES.

Il est venu avec moi; je crois qu'il est au potager. Veux-tu venir, ma petite Geneviève?

GENEVIÈVE.

Oui, certainement. J'irai partout avec toi. — Il ne faut pas que tu viennes, mon pauvre Rame.

JACQUES.

Pourquoi cela? laisse-le venir; je serais bien content de le voir.

GENEVIÈVE.

Non, Jacques; Georges ne l'aime pas, il ne serait pas content.

JACQUES, *étonné*.

Georges ne l'aime pas! Pourquoi cela? Il a l'air si bon, et il t'aime tant. »

Rame riait en montrant ses dents blanches et se frottait les mains.

RAME.

Bon petit Moussu! Lui comprendre; lui bon cœur. Pas comme Moussu Georges; lui pas aimer Rame. Rame trop aimer petite Maîtresse; lui jaloux; lui pas aimer petite Maîtresse; lui faire gronder petite Maîtresse, faire pleurer petite Maîtresse : Rame pas aimer lui. »

Jacques, de plus en plus étonné, sortit avec Geneviève et lui demanda pourquoi Georges ne l'aimait pas.

« Je ne sais pas, dit tristement Geneviève; j'ai toujours fait ce que j'ai pu pour lui, mais il ne m'aime pas; c'est peut-être parce que je ne suis pas assez bonne, assez complaisante ; ce n'est pas sa faute s'il ne peut pas m'aimer. Tu sais, Jacques, qu'on n'aime pas qui on veut ni quand on veut. N'y pense pas ; je suis fâchée que Rame t'ait dit cela. »

Jacques hocha la tête et lui demanda l'histoire des pieds de Rame mangés par les écrevisses. Geneviève lui raconta ce qui s'était passé à cette occasion, mais en cherchant à ne pas donner mauvaise opinion de Georges.

« Je comprends, dit Jacques, et je devine ce que tu ne me dis pas. Je voyais bien que Georges se moquait de Rame et je ne comprenais pas pourquoi ; je vois à présent, je comprends. N'en parlons plus et tâchons d'être bien aimables, pour l'obliger à nous aimer.

GENEVIÈVE.

Je ferai ce que je pourrai, Jacques, je t'assure ; j'écouterai tes conseils, car je vois que tu es bon. »

En attendant Louis et Hélène, qui n'arrivaient pas, ils allèrent au potager et rejoignirent Georges qui avait la bouche remplie par un gros abricot, et le menton et les joues barbouillés par le jus ; c'était le quatrième qu'il mangeait, et il n'avait pas choisi les plus petits. Il n'y eut aucune querelle, aucune discussion. M. Dormère vint les joindre, et ils firent une bonne promenade dans les bois.

L'heure du déjeuner était arrivée ; voyant que leurs amis ne venaient décidément pas, ils rentrèrent et se mirent à table. Le déjeuner était bon et copieux ; les enfants mangèrent comme des affamés, à l'exception de Georges, que ses quatre abricots avaient à demi rassasié. M. Dormère paraissait très heureux d'avoir son fils, il était très aimable pour Jacques et beaucoup plus affectueux pour Geneviève.

Dans l'après-midi, pendant que Ramo faisait un arc et des flèches pour Jacques et pour Geneviève, M. Dormère emmena Georges dans le potager.

M. DORMÈRE.

Je vais te donner deux beaux abricots que j'ai gardés pour toi, mon ami, et tu en emporteras deux autres pour te rafraîchir en route.

GEORGES.

Mais Jacques les verra, papa; il faudra que je lui en donne un.

M. DORMÈRE.

Non; j'en donnerai deux petits à Jacques; les tiens sont remarquablement bons et beaux. »

Quand ils arrivèrent près de l'espalier, M. Dormère ne trouva plus les beaux abricots.

« Eh bien, dit-il avec surprise, que sont-ils devenus? Il n'en reste plus que des petits. — Jules, Jules, venez par ici; où sont les quatre beaux abricots que j'avais fait garder pour mon fils?

LE JARDINIER.

Je ne sais pas, Monsieur; ils y étaient ce matin.

M. DORMÈRE.

Vous laissez donc cueillir mes fruits?

LE JARDINIER.

Jamais, Monsieur; personne n'entre au jardin.

M. DORMÈRE.

Mais comment ces magnifiques abricots ont-ils disparu! Quelqu'un est-il venu au potager?

APRÈS LA PLUIE LE BEAU TEMPS 181

LE JARDINIER.

Personne, Monsieur, excepté les enfants. M. Jacques est resté avec moi pour me voir semer des pois; Mlle Geneviève a été rejoindre M. Georges qui examinait les espaliers.

« Vous laissez donc cueillir mes fruits? »

M. DORMÈRE.

Est-ce toi, Georges? Avoue-le, si c'est toi; tu sais que tu as la permission de prendre tout ce que tu voudras.

GEORGES, *avec hésitation.*

Non, papa, ce n'est pas moi.

M. DORMÈRE.

Mais alors c'est donc Geneviève.

LE JARDINIER, *vivement*.

Mlle Geneviève ne touche jamais à rien, Monsieur ; je suis bien sûr que ce n'est pas elle.

M. DORMÈRE, *sèchement*.

Je ne vous demande pas votre avis ; gardez vos réflexions pour vous. Ce qui est certain, c'est que les abricots n'y sont plus.

LE JARDINIER.

Mais voici les noyaux, Monsieur ; encore tout frais, au pied de l'espalier.

M. DORMÈRE.

C'est vrai. Cueillez dans les autres arbres six abricots bien mûrs. »

Le jardinier en apporta six très bons, mais beaucoup moins beaux que ceux qui avaient été mangés par Georges. M. Dormère lui en fit manger deux et garda les autres pour les partager avec Jacques.

« Geneviève a certainement mangé ceux que j'avais gardés pour mon pauvre Georges, se dit-il avec humeur. Vilaine petite fille ! »

En revenant près du château, Georges vit Jacques et Geneviève qui lançaient des flèches.

GEORGES.

Tiens ! Rame leur a fait des arcs et des flèches, et moi je n'en ai pas.

M. DORMÈRE.

Tu vas en avoir, mon pauvre enfant.

GEORGES.

Mais Rame ne voudra pas m'en faire, papa ; il me déteste.

M. DORMÈRE.

Il faudra bien qu'il le fasse si je le lui ordonne. Mais, pour ne pas te faire attendre, je vais te faire donner celui de Geneviève. »

M. Dormère s'approcha de Geneviève.

M. DORMÈRE.

Donnez votre arc et vos flèches à Georges, Mademoiselle. C'est un jeu de garçon et qui ne vous convient pas.

JACQUES.

Mon oncle, nous jouons au pays des Amazones ; Geneviève est une Amazone et prend une leçon d'arc.

GENEVIÈVE.

Cela ne fait rien, Jacques, puisque mon oncle désire que je donne mon arc à Georges. Tiens, Georges, il est excellent; les flèches passent au-dessus du grand sapin. »

Georges prit l'arc et les flèches avec un peu d'embarras. Jacques le regarda avec étonnement.

« Mon oncle, dit-il en se retournant vers M. Dormère, permettez-vous que nous continuions notre jeu d'Amazone? Geneviève tirera avec mon arc.

— Fais comme tu veux, mon ami, répondit M. Dormère un peu honteux de son injustice.

— Merci, mon oncle, dit Geneviève avec sa bonne humeur habituelle. Merci, Jacques, tu es bien bon; nous tirerons chacun à notre tour. »

Après avoir joué quelque temps encore, M. Dormère prévint Georges et Jacques qu'il était temps de partir :

« Voici bientôt cinq heures, dit-il; nous n'avons que le temps d'aller au chemin de fer; nous serons à Paris à sept heures; nous dînerons au restaurant; je vous ramènerai au collège à huit heures et demie et je serai de retour ici avant onze heures. »

Jacques et Georges firent leurs adieux à Geneviève; Jacques serra la main à Pélagie et à Rame et s'apprêtait à monter en voiture, quand M. Dormère lui mit deux abricots dans la main en disant :

« Tu les mangeras en route, mon ami.

JACQUES.

Et Georges et Geneviève?

M. DORMÈRE.

Georges en a deux comme toi; quant à Geneviève, elle a mangé ce matin les quatre beaux abricots que j'avais fait réserver pour Georges, ainsi elle en a eu sa large part.

GENEVIÈVE.

Je n'en ai pas mangé un seul, mon oncle, je vous assure. Je savais que vous les réserviez pour Georges et je me serais bien gardée d'y toucher. D'ailleurs, mon oncle, vous savez que jamais je ne touche à un fruit du potager sans votre permission.

M. DORMÈRE.

Ce que je sais, c'est que tu as mangé ceux dont je te parle. Le jardinier m'a dit que tu t'étais promenée le long des espaliers avec Georges, et nous avons trouvé par terre les quatre noyaux des abricots.

JACQUES, *avec vivacité*.

Mais, mon oncle, c'étaient les noyaux des abricots que Georges avait mangés avant que nous fussions entrés; il en avait encore plein la bouche, le jus des abricots coulait sur son menton, quand nous sommes arrivés.

M. DORMÈRE.

Comment, Georges? Tu m'as dit que tu n'en avais pas mangé.

GEORGES.

Non, papa, je n'en ai pas mangé; il dit cela pour excuser Geneviève.

JACQUES, *avec colère*.

Ah çà! dis donc, toi; vas-tu m'accuser de mentir quand c'est toi qui mens?

« Et je vais prouver à mon oncle que tu mens et que tu laisses lâchement accuser Geneviève. Tire de ta poche le mouchoir avec lequel tu t'es essuyé la bouche : je parie que mon oncle va y trouver les traces de ton abricot. Et si tu en as mangé un, tu peux bien avoir mangé les quatre. »

Georges devint rouge; il eut peur et voulut monter en voiture sans répondre à Jacques; mais celui-ci le tira vigoureusement par le bras.

JACQUES, *avec fermeté*.

Tu ne t'en iras pas comme cela, je te dis; montre-moi ton mouchoir.

M. DORMÈRE.

Donne-le, Georges; ce sera le moyen de te justifier si tu es innocent.

JACQUES.

Et de te convaincre si tu es coupable. »

En disant ces mots, Jacques entra sa main dans

la poche de Georges tremblant, en tira le mouchoir, le déploya, et chacun put voir les traces orangées et très visibles des abricots du matin.

JACQUES.

Eh bien, mon oncle, qu'est-ce qui a dit vrai?

M. DORMÈRE.

C'est toi, mon ami, bien certainement.

JACQUES.

Et Geneviève aussi, que vous soupçonniez, mon oncle.

M. DORMÈRE, *tristement*.

Tu as raison et j'ai eu tort. Je ne pouvais croire que Georges pût mentir aussi effrontément. »

M. Dormère embrassa Geneviève comme pour lui demander pardon de son injustice et il monta en voiture; Jacques l'embrassa aussi avec triomphe en lui disant tout bas :

« Comme je suis content d'avoir pu te justifier! »

Geneviève l'embrassa bien fort :

« Combien je te remercie, mon bon, mon cher Jacques! »

Rame, qui était près de Geneviève, saisit la main de Jacques et la baisa à plusieurs reprises. Georges était déjà monté dans la voiture; Jacques s'y plaça à son tour, et la voiture s'éloigna. Aussitôt qu'elle fut hors de vue, Rame commença à témoigner son bonheur à la manière accoutumée des nègres; il sautait, pirouettait, poussait des cris discordants.

« Bon, bon, bon, Moussu Jacques, criait-il. — Ah! coquin Moussu Georges! — Lui puni! lui rouge; lui effrayé — Moussu Dormère attrapé. — Bon Moussu Jacques! Rame aimer bon Moussu Jacques. — Petite Maîtresse contente! — Pauvre petite Maîtresse! Quand petite Maîtresse avoir maison, moi chasser Moussu Georges avec fouet, moi laisser entrer Moussu Jacques toujours; lui aimer petite Maîtresse; lui bon, lui excellent! lui en colère contre coquin Moussu Georges; lui briller les yeux comme Rame; lui beau en colère. Hop! Hap! Houp! Vivat Moussu Jacques!

— Assez, assez, Rame, dit Pélagie en arrêtant Rame au milieu d'un bond de trois pieds. Il ne faut pas parler comme cela des maîtres.

RAME, *continuant à danser et à tourner.*

Moi, pas maîtres Moussu Dormère, Moussu Georges; moi veux maîtres petite Mam'selle et Moussu Jacques. Moi esclave à Moussu Jacques.

GENEVIÈVE.

Finis, je t'en prie, mon bon Rame; si mon oncle savait tout ce que tu dis, il serait fâché contre toi, contre moi et contre Pélagie. »

Rame s'arrêta tout court. Il baisa la main que lui tendait Geneviève.

« Rame plus rien dire, Rame très fâché faire gronder pauvre petite Maîtresse. »

Geneviève et Pélagie montèrent dans leur chambre; Rame les suivit pour préparer le couvert, car Geneviève avait demandé à dîner dans sa chambre avec Pélagie.

Après le dîner, qui se passa gaiement, et une promenade avec sa bonne, Geneviève se coucha le cœur léger et plein de reconnaissance pour Jacques qui avait si courageusement pris sa défense.

XII

MADEMOISELLE PRIMEROSE CHANGE DE LOGEMENT

Le lendemain de la sortie de Georges et de Jacques, Geneviève, qui avait pensé plusieurs fois à l'invitation qu'avaient acceptée ses amis de Saint-Aimar, demanda à sa bonne pourquoi ils n'étaient pas venus la veille.

LA BONNE.

Je n'en sais rien; leur mère n'aura peut-être pas voulu les laisser venir sans elle.

GENEVIÈVE.

Peut-être sont-ils malades. Si nous y allions dans l'après-midi, ma bonne?

LA BONNE.

Très volontiers; nous partirons vers deux heures. »

Geneviève se mit au travail; sa bonne, qui était assez instruite, lui donnait des leçons de lecture, d'écriture, de calcul et de couture. Un peu avant déjeuner, Geneviève descendit chez son oncle; il fut assez froid avec elle et ne lui parla ni de Georges ni de Jacques.

Ils déjeunèrent en silence; à peine avaient-ils fait quelques pas devant le château qu'ils virent arriver Mlle Primerose; M. Dormère alla au-devant d'elle.

MADEMOISELLE PRIMEROSE

Bonjour, mon cousin; j'espère que j'ai été discrète hier.

M. DORMÈRE.

Pourquoi n'êtes-vous pas venue, ma cousine? j'aurais été charmé de vous voir.

MADEMOISELLE PRIMEROSE.

Je ne pouvais pas le deviner, du moment que vous ne me faisiez rien dire. Avec un homme comme vous, il faut être prudent et discret.

M. DORMÈRE, *souriant*.

Un homme comme moi! Que suis-je donc pour que vous soyez obligée à tant de discrétion?

MADEMOISELLE PRIMEROSE.

Vous êtes l'homme le plus impérieux que j'aie jamais vu. Avec vous il faut toujours des permissions pour tout.

M. DORMÈRE.

Qui est-ce qui vous a ainsi prévenue contre moi? Serait-ce...?

MADEMOISELLE PRIMEROSE.

Bon, voilà que vous allez accuser tout le monde. Comme si je n'avais pas de bons yeux et de bonnes oreilles.

M. DORMÈRE.

Trop bons, ma cousine, puisqu'ils voient et entendent ce qui n'est pas. Pourquoi Louis et Hélène ne sont-ils pas venus voir Georges hier?

MADEMOISELLE PRIMEROSE.

Parce que j'ai conseillé à leur mère de ne pas les laisser venir.

M. DORMÈRE.

Pourquoi cela?

MADEMOISELLE PRIMEROSE.

Pourquoi, pourquoi? Parce qu'ils auraient pu vous gêner.

M. DORMÈRE.

Me gêner, moi? Mais c'est Georges qu'ils venaient voir et pas moi.

MADEMOISELLE PRIMEROSE.

C'est égal; je sais ce que je dis.

M. DORMÈRE, *se tournant vers sa nièce.*

Geneviève, est-ce que tu n'as pas invité tes amis à venir déjeuner avec Georges?

GENEVIÈVE.

Oui, mon oncle. Ils m'ont dit qu'ils viendraient.

MADEMOISELLE PRIMEROSE, *faisant une révérence moqueuse.*

Mais moi, Monsieur, je n'ai pas été invitée et j'ai....

M. DORMÈRE.

Et vous vous êtes fâchée? C'est très mal; vous savez bien que vous venez quand vous voulez. Depuis le nombre d'années que je vous connais, je ne suis pas en cérémonie avec vous. Si vous désiriez accompagner les enfants, pourquoi ne l'avez-vous pas dit à Geneviève?

MADEMOISELLE PRIMEROSE.

Je l'ai dit, mais elle n'a pas osé m'inviter sans l'autorisation du Pacha de Plaisance.

M. DORMÈRE.

C'est bête à Geneviève, elle a voulu faire la victime, comme toujours.

MADEMOISELLE PRIMEROSE.

Mais pas du tout. C'est vous qui allez, comme toujours, tomber sur elle avec votre tyrannie accoutumée.

M. DORMÈRE.

Tyrannie! Moi, tyran! Mais qu'avez-vous donc aujourd'hui, ma cousine?

MADEMOISELLE PRIMEROSE.

Je n'ai rien, Monsieur, je n'ai rien; c'est l'esprit de justice que je possède malheureusement plus que vous, qui me fait bouillir devant l'oppression tyrannique, je répète le mot.

M. DORMÈRE.

Mais, ma cousine, je vous demande encore une fois : qu'avez-vous? Est-ce pour me dire toutes ces belles choses que vous venez me voir aujourd'hui?

MADEMOISELLE PRIMEROSE.

Pas du tout; elles me sont échappées malgré moi; je viens vous faire une visite d'amitié.

M. DORMÈRE, *avec ironie*.

En effet, vous me témoignez une grande amitié.

MADEMOISELLE PRIMEROSE.

Plus que vous ne le pensez, mon cher. Voyons, causons comme de vieux amis. Voulez-vous me

donner Geneviève pour la journée, avec Pélagie et
Rame?

M. DORMÈRE.

Très volontiers; depuis le départ de mon pauvre
Georges, je suis habitué à être seul.

MADEMOISELLE PRIMEROSE.

Seul! allons donc! C'est parce que vous le voulez
bien que vous êtes seul. C'est votre faute, je ne
vous plains pas. Vous avez Geneviève qui est charmante, et Rame qui est très amusant. Et puis moi,
qui viendrais chez vous tant que vous voudriez. Je
m'ennuie chez Cornélie; malgré notre amitié d'enfance, elle m'assomme horriblement avec son air
froid, ses airs de reine et son caractère impérieux.
Tenez, pour parler franchement, je venais vous
demander si vous vouliez me garder une quinzaine
de jours dans votre pachalik.

M. DORMÈRE.

Tant que vous voudrez, si vous ne vous ennuyez
pas du tête-à-tête.

MADEMOISELLE PRIMEROSE.

M'ennuyer! Il n'y a pas de danger; je ne m'ennuie jamais quand je peux parler à mon aise. Faites
préparer ma chambre, j'emmène Geneviève et nous
reviendrons dans deux heures avec ma malle et ma
femme de chambre.

« Allons, viens, Geneviève, et ne prends pas ton
air effaré : tu vois bien que ton oncle consent. »

Geneviève avait été effrayée de tout ce qu'avait
dit Mlle Primerose et de son projet de passer
quinze jours à Plaisance; elle regardait son oncle

et ne bougeait pas, attendant sa permission.

M. DORMÈRE.

Va, ma fille, va chercher ton chapeau pour accompagner ta cousine et revenir avec elle. Dis à ta bonne de préparer l'appartement de Mlle Primerose. »

Geneviève monta chez sa bonne.

GENEVIÈVE.

Ma bonne, mon oncle te fait dire de préparer un appartement pour ma cousine Primerose.

PÉLAGIE.

Mlle Primerose! Pourquoi cela? est-ce qu'elle est malade?

GENEVIÈVE.

Non, ma bonne; c'est pour passer quinze jours ici avec sa femme de chambre.

PÉLAGIE.

En voilà une idée! Elle va nous faire des cancans, des histoires à n'en plus finir.

GENEVIÈVE.

Veux-tu me donner mon chapeau, ma bonne? Il faut que j'accompagne Mlle Primerose à Saint-Aimar pour aller chercher sa malle et sa femme de chambre.

PÉLAGIE.

Tiens, ma pauvre Geneviève, voici ton chapeau; prends garde aux questions de Mlle Primerose; réponds-y le moins possible; tu sais comme elle est bavarde, elle fait des affaires d'un rien et répète tout à sa manière.

GENEVIÈVE.

Oui, ma bonne, sois tranquille : je ne lui parlerai de rien et surtout pas de Georges. »

Mlle Primerose partit, traînant après elle Geneviève. (Page 137.)

Geneviève prit son chapeau, embrassa sa bonne et descendit.

MADEMOISELLE PRIMEROSE.

Partons vite, ma petite cousine, et revenons plus vite encore, pour que ton oncle ne soit pas seul trop longtemps. Au revoir, mon cousin, nous reviendrons bientôt. »

Mlle Primerose partit presque en courant, traînant après elle Geneviève, qui avait peine à la suivre.

M. Dormère, resté seul, se demanda s'il aurait le courage de supporter le bavardage assommant de Mlle Primerose.

« Au total, se dit-il, je pourrai m'en aller quand elle m'ennuiera trop; le soir je lui ferai faire une partie de piquet ou de trictrac; dans la journée elle bavardera avec Geneviève, Pélagie, Rame et tous ceux qu'elle pourra ramasser; elle pourra m'être utile pour Geneviève; elle est fort instruite, elle lui donnera des leçons d'histoire, de musique, etc.

« Je crois que ce sera mieux pour moi que de vivre seul. Geneviève n'est rien comme société; je ne puis vaincre mon antipathie contre cette enfant; elle n'aime pas mon pauvre Georges, qui ne peut plus la souffrir: et c'est tout simple, il est toujours grondé à cause d'elle. — Et j'ai encore dix années au moins à passer avec elle, car je ne puis pas raisonnablement la marier avant dix-huit ou dix-neuf ans. »

Geneviève pendant ce temps répondait à peine aux questions de Mlle Primerose, qui ne cessait de l'interroger sur Georges, sur Jacques, sur ce qu'ils avaient dit, sur ce qu'ils avaient fait. Malgré toutes les précautions de Geneviève, Mlle Primerose s'aperçut bien vite de sa préférence pour Jacques et du silence qu'elle gardait pour Georges; aussi se promit-elle de faire parler Rame, toujours enchanté de raconter ce qui avait rapport à sa chère petite maîtresse.

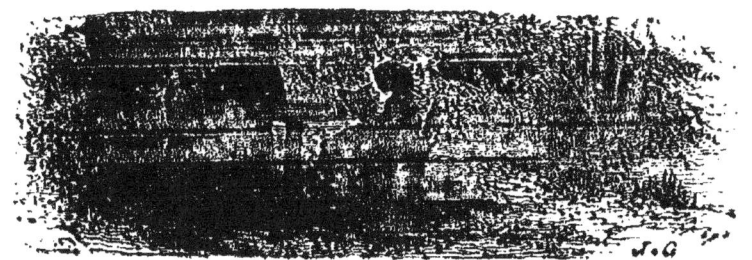

XIII

AIGRES ADIEUX DES DEUX AMIES

Mme de Saint-Aimar fut surprise du prompt retour de Mlle Primerose, qui en général prolongeait ses visites jusqu'à l'heure du dîner quand elle allait à Plaisance.

MADAME DE SAINT-AIMAR.

Comment! déjà de retour, Cunégonde, je ne t'espérais pas de sitôt.

MADEMOISELLE PRIMEROSE.

Je ne resterai pas longtemps; M. Dormère m'attend.

MADAME DE SAINT-AIMAR.

Est-ce que tu ne viens pas de chez lui?

MADEMOISELLE PRIMEROSE.

Certainement, puisque voici sa nièce que j'amène. Mais je viens chercher ma malle et ma femme de chambre.

MADAME DE SAINT-AIMAR, *étonnée*.

Pourquoi cela? Pour aller où?

MADEMOISELLE PRIMEROSE.

Pour aller passer une quinzaine de jours chez mon pauvre cousin, qui est tout seul et qui meurt d'ennui.

MADAME DE SAINT-AIMAR.

Pourquoi ne me l'as-tu pas dit?

MADEMOISELLE PRIMEROSE.

Je n'en savais rien; c'est en le voyant l'œil morne et la tête baissée que j'ai eu l'idée de l'égayer en lui tenant compagnie. Voilà tout. Je laisse Geneviève aux enfants; je monte pour faire ma malle, prévenir Azéma, et nous partons. »

Mme de Saint-Aimar, un peu surprise, mena Geneviève chez ses enfants. Mlle Primerose bousculait Azéma pour aller plus vite :

MADEMOISELLE PRIMEROSE.

Allons donc, Azéma; dépêchez-vous. Vous êtes d'une lenteur désespérante.

AZÉMA.

Mademoiselle emporte-t-elle ses belles robes de soie?

MADEMOISELLE PRIMEROSE.

Certainement, et les chapeaux, et les coiffures, et les chaussures, et les manteaux de toutes saisons. — Vite, vite, Azéma, vous allez comme une tortue. — Allons, voilà qu'elle marche de côté comme un crabe! Mais nous n'en finirons pas, ma chère.

AZÉMA.

Je fais ce que je peux, Mademoiselle; je suis en nage à force de me dépêcher.

MADEMOISELLE PRIMEROSE.

Plus vite, plus vite encore. Mes livres, mon papier, mon buvard, mes tapisseries, mes crayons, mes couleurs, mes pinceaux, fourre tout cela dans la malle et vivement.

AZÉMA.

Mais Mademoiselle jette tout sur les mantelets, les fichus ! Tout va être écrasé, chiffonné à ne pas pouvoir servir.

MADEMOISELLE PRIMEROSE.

Pas du tout ; il n'y a pas loin à aller ; il n'est pas nécessaire d'emballer comme pour un voyage en Chine ; mettez, mettez toujours. »

A force d'entasser robes, chaussures, livres, papiers, parfumeries, etc., la caisse se trouva pleine ; il restait encore une foule d'objets.

AZÉMA.

Tout est plein, Mademoiselle, et il reste encore bien des choses à emballer, linge, coiffures, statuettes, etc.

MADEMOISELLE PRIMEROSE.

Eh bien, allez me chercher une seconde malle ou caisse, cela m'est égal ; allez vite. »

Azéma sortit et rentra en courant et traînant après elle une autre caisse presque aussi grande que la première.

MADEMOISELLE PRIMEROSE.

C'est bien. Voici encore quelques effets ; vous aviez oublié mes robes de chambre, mes boîtes de bijoux, ma toilette de voyage, mes boîtes de couleurs ; mettez les boîtes au fond.

AZÉMA.

Mademoiselle emporte donc tout ce qu'elle a

apporté pour l'été et l'automne? Il me semble que pour quinze jours....

MADEMOISELLE PRIMEROSE.

Est-ce que je sais le temps que je passerai là-bas? Peut-être y resterai-je trois mois, six mois; cela dépendra du bien que je pourrai faire à la pauvre petite et à mon pauvre cousin, qui est si seul. — Là! A présent appelez du monde pour descendre mes caisses.

AZÉMA.

Mademoiselle me permettra de faire ma caisse avant de partir?

MADEMOISELLE PRIMEROSE.

Certainement; je vous donne dix minutes.

AZÉMA.

Comment Mademoiselle veut-elle que j'aie tout fini dans dix minutes?

MADEMOISELLE PRIMEROSE.

Vous croyez? Eh bien, je vous donne un quart d'heure; pas une minute de plus. »

Azéma sortit en levant les épaules et en se disant : « Je ne serai pas prête avant une heure d'ici; il faudra bien qu'elle attende ».

Quand Mlle Primerose descendit pour faire ses adieux à son amie, elle s'aperçut qu'elle avait oublié de demander la voiture.

MADEMOISELLE PRIMEROSE.

Comment, Cornélie, tu n'as pas fait atteler?

MADAME DE SAINT-AIMAR.

Mais non, tu ne m'as rien dit; je croyais que tu avais la calèche de M. Dormère.

MADEMOISELLE PRIMEROSE.

Pas du tout; je suis venue à pied. Fais atteler bien vite; tu aurais bien pu me demander si j'avais besoin de la voiture; il était clair que je n'emporterais pas mes malles sur mon dos. Tu es toujours comme cela, tu ne penses à rien.

MADAME DE SAINT-AIMAR.

Et toi tu disposes de tout comme si tu étais chez toi; tu mets le désordre dans toute la maison.

MADEMOISELLE PRIMEROSE.

Puisque c'est ainsi, je suis bien aise de ne plus y être.

MADAME DE SAINT-AIMAR.

Ce sera un repos pour moi, car tu brouilles tout, et partout.

MADEMOISELLE PRIMEROSE.

Je te remercie du compliment; je ne le mériterai pas de sitôt. J'ai tout emporté pour m'établir confortablement chez mon cousin Dormère, qui est plus gracieux que toi.

MADAME DE SAINT-AIMAR.

Je t'en félicite, mais je plains le pauvre M. Dormère.

MADEMOISELLE PRIMEROSE.

Que tu es aimable, gracieuse, charmante!

MADAME DE SAINT-AIMAR.

Je suis sincère, voilà tout. Adieu, Cunégonde.

MADEMOISELLE PRIMEROSE.

Adieu, Cornélie, et pour longtemps.

MADAME DE SAINT-AIMAR.

Comme tu voudras. »

Mme de Saint-Aimar rentra dans l'appartement, pendant que Mlle Primerose courait à l'écurie pour presser le cocher.

MADEMOISELLE PRIMEROSE.

Comment, Félix, pas encore attelé; c'est odieux d'attendre si longtemps.

LE COCHER.

J'ai fait de mon mieux, Mademoiselle; mais il y a à peine un quart d'heure qu'on m'a prévenu. Ma voiture était à moitié lavée, je n'étais pas habillé; mes chevaux n'avaient pas fini de manger; ils n'avaient pas encore bu; ce n'est pas trop d'une heure pour tout cela.

MADEMOISELLE PRIMEROSE.

Ah! mon Dieu! que d'embarras pour faire une course de vingt minutes à peine! Dépêchez-vous, mon cher; allez plus vivement; vous êtes d'un nian-nian insoutenable. Je reviens dans un quart d'heure; il faut que les chevaux soient attelés.

— Il faut, il faut, murmura le cocher mécontent; je n'irai pas me tuer ni atteler tout de travers pour satisfaire ses caprices, bien sûr. Elle attendra, voilà tout. »

Mlle Primerose appela sa femme de chambre :

« Azéma! Azéma!

— Mademoiselle? répondit Azéma passant la tête hors d'une fenêtre du second.

MADEMOISELLE PRIMEROSE.

Mes malles ne sont pas descendues; où sont-elles?

APRÈS LA PLUIE LE BEAU TEMPS 145

AZÉMA.

Chez Mademoiselle; je finis la mienne; je descends dans l'instant.

MADEMOISELLE PRIMEROSE.

Mais dépêchez-vous donc! C'est affreux de me faire attendre si longtemps. »

Enfin les malles furent terminées, descendues, la

La voiture était encombrée de paquets.

voiture fut avancée; on ficela les malles; Mlle Primerose, oubliant Geneviève, monta dans la voiture encombrée de paquets; Azéma se plaça à côté du cocher avec une boîte sous ses pieds, un ballot sur ses genoux, un coussin sous son bras, et ils se mirent en route pour Plaisance.

M. Dormère reçut Mlle Primerose à son arrivée.

« Et Geneviève? dit-il.

— Geneviève! s'écria Mlle Primerose; je l'ai oubliée : elle joue avec les enfants. »

M. Dormère, étonné et un peu mécontent, appela Pélagie et Rame; et s'adressant au cocher qui aidait à décharger les malles :

« Attendez un instant, je vous prie; vous emmènerez Pélagie et Rame qui ramèneront Geneviève à pied. »

Et il lui glissa une pièce de cinq francs dans la main.

Le cocher ôta son chapeau et proposa de ramener Mlle Geneviève en voiture.

« Non, merci, Félix; elle reviendra à pied : c'est si près par la traverse. »

Les malles étaient déchargées; les domestiques les montèrent avec Azéma dans l'appartement de Mlle Primerose, qui restait un peu confuse de son oubli. La voiture de Mme de Saint-Aimar était partie emmenant Pélagie et Rame, indigné que sa petite maîtresse eût été oubliée.

M. DORMÈRE.

Entrez donc, ma cousine; venez prendre possession de votre chambre.

MADEMOISELLE PRIMEROSE.

Mon cousin, je suis désolée, honteuse d'avoir oublié cette pauvre enfant; j'ai été si bousculée, si tourmentée à Saint-Aimar, mon amie a été si disgracieuse, que je ne savais où j'en étais. Je n'avais plus la tête à moi.

M. DORMÈRE.

N'y pensez plus, ma cousine, je vous en prie; Geneviève y aura gagné de passer une heure de plus avec ses amis et de faire une charmante petite promenade en compagnie de sa bonne et de son cher Rame. Elle n'est pas si à plaindre.

MADEMOISELLE PRIMEROSE.

Non, mais je n'en suis pas moins coupable; oublier votre nièce!

M. DORMÈRE.

Vous ne l'oublierez pas une autre fois. »

M. Dormère prit le bras de Mlle Primerose et la mena dans un joli appartement ayant vue sur la rivière et le parc; il y avait un salon, une chambre à coucher avec cabinet de toilette et une chambre pour la femme de chambre avec armoires à robes, à linge et tout ce qu'il fallait pour serrer toute espèce de choses.

XIV

INSTALLATION DE MADEMOISELLE PRIMEROSE
ÉDUCATION DE GENEVIÈVE

Quand la confusion de Mlle Primerose fut passée, elle examina son appartement.

« A la bonne heure, s'écria-t-elle, voilà un joli appartement, et bien meublé, et tout ce qu'il faut sous la main. Venez donc voir, Azéma.... Azéma! où êtes-vous? — Serait-elle sortie, par hasard? Je parie qu'elle est restée dans la cuisine à jacasser avec toutes ces femmes. Je ne comprends pas ces bavardes qui parlent, parlent comme des pies, à propos de rien, qui disent cent paroles pour une. Cette Azéma, elle ne vous laisse pas dire un mot; il faut toujours que ce soit elle qui ait la parole. Et si du moins elle vous apprenait quelque chose! mais non; jamais rien. »

Mlle Primerose continua à parler ainsi toute seule jusqu'à l'arrivée d'Azéma; ce fut alors un flux de paroles bien autre que ce qu'elle reprochait à la pauvre fille, qui n'eut pas le temps de placer un mot.

Pendant que Mlle Primerose rangeait ses affaires dans la chambre, Geneviève revenait à Plaisance avec Pélagie et Rame, celui-ci outré de l'oubli de Mlle Primerose.

« Moi jamais laisser aller petite Maîtresse seule avec cousine, marmottait-il tout bas. Elle parler, parler et penser à rien. Oublier petite Maîtresse! »

Quand Geneviève fut de retour, que Mlle Primerose l'entendit revenir, elle courut pour la recevoir; Rame se précipita au-devant de Mlle Primerose et voulut l'empêcher d'avancer en se mettant devant Geneviève.

« Laissez-moi passer, Rame, dit Mlle Primerose.

RAME.

Non, vous pas passer.

MADEMOISELLE PRIMEROSE.

Qu'est-ce qui vous prend donc?

RAME.

Vous oublier petite Maîtresse.

— Imbécile! » s'écria Mlle Primerose en lui donnant un léger coup de poing dans l'estomac pour le faire reculer.

RAME.

Rame pas bouger. Rame pas content. »

Geneviève avait ri d'abord en voyant la contestation de Mlle Primerose avec Rame; mais quand elle vit l'obstination qu'il mettait à barrer le passage, elle lui prit le bras en disant :

« Imbécile! » s'écria Mlle Primerose.

« Laisse passer ma cousine, mon bon Rame ; tu vois bien qu'elle est fâchée de m'avoir oubliée. Voyons, Rame, écoute-moi, ne sois pas entêté. Veux-tu me faire de la peine en étant impoli pour ma cousine ? »

Rame abaissa les bras et se rangea, en disant d'un ton radouci :

« Moi faire comme veut petite Maîtresse. »

Geneviève s'approcha de Mlle Primerose qui était rouge de colère ; elle lançait à Rame des regards furieux et ne songeait plus à embrasser Geneviève.

MADEMOISELLE PRIMEROSE.

Je vais vous faire gronder, monsieur Rame ; je dirai à mon cousin que vous êtes un grossier.

RAME.

Et Rame plus raconter d'histoires à Mam'selle Primerose ; pas dire quoi dit Moussu Dormère, pas raconter quoi fait Moussu Georges, Moussu Jacques. Mam'selle Primerose plus rien savoir. Voilà.

« C'est qu'il le ferait comme il le dit, pensa Mlle Primerose. C'est méchant, ces nègres. »

Elle tendit la main à Rame ; il se mit à rire.

RAME.

Moi savoir quoi vous aimer et moi pas peur. Mais moi pas serrer main qui donne coup dans estomac à Rame. »

Mlle Primerose rit aussi et s'en retourna avec Geneviève.

MADEMOISELLE PRIMEROSE.

Vois-tu, Geneviève, comme ma chambre est jolie ? Tu viendras prendre des leçons chez moi ; je t'apprendrai l'histoire, la géographie, le dessin, la musique, tout ce que tu ne sais pas.

GENEVIÈVE.

Oh! que je serai contente, ma bonne cousine! J'ai tant envie d'apprendre et je ne sais rien. »

Mlle Primerose acheva de s'installer et prépara les objets nécessaires pour les leçons que Geneviève demandait à commencer dès le lendemain.

Mlle Primerose passa la première soirée à parler à M. Dormère de son désir de donner quelque instruction à Geneviève, mais il lui fallait, disait-elle, la permission de son cousin, qui la lui donna avec empressement.

MADEMOISELLE PRIMEROSE.

Vous voulez donc bien, mon cousin, que je lui apprenne l'histoire, dont elle ne sait pas le premier mot?

M. DORMÈRE.

Sans doute, ma cousine; cela va sans dire.

MADEMOISELLE PRIMEROSE.

Vous comp.enez, mon cousin, que l'histoire est une étude nécessaire pour une petite fille. Personne n'en a soufflé mot à cette enfant. Si je n'étais pas là pour la lui apprendre, elle serait ignorante comme une cruche. Il faudra aussi que je lui apprenne le calcul; elle ne sait seulement pas que deux et deux font quatre, la pauvre enfant. Vous permettez, mon cousin, n'est-ce pas?

M. DORMÈRE, *impatienté.*

Oui, oui, trois fois oui, ma cousine; tout ce que vous voudrez : le chinois si vous voulez.

MADEMOISELLE PRIMEROSE.

Oh! le chinois! Je n'en sais pas un mot; comment voulez-vous que je lui apprenne le chinois? Quelles idées vous avez en éducation! A quoi lui servirait le chinois? C'est absurde, le chinois. C'est fort heureux que vous ne vous soyez pas mêlé de l'éducation de Geneviève. Cette invention de lui apprendre le chinois!

M. DORMÈRE, *de même*.

Mais, ma chère cousine, c'est une plaisanterie que j'ai faite afin de vous faire voir que j'avais toute confiance en vous pour lui apprendre tout ce que vous voudrez.

MADEMOISELLE PRIMEROSE.

Il ne faut jamais plaisanter sur l'éducation. C'est une chose très sérieuse que l'enseignement. — A propos, je dois vous prévenir que si je ne reste ici que quinze jours, je n'aurai le temps de lui rien apprendre. Dans l'intérêt de Geneviève, il faut que je vous demande de me garder plus longtemps.

M. DORMÈRE.

C'est une bonne pensée dont je vous remercie, ma cousine.

MADEMOISELLE PRIMEROSE.

Combien de temps puis-je passer chez vous?

M. DORMÈRE.

Tant que vous voudrez; six mois, un an, dix ans si vous voulez.

MADEMOISELLE PRIMEROSE.

Quelle exagération! Dix ans! Comme si je pouvais répondre de rester dix ans chez vous!

M. DORMÈRE.

Enfin, ce sera le temps que vous jugerez nécessaire, ma cousine; c'est vous qui déciderez la question. »

La conversation continua sur ce ton pendant une heure. Enfin M. Dormère, ennuyé, fatigué, à bout de patience, lui proposa une partie de piquet, qu'elle accepta avec plaisir. Le lendemain et les jours suivants, il eut soin de proposer la partie de piquet ou de trictrac après la première demi-heure de leur tête-à-tête. Il invitait souvent des voisins pour dîner et passer la soirée.

La paix était faite depuis longtemps entre Mlle Primerose et Rame. Quand celui-ci vit Geneviève si contente des leçons que lui donnait Mlle Primerose, Rame perdit le peu de ressentiment qu'il conservait contre la grosse cousine et vint souvent écouter les leçons et admirer les progrès de sa petite maîtresse. Ce qui l'intéressait le plus, c'était le dessin; Geneviève fit en peu de temps des progrès extraordinaires. Mlle Primerose dessinait et peignait fort bien; Geneviève aimait beaucoup le dessin, et chaque leçon était un progrès.

Un jour, Mlle Primerose voulut faire le portrait de Geneviève. Rame le vit quand il n'était que commencé, mais la ressemblance y était déjà; il le reconnut et témoigna sa joie en battant des mains, en sautant et en criant :

« Petite Maîtresse, petite Maîtresse à Rame! »

MADEMOISELLE PRIMEROSE.

Chut! taisez-vous, Rame, il ne faut pas le dire

avant que ce soit fini. Je veux faire une surprise à
M. Dormère, qui ne sait pas que nous dessinons.

RAME.

Moussu Dormère pas savoir ; Rame savoir. Rame
bien content. Moi dire à Mam'selle Pélagie.

MADEMOISELLE PRIMEROSE.

Non, non, à personne ; M. Dormère le saurait.

RAME.

Quoi ça fait Moussu Dormère saurait? Moi dire à
Moussu : Moussu pas parler ; pas dire à personne :
Mam'selle Primerose pas vouloir? Quoi ça fait?

MADEMOISELLE PRIMEROSE.

Cela fait qu'il le saurait, et je ne veux pas qu'il
le sache.

RAME.

Moi comprends pas.

MADEMOISELLE PRIMEROSE.

C'est égal ; je ne veux pas que vous le disiez.

RAME.

Moi pas comprendre.

MADEMOISELLE PRIMEROSE.

Ne comprenez pas, mon cher, mais taisez-vous.
Faites comme si vous ne le saviez pas.

RAME.

Moi savoir pourtant. Moi peux pas pas savoir,
puisque moi savoir.

MADEMOISELLE PRIMEROSE.

Dieu! qu'il est impatientant! Geneviève, fais-lui
comprendre qu'il se taise.

GENEVIÈVE.

Mon bon Rame, toi tu sais que ma cousine fait

mon portrait, parce que tu es mon ami; mais les autres ne sont pas mes amis, et nous ne le leur dirons pas. Tu sais bien que les amis ne disent pas tout aux autres, parce qu'ils ont des secrets; eh bien, c'est un secret, et toi seul tu le sais parce que tu es mon ami. Comprends-tu?

RAME.

Oui, moi comprendre petite Maîtresse. Moi dire rien à personne.

MADEMOISELLE PRIMEROSE.

C'est très bien; quand j'aurai fini Geneviève, je ferai votre portrait à vous.

RAME.

A moi? à Rame?

MADEMOISELLE PRIMEROSE.

Oui, à vous-même.

RAME.

Comment Mam'selle faire noir?

MADEMOISELLE PRIMEROSE.

Avec de la couleur; je peindrai votre portrait.

RAME.

Pourquoi Mam'selle pas faire rose et blanc petite Maîtresse?

MADEMOISELLE PRIMEROSE.

Parce que c'est long à faire; et à cause de ses leçons, Geneviève n'a pas le temps. »

Rame ne dit plus rien, mais il pensa qu'il regarderait faire Mlle Primerose et qu'il saurait bien peindre comme elle, avec de la couleur, le portrait de Geneviève.

M. Dormère était assez content d'avoir chez lui

sa cousine Primerose; elle l'ennuyait quelquefois par son bavardage, mais toutes ses matinées et ses après-midi étaient prises par les leçons qu'elle donnait à Geneviève et par ses propres occupations, de sorte qu'il ne la voyait guère qu'aux heures des repas et le soir.

Elle égayait le salon par sa gaieté et le sans-gêne qui ne l'abandonnaient jamais. Elle riait même en se fâchant; on la voyait généralement avec plaisir; et pour elle-même la vie qu'elle menait était fort agréable.

XV

SECONDE SORTIE DE GEORGES ET DE JACQUES

Un mois environ après l'installation de Mlle Primerose à Plaisance, M. Dormère amena, un mercredi matin, Georges et Jacques; c'était leur dernière sortie avant les vacances. Quand Geneviève entendit la voiture, elle s'élança à la porte du vestibule pour les recevoir. Georges, descendu le premier, l'embrassa assez froidement; Jacques la reçut plus affectueusement et l'embrassa à plusieurs reprises.

JACQUES.

Tu n'es pas venue nous voir une seule fois avec mon oncle, Geneviève. Pourquoi cela? »

Geneviève allait répondre; mais Mlle Primerose prit la parole.

MADEMOISELLE PRIMEROSE.

Parce qu'elle ne fait pas ce qu'elle veut, mon ami. Son oncle ne veut jamais l'emmener.

M. DORMÈRE.

Vous savez, ma cousine, que j'ai des affaires à terminer, des personnes à aller voir, et que Geneviève me gênerait beaucoup.

MADEMOISELLE PRIMEROSE.

Je sais qu'elle est toujours gênante. Une fille! c'est bon à mettre de côté. Une vieille fille est souvent utile pourtant ; comme moi, par exemple ; j'instruis la bonne petite Geneviève ; je lui apprends beaucoup de choses, allez. Elle en sait autant que toi, Georges, maintenant, excepté le latin.

GEORGES.

En un mois? Elle sait tout ce que je sais!

MADEMOISELLE PRIMEROSE.

Certainement, Monsieur ; plus peut-être. »

Georges rit d'un air moqueur. Jacques lui dit tout bas :

« Ne ris donc pas comme cela ; ce n'est pas poli. »

Geneviève est un peu embarrassée; Mlle Primerose devient rouge.

MADEMOISELLE PRIMEROSE.

Si vos Pères vous voyaient, Monsieur, vous seriez joliment puni.

GEORGES, *d'un air moqueur*.

Et quelle punition me donneriez-vous, mon excellente cousine?

MADEMOISELLE PRIMEROSE.

La plus sévère, Monsieur. Je parie que tu es puni sans cesse.

GEORGES.

Est-ce qu'on peut être au collège sans punition?

MADEMOISELLE PRIMEROSE.

Oui, on le peut ; et la preuve c'est que ton cousin Jacques n'est jamais puni.

GEORGES.

Comment le savez-vous ?

MADEMOISELLE PRIMEROSE.

Je le vois à sa figure, à son air gentil et aimable. Et toi tu as la physionomie d'un voyou.

GEORGES.

Ha! ha! ha! Est-elle drôle la grosse cousine! Si vous voyiez votre figure, vous ririez de vous-même.

MADEMOISELLE PRIMEROSE.

Mais comme, au lieu de la mienne, je vois la tienne, j'aurais plutôt envie de pleurer que de rire.

GEORGES.

Je suis donc bien laid?

MADEMOISELLE PRIMEROSE.

Aussi laid et désagréable que ton cousin est charmant.

GEORGES.

Salue donc, Jacques ; tu n'entends pas les compliments que te fait ma cousine ?

JACQUES.

J'entends des choses qui me font de la peine pour toi. Tu dois du respect à Mlle Primerose et tu es grossier comme si tu étais un garçon mal élevé.

GEORGES.

Vas-tu me faire la morale, toi? tu n'es pas encore un des Pères.

JACQUES.

Si j'avais le bonheur de l'être, je ne te ferais pas de morale; je ferais autre chose.

GEORGES, *se moquant.*

Que ferais-tu, Père Jacques?

JACQUES.

Je t'enverrais aux arrêts pour deux heures.

GEORGES, *de même.*

Oh! oh! le Père Jacques se fâche.

JACQUES.

Non, je ne me fâche pas; je te plains.

GEORGES.

Et Geneviève me plaint aussi sans doute?

GENEVIÈVE.

Oui, beaucoup, pauvre Georges. »

Mlle Primerose rit aux éclats.

MADEMOISELLE PRIMEROSE.

Te voilà attrapé, mon garçon. Tout le monde contre toi. Remercie donc Jacques de la bonne leçon qu'il t'a donnée. Aux arrêts, mon garçon, aux arrêts! C'est une bonne idée. Et maintenant que Geneviève a un protecteur, je vais amuser ton père du récit de tes gracieusetés. Au revoir, mes bons enfants; soyez indulgents pour le voyou. Ha! ha! ha! »

Elle sortit en riant et alla raconter à M. Dormère la conversation qui venait d'avoir lieu. M. Dormère ne prit pas la chose au sérieux, grâce aux rires de Mlle Primerose; il crut que le tout était un badinage; il n'eut de mécontentement que contre Geneviève qui avait, pensa-t-il, pris sérieusement cette plaisanterie et cherché à se faire des amis aux dépens de ce pauvre Georges.

Aussi quand il la revit au moment du déjeuner, il fut avec elle si froid et si sombre que Geneviève fut terrifiée et que Jacques lui demanda s'il était souffrant.

M. DORMÈRE.

Non, mon ami, je vais très bien.

JACQUES.

Georges, as-tu donné à mon oncle la note que le Père t'avait remise pour lui.

GEORGES, *rougissant*.

Non, j'ai oublié ; mais ce n'est rien d'important.

M. DORMÈRE.

Qu'est-ce que c'est, mon ami ?

GEORGES.

C'est pour annoncer que les vacances commencent le 7 août.

JACQUES.

Je croyais que c'était une lettre du Père Recteur.

GEORGES.

Pas du tout ; pourquoi veux-tu que le Père Recteur se plaigne de moi ? Qu'est-ce que j'ai fait ?

JACQUES.

Je n'en sais rien ; je ne dis pas du tout que le Père Recteur se plaigne de toi ; seulement il me semblait que le Père t'avait dit : « N'oubliez pas ; elle est « importante pour vous » ; et comme je ne t'ai pas vu la remettre à ton père, je craignais que tu ne l'eusses oubliée.

MADEMOISELLE PRIMEROSE.

Et comment sais-tu que le Père Recteur se plaint de toi ?

GEORGES.
Je ne sais pas; j'ai dit cela comme autre chose.
M. DORMÈRE.
Mais où est-elle cette note, mon cher enfant? Cherche donc dans tes poches. »

Georges fouille dans ses poches et ne trouve rien.
GEORGES.
Je l'ai perdue; je ne la retrouve pas.
MADEMOISELLE PRIMEROSE.
Elle est peut-être tombée dans la voiture.
GEORGES.
Non, c'est impossible; nous l'aurions vue. »

Rame passe sa tête à la porte et demande s'il peut entrer.
M. DORMÈRE.
Que voulez-vous?
RAME.
Donner papier à Moussu Dormère.
M. DORMÈRE.
Entrez, alors. Quel papier? »

Rame entre.
RAME.
Moi aller à chemin de fer; moi voir le Moussu chef; lui, donner à moi lettre : « Quoi c'est? moi « dis. — C'est lettre à Moussu Dormère. » Moi prendre et moi apporter. »

Rame tendit la lettre; M. Dormère l'ouvrit, fronça le sourcil et regarda Georges qui était rouge et embarrassé.
M. DORMÈRE.
C'est bien; merci. »

M. Dormère ne dit plus rien. Il relut la lettre, la mit dans sa poche et jeta sur Georges un regard de reproche.

Le déjeuner continua silencieux et triste; Jacques avait reconnu la lettre que le Père avait remise à Georges et qui était décachetée. Mlle Primerose se douta de ce que c'était; Georges craignait les reproches de son père, et Geneviève avait peur de l'air sévère de son oncle.

Quand on fut sorti de table, M. Dormère dit à Georges de le suivre dans son cabinet; Mlle Primerose emmena Jacques et Geneviève dans le parc.

Quand M. Dormère fut en tête-à-tête avec son fils :

« Georges, lui dit-il, comment as-tu osé ouvrir cette lettre, la lire et la jeter dans le wagon pour me la cacher?

GEORGES.

Papa, j'avais peur que vous ne fussiez fâché contre moi; je voulais ne vous la donner qu'en vous quittant.

M. DORMÈRE.

Tu mens, mon pauvre Georges; tu mens. Si tu avais voulu me la donner, tu ne l'aurais pas jetée dans le wagon ou dans la gare; tu l'aurais soigneusement mise au fond de ta poche. Mais comment as-tu osé décacheter une lettre à mon adresse? »

Georges baissa la tête et ne répondit pas.

M. DORMÈRE.

Tu as vu que le bon Père, pour nous éviter la honte de ton renvoi, me prévient que tu ne seras plus admis après les vacances ; il se plaint de ta paresse, de ta constante mauvaise volonté, des punitions fréquentes qu'on est obligé de t'infliger, privation de promenades, de récréations, pensums. Rien n'y fait ; il juge que tu ne seras jamais un bon élève, que ton instinct te porte à te lier avec les plus mauvais, et que tu es d'un mauvais exemple pour tes camarades ; enfin il me dit clairement que leur décision est prise à ton égard et que c'est à ma considération qu'ils te gardent jusqu'aux vacances. Oh ! Georges, pourquoi t'es-tu mis dans cette triste position dont je m'afflige pour toi comme pour moi ?

GEORGES.

Papa, je suis sûr que je serai bien mieux dans un autre collège, que je travaillerai beaucoup mieux. On est si sévère chez les Jésuites, on a tant à travailler, qu'il est impossible d'arriver à tout faire ; on est puni pour un rien, on mange mal, on ne joue pas assez ; si je restais là, je suis sûr que je mourrais ou que je tomberais malade.

M. DORMÈRE.

Ce que tu dis là, Georges, c'est ce que disent tous les mauvais élèves ; si c'était vrai, comment ton cousin Jacques serait-il toujours dans les premiers ? Comment sa santé, délicate jadis, se serait-elle fortifiée au point où elle l'est ? Comment se trouverait-il si heureux au collège, que ce serait pour lui un grand chagrin de n'y pas retourner ? Comment aimerait-il autant tous les Pères du collège, et particulièrement ceux des classes qu'il a déjà faites ?

« Non, non, mon pauvre Georges, tu es mal à

Vaugirard parce que tu n'es pas digne d'y être admis; et je crains bien qu'il n'en soit de même de tous les collèges; tu n'y seras ni plus heureux ni plus estimé. — Tu es mon seul fils, j'espérais en toi pour mon bonheur à venir, et tu ne me causes que du chagrin. »

Georges ne disait rien; il restait immobile, dans l'attitude d'un garçon qui est grondé, mais qui n'éprouve aucun repentir; il n'eut pas une parole affectueuse pour son père; et quand M. Dormère, découragé, lui dit tristement : « Tu peux aller jouer, Georges; je n'ai plus rien à te dire », il se leva et quitta l'appartement avec un air visiblement satisfait.

Pendant les reproches trop doux que M. Dormère adressait à son fils, Mlle Primerose s'éloignait avec Jacques et Geneviève.

« Mes enfants, dit-elle gaiement, il est clair que Georges a fait une vilaine action; je suis sûre qu'il a ouvert et lu la lettre; il a vu qu'on se plaignait de lui et il a perdu, c'est-à-dire jeté, la lettre, de peur d'être grondé.

GENEVIÈVE.

Oh! ma cousine, j'espère que vous vous trompez; Georges n'est pas capable d'une si mauvaise action.

MADEMOISELLE PRIMEROSE.

Et comment a-t-il su qu'on se plaignait de lui? Comment a-t-il perdu une lettre que le Père lui avait annoncée comme importante? Va, va, ma fille, tu es trop bonne, trop indulgente pour ce garçon.

GENEVIÈVE.

Ma cousine, je suis sûre que Jacques ne le juge pas aussi sévèrement que vous le faites. Que crois-tu, toi, Jacques?

JACQUES, *après un peu d'hésitation.*

Je crois... que Mlle Primerose a raison.

MADEMOISELLE PRIMEROSE.

Tu vois bien, Geneviève. Et Jacques le connaît à fond. On se connaît vite au collège. »

Jacques sourit et ne répondit pas.

MADEMOISELLE PRIMEROSE.

Je parie que M. Dormère va faire comme toujours; il lui dira à la doucette : « Mon Georges, tu
« as eu tort. Ce n'est pas bien, mon pauvre enfant.
« Tu me fais de la peine, mon ami. Je t'aime tant,
« mon petit Georges. Sois sage à l'avenir; ne re-
« commence pas, mon chéri. »

« Et voilà la seule réprimande qu'il aura. Et moi je veux le punir. Je veux vous emmener chez Mme de Saint-Aimar pour qu'il ne nous trouve pas. Dépêchons-nous; marchons un peu rondement; il ne pourra pas nous trouver; il n'osera pas aller chez les Saint-Aimar; il cherchera, il pestera, il sera furieux; ce sera une juste et trop légère punition de son horrible conduite. »

Jacques trouva l'idée excellente et doubla le pas tout en encourageant Geneviève, qui s'apitoyait sur Georges et demandait grâce pour lui. Mlle Primerose, enchantée de son invention pour punir Georges, marchait aussi vite qu'elle pouvait, et se retournait souvent pour voir si elle ne l'apercevait pas. Bientôt ils furent hors de vue et ils ne tardèrent pas à arriver à Saint-Aimar, où ils furent reçus avec des cris de joie; les enfants étaient très contents de voir Jacques avec Geneviève.

LOUIS.

Comme tu as bien fait de venir, Jacques! Nous devions aller à Plaisance à ta dernière sortie, mais Mlle Primerose a empêché maman de nous y envoyer parce qu'elle n'avait pas été invitée.

HÉLÈNE.

Et Georges, où est-il? »

Geneviève était embarrassée d'expliquer son absence; Mlle Primerose répondit pour elle.

« Il est resté avec son père; c'est bien naturel, quand on ne sort qu'une fois par mois.

HÉLÈNE.

C'est très bien à lui; est-ce que nous ne le verrons pas?

MADEMOISELLE PRIMEROSE.

Vous le verrez si vous voulez venir dîner avec nous. M. Dormère emmène les garçons à cinq heures; votre maman vous enverra chercher le soir. Je vais le lui demander. Nous nous en irons à trois heures. »

Les enfants se réjouirent tous de cet arrangement. Jacques dit à Geneviève :

« J'aime bien mieux que nous ne nous retrouvions pas seuls avec Georges. Il va être furieux contre toi, contre moi, contre le pauvre Rame, et nous aurions des discussions à propos de tout; et comme je ne veux pas souffrir qu'il te tourmente, il pourrait bien y avoir quelque chose de plus qu'une simple discussion ; cela ferait de la peine à mon oncle ; il est très bon pour moi, je serais désolé de le mécontenter.

GENEVIÈVE.

Tu as bien raison ; Louis et Hélène seront très utiles pour empêcher Georges de se trop laisser aller. Et à présent, faisons une partie de croquet. »

Ils passèrent tous les quatre deux bonnes heures à jouer ensemble ; après un repos d'un quart d'heure dont ils profitèrent pour faire un copieux goûter, ils prirent congé de Mme de Saint-Aimar ; elle promit à ses enfants de leur envoyer la voiture à huit heures avec leur bonne, et ils partirent tous en courant. Le retour dura plus d'une demi-heure, parce qu'ils s'arrêtaient souvent pour cueillir des fleurs et des joncs à tresser, pour gravir des fossés, pour cueillir des noisettes.

En approchant du château de Plaisance, ils aperçurent Georges qui dormait sur l'herbe, à l'ombre d'un gros chêne.

Mlle Primerose leur fit signe de ne pas faire de bruit ; elle s'approcha tout doucement et lui posa sur l'estomac une poignée de noisettes déjà cassées et vides. Puis, emmenant les quatre enfants dans un massif, ils se cachèrent pour assister au réveil de Georges. Ils poussèrent tous ensemble un *hou ! hou !* lamentable ; Georges s'éveilla, regarda autour de lui, ne vit personne et aperçut les noisettes sur son estomac.

« Qui est-ce qui m'a mis cela ? s'écria-t-il avec

colère; je ne vois personne; serait-ce un sot tour de Rame, par hasard? Il rôdait autour de moi quand je me suis endormi. Précisément, je le vois qui passe sa vilaine tête par la porte de l'office.... »

« Rame! appela-t-il d'une voix formidable.

RAME, *s'approchant à pas lents.*

Quoi Moussu veut?

GEORGES.

Approchez, vilain nègre. »

Rame avança de quelques pas.

Georges ramassa les noisettes, et quand Rame fut à sa portée, il lui jeta en plein visage la poignée de coquilles. Rame, surpris, fit un saut en arrière.

RAME.

Quoi c'est, Moussu Georges?

— C'est votre présent que je vous rends, insolent, impertinent, grossier! »

Rame, de plus en plus étonné, le regardait avec de grands yeux effarés; il crut que Georges devenait fou.

GEORGES.

Là là! Moussu Georges. Moi chercher Moussu Dormère. Là là! Pas bouger. Rame bon. Rame pas faire mal. Vous perdu tête; Rame pas se fâcher. »

Georges crut à son tour que le nègre se moquait de lui; il sauta sur ses pieds et voulut frapper Rame, quand il entendit un grand éclat de rire et vit Mlle Primerose sortir du massif.

MADEMOISELLE PRIMEROSE.

Arrêtez, chevalier de la triste figure. C'est moi et pas Rame qui vous ai apporté ces noisettes pour que vous ayez votre part de notre promenade.

GEORGES.

C'est vous! Est-ce bien vrai?

MADEMOISELLE PRIMEROSE.

Comment, si c'est vrai! puisque je te le dis. Crois-tu que je sache mentir comme toi?

GEORGES.

Je ne mens pas.

MADEMOISELLE PRIMEROSE.

Vraiment? Dis-moi donc comment tu as fait pour perdre la lettre à ton père et pour l'avoir perdue après l'avoir lue.

GEORGES.

Laissez-moi tranquille; où sont Jacques et Geneviève?

MADEMOISELLE PRIMEROSE.

Ils sont où tu ne les trouveras pas, mon garçon; et je ne te laisserai pas tranquille tant que tu auras tes airs malhonnêtes; je veux t'apprendre les égards que tu me dois, et je me plaindrai au besoin au Père Recteur; mais ce ne sera pas toi que je chargerai de ma lettre, tu peux en être bien sûr.

GEORGES.

Je vous prie, ma cousine, de ne pas écrire au Père Recteur; il se moquerait de vous, et il ne s'occupe pas de ce que font les élèves en sortie.

MADEMOISELLE PRIMEROSE.

Il s'occupe de tout, mon cher, et il est trop bien élevé pour se moquer de moi. Ainsi, je te laisse pour lui écrire; et je n'oublierai pas l'histoire de la lettre à ton père.

APRÈS LA PLUIE LE BEAU TEMPS 175

GEORGES, *effrayé*.

Oh non! ma cousine; je vous en supplie, ne lui écrivez pas. Je ne voulais pas être malhonnête, je vous

Rame, surpris, fit un saut en arrière. (Page 173.)

assure; je n'étais pas encore bien éveillé; je ne savais pas ce que je disais.

MADEMOISELLE PRIMEROSE.

Tu me fais pitié, malheureux enfant; tu es menteur et plat. — Je te pardonne à cause de ton père, que tu affliges assez pour que je n'augmente pas son chagrin. Mais si tu fais ou si tu dis la moindre méchanceté à Geneviève, à Jacques et à Rame, d'ici à ton départ, j'écris au Père Recteur comme je te l'ai dit. »

Mlle Primerose s'en alla; Rame la suivit. Georges resta seul, irrité et honteux. — Les enfants avaient tout entendu. Ils restaient cachés par délicatesse, pour que Georges n'eût pas à rougir devant eux. Jacques fit un signe à ses amis et sortit du massif, tout doucement, suivi par eux, du côté opposé à celui où était Georges; ils firent le tour du château et arrivèrent à lui par l'autre bout de la pelouse.

« Te voilà enfin, dit Jacques; où as-tu été?

GEORGES.

Je vous ai attendus, puis cherchés; je ne savais pas où vous étiez; je me suis horriblement ennuyé.

GENEVIÈVE.

Nous avons été avec Mlle Primerose faire une promenade du côté de Saint-Aimar, et nous avons ramené Louis et Hélène.

GEORGES.

Vous auriez bien pu m'attendre.

GENEVIÈVE.

Ecoute donc; mon oncle t'a appelé; nous ne savions pas combien de temps il te garderait, et nous avons dû suivre Mlle Primerose qui voulait nous amuser.

JACQUES.

A présent que nous voilà réunis, profitons du temps qui nous reste pour faire une partie de cache-cache dans les bois, ou de colin-maillard.

— Cache-cache! crièrent-ils tous.

LOUIS.

Lequel de nous l'est?

GEORGES.

Ce sera Geneviève.

JACQUES.

Du tout ; nous allons tirer au sort. Rangeons-nous tous en rond : je compte :

> Pin pa ni caille,
> Le roi des papillons,
> Se faisant la barbe,
> Se coupa le menton.
> Un, deux, trois, de bois ;
> Quatre, cinq, six, de buis ;
> Sept, huit, neuf, de bœuf ;
> Dix, onze, douze, de bouse ;
> Va-t'en à Toulouse. »

A chaque syllabe Jacques touchait quelqu'un du doigt, sans s'oublier. Celui sur lequel tomba la dernière syllabe *louse* le fut. C'était Jacques lui-même.

« Je demande une chose : celui qui *le sera* aura Rame pour l'aider, parce que seul on ne pourra jamais attraper personne dans le bois. Le but est le gros chêne.

TOUS.

C'est cela, appelons Rame.

— Rame, Rame! » se mirent-ils à crier tous ensemble.

Rame parut.

« Quoi vouloir à Rame? Petite Maîtresse demander Rame?

GENEVIÈVE.

Viens, viens, mon bon Rame; aide-nous à jouer. Jacques *l'est*; nous allons nous cacher dans le bois et les massifs et tu aideras Jacques à nous attraper.

RAME.

Moi content aider Moussu Jacques; moi courir fort. »

Louis, Georges, Hélène et Geneviève allèrent se cacher. Ils donnèrent le signal; Jacques et Rame partirent; bientôt on entendit des cris et des rires retentir dans le bois; on vit Jacques et Rame poursuivre leur gibier dans la prairie, puis rentrer dans le bois. Geneviève et Hélène, un peu favorisées par Rame, atteignirent le but. La poursuite dura longtemps pour les garçons; enfin Jacques réussit à saisir Louis pendant que Rame ramenait son prisonnier Georges.

Ils recommencèrent plusieurs fois ce jeu si amusant à la campagne quand il y a des prairies et des bois. L'heure les força de finir; M. Dormère appelait Georges et Jacques pour faire leurs préparatifs de départ. La voiture était avancée.

Ils rentrèrent haletants et fatigués; Mlle Primerose conseilla un ou deux petits verres de malaga ou de frontignan muscat avec des biscuits.

« Cela vous empêchera de prendre froid », dit-elle.

Le conseil fut trouvé excellent; chacun trempa deux ou trois biscuits dans les petits verres, qui pour les garçons furent remplis deux fois.

Ils se dirent tous adieu, Jacques avec un regret

partagé par Geneviève et ses amis, car il devait passer les vacances chez ses parents. Les adieux de Georges furent plus gracieux que d'habitude ; il les embrassa tous, y compris Mlle Primerose, et il daigna même faire un signe de tête à Rame. La voiture partit ; Geneviève et ses amis rentrèrent pour se reposer jusqu'au dîner ; ils jouèrent à des jeux tranquilles ; ils dînèrent de bon appétit. A huit heures, la voiture de Mme de Saint-Aimar vint prendre ses enfants avec leur bonne ; et Geneviève reprit le lendemain sa vie paisible et occupée.

XVI

PORTRAIT DE RAME. — L'HABIT ROUGE

M. Dormère reprit, pour ne plus les perdre, sa froideur et son antipathie pour Geneviève. Il en voulait à Rame d'avoir apporté la lettre du Père Recteur, tout en comprenant l'injustice de ce sentiment. Rame aimait tendrement Geneviève, qui lui rendait son amitié, et M. Dormère s'en prenait à Geneviève de l'aversion de Rame contre Georges.

Bien des fois Mlle Primerose s'interposait, avec sa terrible franchise, entre Geneviève et son oncle qui la grondait sans cesse et ne lui accordait aucun plaisir, aucune distraction; il ne voulut même plus qu'elle dînât à table les jours où il y avait du monde; il lui défendit enfin de paraître au salon quand il y avait quelqu'un.

Mlle Primerose continuait l'éducation de Geneviève et tâchait de lui faire accepter sans trop de chagrin les fréquentes et injustes remontrances de son oncle, ainsi que la froideur qu'il lui témoignait de plus en plus.

Mlle Primerose acheva le portrait de Geneviève et entreprit celui de Rame peint à l'huile. Il était difficile de le faire poser convenablement, car il avait tellement envie de voir, qu'à chaque instant il quittait sa place pour juger de la ressemblance ; le jour où elle couvrit de noir le visage et les mains, il se laissa aller à une joie si bruyante et si exaltée que Mlle Primerose fut obligée de le gronder sérieusement.

« Rame, si vous continuez à remuer et à rire aux éclats, je laisserai là ma peinture ; je ne finirai pas votre portrait et vous resterez sans nez et avec les yeux pochés. Ce sera joli.

RAME.

Oh ! bonne Mam'selle ; moi peux pas ! Moi rire pas par méchanceté ; moi si content ! moi peux pas tenir la bouche fermée. Bien sûr, bonne Mam'selle, moi être bien sérieux. Moi voudrais tant voir comment Mam'selle fait yeux à Rame, et nez à Rame, et bouche à Rame.

MADEMOISELLE PRIMEROSE.

Mais comment puis-je faire vos yeux, quand vous les roulez de tous côtés ; le nez, quand vous tournez la tête à droite, à gauche ; la bouche, quand vous parlez, quand vous montrez les dents en riant ?

RAME.

Ça fait rien, ça fait rien, Mam'selle ; vous faire les dents ; les dents à moi jolies, blanches.

MADEMOISELLE PRIMEROSE.

Vous n'y entendez rien ; taisez-vous, je ne vous demande que cela. — Bien, ne bougez pas. — Tenez-vous donc tranquille, je vous dis. — Regardez-moi toujours ; je fais les yeux. »

Au bout de cinq minutes, Rame changea de position.

MADEMOISELLE PRIMEROSE.

Eh bien, que faites-vous ? Vous voilà tourné de l'autre côté.

RAME.

Ça fait rien. Moi fatigué ; moi veux voir comme écrit petite Maîtresse.

MADEMOISELLE PRIMEROSE.

Mais c'est impossible ! Remettez-vous comme vous étiez.

RAME.

Pourquoi impossible ? Moi pas changer tête, yeux, figure ; moi toujours Rame.

MADEMOISELLE PRIMEROSE.

Alors je ne ferai plus rien, si vous ne voulez pas m'écouter.

GENEVIÈVE.

Rame, reste tranquille, je t'en prie. Tu peux bien rester tranquille pendant une heure.

RAME.

Moi rester tranquille un an pour petite Maîtresse.

GENEVIÈVE, *riant*.

Merci, Rame ; quand j'aurai fini mon devoir de calcul, je te le dirai ; tu pourras voir et bouger ; j'en ai pour une heure. »

L'heure se passa merveilleusement ; Rame ne bougea presque pas ; sauf quelques petits sauts, quelques bâillements et mouvements nerveux, il posa très bien.

« C'est fini », dit enfin Geneviève.

D'un bond, Rame fut auprès de Mlle Primerose ; il battit les mains, il rit aux éclats, il fit des pirouettes dans son admiration.

RAME.

Petite Maîtresse venir voir. Comme Rame joli ! Comme Rame a beaux yeux ; tout blanc, tout noir !

GENEVIÈVE.

A présent, va te reposer, mon pauvre Rame ; va boire un verre de vin ; pendant ce temps ma cousine me donnera un nouveau devoir à faire. »

Rame sortit en gambadant.

Mlle Primerose se leva.

« Je vais me reposer aussi un instant. Je me suis tant dépêchée que j'en ai le poignet fatigué. »

Tous les jours les mêmes scènes recommençaient. Pourtant, lorsqu'au bout de cinq ou six jours la tête fut terminée, se détachant sur un beau ciel bleu sans nuages, Rame fut enchanté. Mais sa joie ne fut pas de longue durée. Il devint triste.

« Pauvre Rame ! s'écria-t-il.

MADEMOISELLE PRIMEROSE.

Pourquoi pauvre Rame ? Qu'y a-t-il encore ?

RAME.

Pauvre Rame, pas d'habit. Tête coupée, pas de corps.

MADEMOISELLE PRIMEROSE, *riant*.

Mais, imbécile, tu ne comprends donc pas que je ferai le corps après avoir fini la tête? Tu n'as pas encore compris que je ne peux pas tout faire à la fois! Aujourd'hui je commencerai le cou et les épaules; demain je le finirai.

GENEVIÈVE.

Et tu auras un superbe habit. Comment le veux-tu?

RAME.

Moi veux rouge avec or, comme capitaine anglais.

MADEMOISELLE PRIMEROSE.

Mais tu auras l'air d'un danseur de corde, mon brave homme.

RAME, *avec fierté*.

Rame pas danseur. Dans pays à Rame, grand chef mettre habit rouge avec or. Habit superbe! Grand chef tuer capitaine anglais et prendre habit. Rame veut habit comme grand chef.

MADEMOISELLE PRIMEROSE.

Eh bien, tu l'auras, mon ami. Tu seras en grand chef comme celui de ton pays.

RAME.

Et moi envoyer portrait à pays, et tous croire Ramoramor grand chef à blancs.

GENEVIÈVE.

Et sais-tu ce que je ferai, Rame? Je demanderai à ma bonne de te faire faire un superbe habit rouge avec *or*, et tu le mettras les jours de grandes fêtes. »

Pour le coup, Rame ne put contenir sa joie; il sauta, pirouetta, cria, chanta. Jamais on ne l'avait vu dans une joie pareille. Il courut chez Pélagie dans une si grande exaltation de bonheur, qu'elle le crut fou et qu'elle ne se rassura que lorsque Mlle Primerose et Geneviève lui eurent raconté ce qui s'était passé.

Rame, de son côté, annonça à toute la maison qu'il allait être grand chef tout rouge et or. Personne ne comprit ses explications entremêlées de bonds et de rires; mais il fit un tel tapage et tout le monde autour de lui riait si fort et l'interrogeait d'une façon si bruyante que M. Dormère, qui se promenait dans les environs, vint voir ce qui se passait dans la cuisine. Quand on lui eut appris la cause de ce bruit, il se mit à rire lui-même de la figure que ferait le nègre en grand chef de sauvages, et il monta chez Mlle Primerose pour avoir l'explication plus complète de la grande joie de Rame.

La première chose qu'il vit en entrant, ce fut le portrait du nègre.

M. DORMÈRE.

Qui est-ce qui a fait cela?

MADEMOISELLE PRIMEROSE.

C'est moi, mon cousin, pour ne pas perdre l'habitude du pinceau.

M. DORMÈRE.

Mais c'est très bien. C'est frappant! — Et c'est une fort belle peinture. — Très belle, je vous assure. — Je ne connais pas d'amateurs qui eussent

« Moi veux rouge avec or, comme capitaine anglais. » (Page 185.)

pu si bien réussir. Je ne vous connaissais pas ce beau talent, ma cousine ; je vous en fais mon sincère compliment. — Comme c'est bien rendu ! — Et bien posé. Rien n'y manque.

MADEMOISELLE PRIMEROSE.

Que l'habit, mon cousin. Figurez-vous que Ramo a demandé et que je lui ai promis de l'habiller en rouge et or.

M. DORMÈRE.

C'est ce que j'ai appris en bas à la cuisine, où ils sont groupés autour de Ramo qui saute et qui crie ; à eux tous ils font un tapage infernal.

MADEMOISELLE PRIMEROSE.

Je n'ai jamais vu un homme si heureux ! Il a manqué de nous étouffer dans un élan de joie.

M. DORMÈRE.

Je trouve seulement que Geneviève aurait dû me consulter avant de promettre à son nègre un vêtement aussi coûteux.

GENEVIÈVE.

Je vous demande bien pardon, mon oncle ; c'est vrai ; j'aurais dû vous en demander la permission ; mais j'ai parlé sans réfléchir, et la grande joie de mon pauvre Ramo m'a empêchée de sentir que j'avais eu tort.

M. DORMÈRE.

C'est ainsi que vous faites sans cesse des sottises ; vous agissez et vous parlez toujours sans réflexion.

GENEVIÈVE, *timidement*.

Excusez-moi, je vous en prie, mon oncle ; j'espère

que vous voudrez bien m'accorder la permission que j'aurais dû vous demander plus tôt.

M. DORMÈRE.

Il faut bien que je l'accorde, à présent que toute la maison est instruite de votre générosité ; au reste, je ne suis pas encore décidé, je vous donnerai demain ma réponse définitive. »

M. Dormère sortit, laissant Geneviève consternée et Mlle Primerose interdite.

MADEMOISELLE PRIMEROSE.

Eh bien, voilà un fameux père Rabat-Joie ! Est-il mauvais, cet homme-là ! Il se plaît à te tourmenter, ma pauvre enfant. Je suis sûre qu'il ne te refusera pas ; il ne peut pas te refuser. Il sait que je ne lui laisserai ni paix ni relâche tant qu'il vivrait, et que tout le monde saurait dans le voisinage qu'il a refusé à sa nièce Mlle Dormère, qui a soixante mille livres de rente en belles et bonnes terres, une dépense de trois cents francs au plus, pour récompenser le dévouement, les soins affectueux d'un ancien et fidèle serviteur de ses parents, qui le lui avaient recommandé en mourant. D'ailleurs, ma chère enfant, si ton oncle avait l'indignité de te refuser cette satisfaction, je payerais l'habit rouge de ma bourse.

GENEVIÈVE.

Oh ! ma cousine, que vous êtes bonne ! mille fois trop bonne pour moi. Aussi je ne puis vous dire combien je suis reconnaissante des bontés que vous me témoignez. Jamais je n'oublierai tout ce que je vous dois. Quant à mon oncle, il a raison de trouver que j'aurais dû lui demander la permission de faire une si grosse dépense avant de la promettre ; j'ai eu tort, et il veut me le faire sentir.

MADEMOISELLE PRIMEROSE.

Le reproche qu'il t'a adressé aurait suffi, ma chère petite ; l'humble aveu que tu en as fait avec tant de douceur aurait dû le toucher. Et quant à moi, ne crains pas que cette dépense puisse me gêner. Sans avoir une fortune égale à la tienne, à la sienne, j'en ai assez pour que quelques centaines de francs ne puissent pas me gêner. Ainsi rassure-toi et n'y pense plus. »

Mlle Primerose embrassa Geneviève, qui lui rendit dix baisers pour un ; elle reprit bientôt son calme et ses leçons.

XVII

GENEVIÈVE FORTEMENT ATTAQUÉE, BIEN DÉFENDUE

Le soir du même jour, Mlle Primerose était seule avec M. Dormère.

« Mon cousin, lui dit-elle, ce n'est pas sérieusement, je pense, que vous avez déclaré à Geneviève vouloir réfléchir au bel habit rouge qu'elle a promis à Rame?

M. DORMÈRE.

Très sérieusement, ma cousine; je ne veux pas que Geneviève se permette de pareils actes d'indépendance. Je suis son tuteur, elle ne doit faire aucune dépense sans mon autorisation. Cet habit est une sottise, un ridicule et une inutilité. Vous en conviendrez, je pense.

MADEMOISELLE PRIMEROSE.

D'abord, mon cher ami, ce n'est pas une sottise, c'est un témoignage de reconnaissance pour les services dévoués de ce fidèle serviteur. Ce n'est pas un ridicule, c'est une élégance permise à un nègre. Ce n'est pas une inutilité, car il n'est jamais inutile de procurer un vif plaisir à un excellent serviteur qui ne demande jamais rien et qui se dévoue du matin au soir au service de ses maîtres. — Vous êtes son tuteur, mais vous ne devez pas être son tyran. Vous ne pouvez pas exiger qu'à chaque dépense faite par elle ou pour elle, elle vienne vous en demander la permission. Avec la fortune qu'elle a et dont elle n'use jamais, vous devez avoir moins de répugnance à lui passer de rares et innocentes fantaisies.

M. DORMÈRE.

Ce qui veut dire que vous trouveriez un refus de ma part une tyrannie révoltante?

MADEMOISELLE PRIMEROSE, *très vivement.*

Certainement, et plus que révoltante, coupable. Et sachez d'avance que si vous lui refusez cette dépense, elle sera faite tout de même, parce que ce sera moi qui la lui payerai. Et sachez bien aussi que tout le monde le saura, que je le raconterai à tous ceux qui vous connaissent; que vous êtes déjà fortement blâmé de votre sévérité à l'égard de cette malheureuse enfant. Tout le pays la connaît, tout le monde l'aime; elle est bonne, elle est pieuse, elle est douce, charitable, jolie, gracieuse, intelligente; elle a toutes les qualités que le père le plus exigeant serait heureux de trouver dans sa fille; vous seul restez froid, indifférent, aveugle devant tant de charmes. Si vous continuez ainsi,

APRÈS LA PLUIE LE BEAU TEMPS

je vous préviens que vous vous perdrez dans l'opinion de tous vos voisins et amis.

M. DORMÈRE.

Mon Dieu, ma cousine, quelle volubilité, quelle

« C'est ainsi que je suis, mon cher! »(Page 196.)

animation et quelle sévérité dans vos jugements! Vous faites d'une niaiserie une affaire importante.

MADEMOISELLE PRIMEROSE.

Niaiserie pour vous, mais pas pour Geneviève, dont la vie d'enfant se compose de petites joies et de petits chagrins, petits pour nous, grands pour elle. En un mot, est-ce oui ou non? Décidez-vous, je lui ai promis la réponse demain matin.

M. DORMÈRE.

Oui, oui, cent fois oui! Si j'avais prévu cette grande colère et ces menaces bien inutiles, j'aurais commencé par consentir à tout. Vous êtes vraiment terrible dans vos mécontentements.

MADEMOISELLE PRIMEROSE.

C'est ainsi que je suis, mon cher! Je prends tout vivement et je ne ménage pas mes paroles, ce qui ne veut pas dire que je n'aime pas les gens!

M. DORMÈRE.

On peut dire, dans ce cas, que vous êtes une terrible amie.

MADEMOISELLE PRIMEROSE.

Terrible peut-être, mais sincère et fidèle. Et à présent, allez vous coucher; je vais en faire autant; il est tard et j'ai beaucoup à faire. Adieu, mon cousin, bonne nuit. Je vous enverrai Geneviève demain. »

Mlle Primerose se retira.

M. Dormère était assez mécontent des reproches de Mlle Primerose; mais il sentit qu'ils étaient justes, et il résolut de changer de procédé quant aux dépenses de Geneviève.

Quand elle entra chez lui le lendemain, il lui parla le premier.

« Mlle Primerose m'a dit, Geneviève, que tu étais inquiète de mon consentement pour l'habit rouge de Rame. Rassure-toi, tu l'auras; et à l'avenir, pour t'éviter l'ennui de me demander des permissions, je donnerai à Pélagie dix mille francs par an pour ta dépense personnelle, pour Rame et Pélagie ; tu t'arrangeras avec ta bonne pour tes charités, ta toilette, les gages de ta bonne, ceux de Rame et son habillement, tes livres, ta musique, toute ta dépense enfin.

GENEVIÈVE.

Je vous remercie bien, mon oncle ; je vais le dire à Pélagie, qui sera bien contente ainsi que ma cousine.

M. DORMÈRE.

Oui, va, ma fille, et habitue-toi à avoir de l'ordre dans tes dépenses. »

Geneviève quitta son oncle en le remerciant, en lui promettant de ne faire aucune dépense déraisonnable, et alla faire part de cette généreuse décision de son oncle à Pélagie et à Mlle Primerose. Elles s'en réjouirent avec elle, et il fut décidé qu'on ferait venir tout de suite le tailleur pour le bel habit rouge de Rame.

XVIII

PORTRAIT DE RAME CORRIGÉ PAR GEORGES

Quand le temps des vacances arriva, M. Dormère revint à Plaisance avec Georges, les mains vides de prix, tandis que le père de Jacques l'emmenait c argé de lauriers; il avait eu des prix dans toutes les compositions, et il avait reçu les compliments et les éloges que méritaient son excellente conduite, son travail persévérant et son exacte obéissance. Cette année il revenait encore une fois l'un des meilleurs élèves de Vaugirard. Geneviève regretta que Georges ne fût pas comme Jacques, mais elle fit son possible pour lui faire le meilleur accueil. Elle lui fit voir ce qu'il ne connaissait pas, et entre autres choses le portrait achevé de Rame.

« Qu'est-ce que c'est que ce vêtement de paillasse? dit Georges en éclatant de rire.

GENEVIÈVE, *embarrassée*.

C'est le bel habit de fête que mon oncle a bien

voulu accorder à Rame; il est si heureux quand il le met, qu'il fait plaisir à voir

GEORGES.

C'est un habit de bouffon, ma chère; je m'étonne que papa ait consenti à une chose aussi ridicule, et que ma cousine Primerose ait bien voulu le peindre ainsi costumé.

GENEVIÈVE.

Ma cousine a fait voir ce portrait à plusieurs personnes du voisinage. Elles l'ont trouvé très beau.

GEORGES.

Il est horrible, ridicule; s'il était à moi, je le couperais en morceaux immédiatement.

GENEVIÈVE.

Heureusement qu'il n'est pas à toi, mais à moi, car ma cousine a bien voulu me le donner.

GEORGES.

Beau trésor à conserver! Tiens, je m'en vais, il me fait mal au cœur à regarder. »

Et il sortit de l'appartement.

Geneviève soupira. « Il est toujours le même, pensa-t-elle; il n'est pas meilleur qu'il n'était. Pourquoi ne ressemble-t-il pas au bon Jacques? Comme je serais heureuse! — Je vais passer de tristes vacances, je le crains bien. »

Elle avait raison, la pauvre enfant; il ne se passait pas de jour qu'elle n'eût à souffrir du mauvais cœur et du mauvais caractère de Georges. Il devenait plus malveillant et plus jaloux de jour en jour. Sans cesse il se plaignait à son père de Geneviève, de Pélagie, de Rame et même de

Mlle Primerose qu'il détestait et qui lui disait ses vérités sans se gêner.

Quelques jours avant la fin des vacances, Georges refusa d'accompagner Mlle Primerose et Geneviève dans une promenade qu'elles allaient faire dans les champs. Rame devait les suivre, comme toujours. — Un quart d'heure après leur départ, Georges entra sans bruit chez Mlle Primerose, retroussa ses manches, prit les pinceaux et la palette chargée de couleurs, grimpa sur une chaise et se mit à barbouiller le portrait de Rame, tout en parlant haut comme si le pauvre nègre pouvait l'entendre :

« Attends, coquin, dit-il, je vais te peindre, moi; je vais te faire des cornes comme à un diable que tu es. — Je vais te barbouiller ton habit de noir. — Là! te voilà bien maintenant! Tu ne seras plus fier et tu ne danseras plus devant ton horrible portrait. — Je suis content d'avoir pu t'arranger ainsi. Il y avait longtemps que j'attendais le moment. »

A peine eut-il fini ce dernier mot, qu'il entendit un cri semblable à un rugissement. Il se retourna avec effroi : il n'y avait personne. Dans les premiers moments de sa frayeur il resta immobile, ne sachant d'où provenait ce cri terrible qui n'avait rien d'humain.

Il se dépêcha de tout mettre en place et il se sauva dans sa chambre, inquiet, écoutant les bruits du dehors. Une demi-heure se passa sans qu'il entendît rien d'alarmant. Enfin un cri suivi de plusieurs autres cris retentit dans le bois. Georges écoutait; les cris se rapprochaient, mais devenaient plus faibles. Enfin des voix confuses s'y mêlèrent; il distingua celle de Mlle Primerose couvrant celle plus douce de Geneviève. Il reconnut aussi la voix de Rame entrecoupée de gémissements. Tout s'apaisa en approchant du château; plusieurs personnes montèrent précipitamment l'escalier et se dirigèrent vers l'appartement de Mlle Primerose.

« Je suis perdu, se dit-il; quelqu'un m'aura vu et aura été avertir la grosse Primerose, la sotte Geneviève et cet imbécile de nègre. — On n'a pas pu me reconnaître, j'espère. — Quand je me suis retourné, il n'y avait plus personne. — Je dirai que ce n'est pas moi. — Ils croiront ce qu'ils voudront; je soutiendrai que je ne suis pas sorti de ma chambre. — Vite un livre devant moi. »

En prenant le livre, il s'aperçut qu'il avait de la couleur aux mains; il se dépêcha de les savonner, de les brosser, jusqu'à ce qu'il ne restât plus de traces de couleur. Mais... on ne pense pas à tout quand la conscience est troublée; il oublia de vider la cuvette colorée de rouge et de noir, et de retourner le bas de ses manches, qui avaient touché à la couleur et qui en avaient en dedans ainsi que les manches de sa chemise. Il reprit son livre et attendit.

Pendant qu'il préparait son mensonge en faisant disparaître les traces de sa méchanceté, Rame, car c'était lui qui avait surpris Georges et qui s'était

« Attends, coquin, je vais te peindre, moi ! » (Page 201.)

enfui en poussant ce cri terrible, Rame sanglotait devant son portrait.

RAME.

Vous venir voir, Mam'selle Primerose, vous voir, petite Maîtresse : pauvre Rame diable, pauvre Rame des cornes, Rame plus habit rouge grand chef. Pauvre Rame ! Rame mourir de chagrin ! »

Geneviève pleurait du désespoir de son pauvre Rame ; Mlle Primerose était consternée.

MADEMOISELLE PRIMEROSE.

Tu es sûr que c'est Georges qui a fait cela ? Tu l'as vu ?

RAME.

« Moi voir Moussu Georges monté sur chaise et faire noir habit. Moi pousser grand cri et courir chercher Mam'selle Primerose et petite Maîtresse. Quoi faire, bonne Mam'selle ? Comment laver ?

MADEMOISELLE PRIMEROSE, *avec joie*.

Laver ! la bonne idée ! Vite, un torchon, de l'huile. Je vais tout raccommoder !

RAME.

Voilà torchon. Comment torchon raccommoder ?

MADEMOISELLE PRIMEROSE.

Tu vas voir. Va vite demander à Pélagie trois vieux chiffons et de l'huile. »

Mlle Primerose décrocha le tableau, le posa sur son chevalet et avec le torchon se mit à enlever la couleur encore toute fraîche du visage, puis de l'habit, et le tout reprit sa couleur ; elle acheva le nettoyage avec les torchons et l'huile qu'apporta Rame. En un quart d'heure il ne restait rien des couleurs de Georges; et celles de dessous, qui étaient bien sèches, reparurent aussi belles qu'auparavant.

Rame témoigna sa joie en se jetant aux genoux de Mlle Primerose et en lui baisant les pieds. Geneviève était enchantée du bonheur de Rame et embrassait Mlle Primerose en la remerciant mille fois.

« A présent, dit Mlle Primerose, je vais me laver les mains; j'irai ensuite raconter à M. Dormère l'abominable méchanceté de son cher Georges, et nous verrons s'il osera la lui pardonner. »

Geneviève, cette fois, ne demanda pas grâce pour son cousin; elle avait été indignée du chagrin qu'il avait causé au pauvre Rame, et elle-même trouvait que Georges méritait une punition sévère.

XIX

FAIBLESSE PATERNELLE

MADEMOISELLE PRIMEROSE, *entrant chez M. Dormère.*

Eh bien, mon cousin, votre Georges vient de faire une jolie méchanceté.

M. DORMÈRE, *souriant.*

A Geneviève sans doute? Il lui a emmêlé un écheveau de laine ou déchiré une robe?

MADEMOISELLE PRIMEROSE.

Non; je ne vous aurais pas dérangé pour si peu de chose; ce n'est pas à Geneviève qu'il a joué un tour abominable, mais à moi.

M. DORMÈRE.

A vous, ma cousine? Comment aurait-il osé? Il y a sans doute quelque erreur.

MADEMOISELLE PRIMEROSE.

Aucune erreur n'est possible, Monsieur, et quant à oser, votre méchant Georges ose tout. Pourquoi n'oserait-il pas? Il sait si bien qu'il n'y a rien à craindre.

M. DORMÈRE.

Mais qu'est-ce donc, ma cousine ? Veuillez m'expliquer....

MADEMOISELLE PRIMEROSE.

Ce sera facile à comprendre. Vous connaissez le portrait que j'ai fait de Rame?

M. DORMÈRE.

Certainement, et peint avec beaucoup de talent. Est-ce que Georges se serait permis de le blâmer?

MADEMOISELLE PRIMEROSE.

Ce ne serait pas un grand crime : d'abord il n'y connait rien et son jugement m'importe peu ; et puis chacun est libre d'avoir son goût.

M. DORMÈRE.

Mais qu'a donc fait Georges? Je ne devine pas en quoi il a pu vous fâcher à propos de ce portrait.

MADEMOISELLE PRIMEROSE.

Il a imaginé d'abimer mon travail qui représentait un homme qu'il déteste, qui appartenait à Geneviève qu'il cherche à chagriner de toutes façons, et qui était fait par moi qu'il n'aime pas davantage. M. Georges est monté sur une chaise après avoir pris ma palette, mes couleurs et mes pinceaux ; il a barbouillé la figure de Rame, il lui a peint deux cornes sur la tête, il a couvert de noir son bel habit rouge ; et pendant qu'il était à ce beau travail, il a été surpris par Rame, qui n'était pas sorti avec nous et qui l'a pris sur le fait ; ainsi il ne pourra pas nier cette fois.

M. DORMÈRE, *irrité.*

Georges a fait cela? Rame est-il bien sûr que ce soit lui?

MADEMOISELLE PRIMEROSE.

Puisqu'il l'a vu, de ses deux yeux vu! Rame a jeté un cri et il a couru dans le parc pour m'avertir; nous sommes revenues avec lui et nous avons tous vu ce que je viens de vous dire.

M. DORMÈRE, *avec colère.*

C'est trop fort, en vérité! Ce n'est pas supportable. Où est-il?

MADEMOISELLE PRIMEROSE.

Je n'en sais rien : vous pensez bien que, se voyant découvert, il n'est pas resté là à m'attendre.. Il se sera sauvé quelque part. »

M. Dormère sortit de son cabinet, suivi de Mlle Primerose, et commença par entrer chez Georges, qu'il trouva, à sa grande surprise, endormi, la tête et les bras appuyés sur son livre.

« Georges! » s'écria M. Dormère.

Georges s'éveilla en sursaut, se frotta les yeux comme quelqu'un qui a peine à les ouvrir et répondit d'une voix endormie :

« Quoi, papa? Je dormais; j'étais fatigué de lire.

M. DORMÈRE.

Pourquoi as-tu abîmé le portrait de Rame peint par ma cousine?

GEORGES.

Abîmé! le portrait de Rame! Moi? Comment? Quand?

M. DORMÈRE.

Tout à l'heure, Monsieur; et Rame vous a vu barbouillant ce portrait.

GEORGES.

Rame! Où donc? Je n'ai pas vu Rame. Je n'ai pas vu le portrait.

M. DORMÈRE.

Vous étiez chez Mlle Primerose quand Rame y est entré.

GEORGES.

Je n'ai pas été chez ma cousine; je ne comprends rien; je ne sais pas ce que vous voulez dire, papa. »

M. Dormère commençait à douter et à regarder Mlle Primerose avec étonnement. La cousine, qui connaissait la fausseté de Georges, s'étonnait aussi, non pas de l'accusation, dont elle ne doutait pas, mais de l'impudence de Georges et du calme avec lequel il niait.

MADEMOISELLE PRIMEROSE.

Comment, Georges, vous osez nier avec autant d'assurance ce que Rame vous a vu faire et ce que j'ai fait?

GEORGES.

Mais qu'est-ce qu'il m'a vu faire? C'est cela que je vous demande, ma cousine.

MADEMOISELLE PRIMEROSE.

Il vous a vu, monté sur une chaise, barbouillant son portrait de noir et de rouge.

GEORGES.

Ah! par exemple! Il n'osera pas le répéter devant moi.

« C'est ce que nous allons voir », dit Mlle Primerose avec indignation.

Elle sortit précipitamment.

M. DORMÈRE, *serrant les deux mains de Georges.*

Georges, je t'en supplie, dis-moi la vérité; à moi seul; à moi ton père, qui t'aime, qui te crois, qui te pardonneras si tu avoues franchement ta faute, laquelle, au total, est plus une espièglerie qu'une méchanceté. Dis-moi, mon fils, est-ce Rame qui s'est trompé en croyant te reconnaître, ou si c'est toi qui me trompes en niant la vérité? »

Georges eut un instant d'hésitation, il fut sur le point d'avouer sa faute, de se jeter au cou de son père dont la bonté le touchait.

GEORGES.

Papa, dit-il, papa, Rame..., Rame s'est trompé; il a pris un autre pour moi. Je vous jure que je ne l'ai pas vu depuis le déjeuner.

— Je te crois, mon ami, je te crois. J'entends ma cousine; je la détromperai, car elle est persuadée que c'est toi.

GEORGES.

Et chassez ce vilain Rame, mon cher papa, qui cherche toujours à me nuire près de vous.

MADEMOISELLE PRIMEROSE.

Voici Rame que je vous amène, mon cousin. Interrogez-le vous-même; vous jugerez après.

M. DORMÈRE.

Rame, quand avez-vous vu Georges et qu'avez-vous vu?

RAME.

Moussu Dormère, moi entrer chez Mam'selle Primerose, moi voir Moussu Georges monté sur grande chaise rouge; lui tenir dans les mains pinceaux, palette à Mam'selle Primerose; moi voir pauvre Rame avec cornes, avec habit laid, noir; moi effrayé voir Rame diable, moi pousser grand cri, et moi courir vite chercher Mam'selle Primerose et petite Maîtresse. Voilà quoi voir moi Rame.

M. DORMÈRE.

Mon cher, Georges n'a pas bougé de sa chambre; vous vous êtes trompé, ce n'était pas Georges.

RAME.

Moi assure moi avoir vu Moussu Georges; moi jure c'était Moussu Georges. Lui faire Rame diable.

M. DORMÈRE.

Et moi je vous dis que vous êtes un menteur et que je ne crois pas un mot de ce que vous dites; et comme je ne veux pas que mon fils soit victime de votre méchanceté, je vous chasse de chez moi et je vous défends d'y jamais rentrer.

« Petite Maîtresse! petite Maîtresse! » s'écria douloureusement le pauvre Rame; et il se jeta aux pieds de Mlle Primerose en implorant sa protection.

GEORGES, *triomphant.*

Et puis, papa, si j'avais peint tout cela, comme dit Rame, j'aurais de la couleur aux mains, et voyez les miennes; elles sont propres et sans couleur. »

Rame restait atterré des paroles de M. Dormère et de l'impudence de Georges. Mlle Primerose n'était pas moins indignée, mais elle n'avait aucune preuve pour justifier le pauvre Rame et démontrer les mensonges de Georges. Se tournant de tous côtés pour trouver quelques traces de couleurs, elle aperçut la cuvette pleine d'eau rouge et noire.

MADEMOISELLE PRIMEROSE.

Qu'est-ce que c'est? il y a de la couleur dans cette eau sale. »

Georges tressaillit et rougit, mais ne répondit pas. Mlle Primerose s'approcha de lui, saisit ses mains et, les regardant attentivement, elle aperçut sous les manches de la veste celles de la chemise qui étaient tachées de noir et de rouge. Elle retourna promptement les manches de drap : le dedans avait de la couleur rouge et noire toute fraîche, la chemise également.

MADEMOISELLE PRIMEROSE.

Qu'est-ce que c'est, monsieur Dormère? Est-ce de la couleur? Qu'en pensez-vous? »

M. Dormère, éclairé sur la vérité, repoussa rudement Georges, qui tomba dans un fauteuil en cachant son visage avec ses mains.

MADEMOISELLE PRIMEROSE.

Parlez, Monsieur Dormère, parlez. Lequel des deux mérite d'être chassé? »

M. Dormère ne répondit pas d'abord, mais, sur l'insistance de Mlle Primerose qui tenait à ce que justice fût faite, il se leva; son visage pâle et altéré répondit par avance à l'interrogation de Mlle Primerose.

« Laissez-moi, de grâce, dit-il, laissez-moi seul

avec Georges. — Reste, toi, continua-t-il en s'adressant à Georges qui cherchait à sortir. Mais, avant de laisser partir ta cousine et Rame, demande-leur pardon. — Tout de suite. — Obéis-moi. — A genoux! » Et, appuyant ses mains sur les épaules de Georges, il le força à se mettre à genoux et à répéter les paroles d'excuses que lui dictait son père.

« A présent, dit M. Dormère, laissez-moi, ma cousine, et emmenez votre pauvre Rame. »

S'approchant de Mlle Primerose, il lui dit très bas :

« Je vous prie, ma chère cousine, de ne parler de tout cela à personne ; et dites à Rame de ne pas en parler dans la maison. »

Mlle Primerose lui serra la main en signe d'assentiment et sortit avec Rame.

Quand M. Dormère resta seul avec Georges, il lui dit avec tristesse :

« Vois, Georges, ce que tu as amené par ton indigne conduite. Au lieu d'expier ta méchanceté par un aveu complet de ta faute, tu mens, tu laisses accuser un domestique auquel je suis forcé de te faire faire des excuses. Oh! Georges, quelle honte pour toi et pour moi! Crois-tu que je n'aie pas partagé ton humiliation? Pourquoi ne m'as-tu pas tout avoué quand je te l'ai demandé avec une tendresse qui aurait dû t'ôter toute crainte? Je ne peux plus te mettre en présence de Mlle Primerose et de Rame, ce malheureux Rame que tu voulais me faire chasser. Ce soir je t'emmène à Paris; nous irons achever les vacances chez un de mes oncles et tu iras continuer tes études à Arcueil, dans le collège des Pères Dominicains. Mais, Georges, réfléchis sur ta conduite, et si tu veux que je te pardonne, promets-moi de ne plus me causer des chagrins qui me rendent si malheureux.

GEORGES.

Oui, papa, je vous le promets; vous serez content de moi à l'avenir, croyez-le. »

M. Dormère embrassa Georges, qui avait retrouvé son calme depuis qu'il se sentait délivré de la crainte d'une punition plus sévère qu'il savait avoir méritée. — Le reste de l'après-midi fut employé à tout préparer pour le départ. Vers cinq heures, la voiture, chargée de leurs malles, alla les attendre sur la grande route; ils prirent le chemin de fer et arrivèrent à Paris deux heures après.

Vers l'heure du dîner, un domestique apporta une lettre pour Mlle Primerose.

MADEMOISELLE PRIMEROSE.

De qui cette lettre, Pierre?

PIERRE.

De Monsieur, qui m'a commandé de la remettre à Mademoiselle à six heures.

MADEMOISELLE PRIMEROSE.

De M. Dormère! Que peut-il avoir à m'écrire? »

Mlle Primerose lut la lettre avec la plus grande surprise. Elle lui annonçait le départ, l'absence de Georges, son entrée au collège d'Arcueil et la résolution de M. Dormère de vivre seul à l'avenir. Il la priait instamment de placer Geneviève dans un pensionnat dont il laissait le choix à sa cousine. Il ajoutait que Ramo devait chercher à se pourvoir d'une place ou d'une occupation quelconque, car il ne rentrerait lui-même à Plaisance que lorsqu'il serait assuré de n'y plus trouver ceux qui avaient occasionné à son fils et à lui-même une humiliation qu'il ne pourrait jamais oublier.

XX

PLAISANCE DEVIENT DÉSERT

La lecture de cette lettre causa à Mlle Primerose une surprise et un mécontentement qu'elle se sentit le besoin impérieux de communiquer à quelqu'un ; elle appela Geneviève et Pélagie.

MADEMOISELLE PRIMEROSE.

Eh bien, chère petite, et vous, Pélagie, voilà du nouveau ! — Une nouvelle incroyable. Savez-vous la sottise que fait mon absurde cousin, le seigneur Dormère ? Il est parti ! parti avec son gredin de Georges.

PÉLAGIE.

Parti ! Pour où donc ? Et pourquoi ?

MADEMOISELLE PRIMEROSE.

Parti pour je ne sais où, ma chère. Et pourquoi ? Il ne le dit pas, mais c'est pour son gredin de Georges, j'en suis sûre.

GENEVIÈVE.

Et quand mon oncle reviendra-t-il ?

MADEMOISELLE PRIMEROSE.

Ah! voilà le plus abominable de l'affaire. Il reviendra quand moi, Pélagie, Geneviève et Rame aurons quitté la maison pour n'y plus revenir.

GENEVIÈVE.

Ah! mon Dieu! il me chasse? il nous chasse tous? Et pourquoi? Qu'avons-nous fait?

MADEMOISELLE PRIMEROSE.

Voilà ce que vous ne savez pas, pauvres infortunées, et ce que je sais, moi. Il nous chasse parce que Georges est, comme je l'ai dit, un gredin, un gueux fieffé, un abominable coquin.

GENEVIÈVE.

Mais qu'a fait Georges? Je ne comprends pas, moi.

PÉLAGIE.

Ni moi non plus; je n'y comprends pas un mot.

MADEMOISELLE PRIMEROSE.

C'est que j'avais gardé le secret d'une scène terrible que nous avons eue chez Georges. »

Mlle Primerose, enchantée de pouvoir se décharger d'un secret, raconta dans tous ses détails, avec les explications les plus accablantes pour Georges, toute la scène qui s'était passée à trois heures. Elle fit partager son indignation à Pélagie et même à Geneviève, que la douleur de Rame avait beaucoup affligée.

GENEVIÈVE, *pleurant*.

Mon Dieu, mon Dieu, qu'allons-nous devenir, mon pauvre Rame, Pélagie et moi? Et vous, ma cousine, qui avez été si bonne pour moi, qui m'avez fait tant de bien, que j'aime tant, vous allez donc nous quitter? Je ne vous verrai plus?

MADEMOISELLE PRIMEROSE, *d'un air décidé*.

Non, non, ma chère petite; sois tranquille; je te verrai, tu me verras, tu verras Rame et Pélagie. J'ai aussi mes petits projets, moi; et je vexerai ce seigneur pacha qui veut nous vexer pour venger son cher fils de la honte qu'il s'est attirée par sa scélératesse. Ah! mon beau cousin! vous voulez nous punir, nous affliger tous du même coup de filet! Du tout, du tout. Je ne vous laisserai pas faire; je suis là, moi. — Voici ce que je vais faire. — Je vais prendre une maison à Auteuil, à la porte de Paris. Je vais m'y installer avec toi, avec Pélagie, Azéma et Rame. Tu iras en pensionnaire externe chez les Dames de l'Assomption; tu mangeras et tu coucheras chez moi; tu seras tranquille, heureuse. Ton oncle enragera, et je me moquerai de lui, je ne perdrai pas une occasion de le faire enrager.

GENEVIÈVE, *l'embrassant*.

Merci, ma bonne cousine, de votre bonne pensée; mais mon oncle le voudra-t-il?

MADEMOISELLE PRIMEROSE.

Il faudra bien qu'il le veuille; j'ai sa lettre qui m'autorise à faire de toi ce que je voudrai. Et je veux cela, moi; il ne peut pas m'en empêcher.

PÉLAGIE.

Mais, Mademoiselle, permettez-moi de vous faire observer que ce sera un établissement bien cher; votre fortune pourra-t-elle suffire à la dépense?

MADEMOISELLE PRIMEROSE.

Soyez tranquille là-dessus, ma bonne Pélagie ; d'abord, j'ai vingt mille livres de rente à moi ; et puis, ne doit-il pas payer, lui, l'entretien de sa pupille ? Je lui ferai payer quinze mille francs par an pour elle et ses gens ; et nous verrons s'il osera les refuser, avec la fortune qu'elle possède. Je suis contente d'avoir trouvé cela. Azéma, Azéma, venez vite ! »

Azéma entra. « Que veut Mademoiselle ?

MADEMOISELLE PRIMEROSE.

Je veux, ma chère, que vous alliez demain matin à Paris. Vous irez à Auteuil ; vous courrez toutes les rues qui se trouvent près du couvent de l'Assomption ; vous entrerez dans toutes les maisons à louer. Il m'en faut une qui puisse contenir une dame avec une petite fille de dix à douze ans, une bonne, une femme de chambre et un domestique ; il faut une salle à manger, un salon, des chambres à coucher, une salle d'étude et le reste.

« Vous comprenez ?

AZÉMA.

Oui, Mademoiselle.

MADEMOISELLE PRIMEROSE.

Si vous trouvez une maison avec un jardin, ce sera mieux.

AZÉMA.

Oui. Mademoiselle.

MADEMOISELLE PRIMEROSE.

Il faut une cuisine, une antichambre, cave à vin, cave à bois, grenier. Vous comprenez ?

AZÉMA.

Oui, Mademoiselle.

MADEMOISELLE PRIMEROSE.

C'est bien, vous prendrez le chemin de fer de sept heures, demain matin ; vous reviendrez le soir ; plus tôt, si vous avez trouvé ce que je vous demande. Vous comprenez ?

AZÉMA.

Ce n'est pas difficile à comprendre, Mademoiselle ; à moins d'être une idiote, ce que je ne suis pas, Dieu merci.

MADEMOISELLE PRIMEROSE.

Vous pourriez vous dispenser de dire tant de paroles inutiles. Un « oui, Mademoiselle » aurait suffi. Mais je ne peux pas vous corriger de cette mauvaise habitude de parler, parler toujours, dire cent paroles pour une.

AZÉMA.

Mais je ne parle pas comme dit Mademoiselle. D'abord cela me serait difficile, car c'est Mademoiselle qui a toujours la parole ; c'est à peine si je puis placer un mot.

MADEMOISELLE PRIMEROSE.

Peut-on s'abuser à ce point ! Moi qui ne parle presque pas, au point que je me reproche souvent de ne pas assez parler.

AZÉMA.

Mademoiselle peut avoir la conscience tranquille sur ce point ; elle parle assez, Dieu merci !

MADEMOISELLE PRIMEROSE.

Vous devenez impertinente, Azéma. Voilà ce que

c'est que de trop parler; on finit toujours par dire des sottises. Comme il est vrai qu'on ne connaît jamais assez ses défauts ! »

Azéma n'osa pas répliquer; elle quitta la chambre. Mlle Primerose expliqua plus longuement ses intentions à Geneviève et à Pélagie, qui chercha vainement à placer quelques mots. Mlle Primerose, excitée par l'irritation qu'elle éprouvait de la conduite de M. Dormère, parla jusqu'au dîner, qui vint heureusement interrompre le bavardage de cette excellente mais bizarre personne.

XXI

ANNÉES DE PENSIONNAT ET DE COLLÈGE

Le projet de Mlle Primerose s'exécuta heureusement ; elle alla voir une maison que lui indiqua Azéma et qui se trouvait tout près de l'Assomption ; les dames du pensionnat consentirent à recevoir Mlle Dormère en externe avec la modification du repas de midi. Geneviève devait arriver à huit heures du matin et ne rentrer chez sa cousine qu'à six heures pour dîner ; elle jouissait ainsi des récréations avec ses compagnes. Rame ou Pélagie la menaient et la ramenaient ; Pélagie était chargée de faire la cuisine.

Geneviève se trouvait parfaitement heureuse. Mlle Primerose la menait chez son oncle une ou deux fois par mois ; elle y rencontrait quelquefois Jacques, qui la voyait aussi chez elle à Auteuil, mais pas Georges, dont les jours de sortie ne s'accordaient pas avec les siens ; ni l'un ni l'autre ne le regrettèrent.

Pendant les sept années que Geneviève passa au couvent, elle n'alla pas une seule fois passer les vacances à Plaisance ; son oncle menait Georges aux eaux et chez des parents ou des amis. Tous les ans Geneviève allait avec Mlle Primerose, Rame et Pélagie, soit aux bains de mer, soit en Suisse, près de Genève, où Mlle Primerose avait une vieille tante qui l'aimait beaucoup et qui avait pris Geneviève en grande amitié

Georges pendant ce temps devenait de plus en plus paresseux, insubordonné et méchant. La première communion, qui avait donné à Geneviève une bonne et solide piété, n'avait produit aucun effet sur le cœur et l'âme de Georges. Quand il quitta son collège d'Arcueil à l'âge de dix-huit ans, son père l'établit à Paris pour achever ses études. Il profita de sa liberté non pour travailler, mais pour dépenser de l'argent et faire des sottises ; il allait souvent au spectacle, il donnait à ses amis des déjeuners et des dîners aux restaurants les plus élégants ; il devenait enfin un dépensier et un mauvais sujet. Malgré les libéralités de son père, il avait des dettes qu'il n'osait pas avouer.

La conduite de Jacques avait été bien différente. Après avoir brillamment fait ses classes au collège de Vaugirard, il travailla avec la même ardeur à passer son examen de bachelier ; il fut reçu avec distinction. Il fit ensuite son droit, passa de brillants examens et fut reçu docteur ès lettres.

Pendant ces dix années il ne négligea jamais sa petite cousine et amie Geneviève et Mlle Primerose.

Au collège il trouvait toujours le temps, à chaque sortie, d'aller passer une heure ou deux avec elles. Et quand il quitta le collège et qu'il eut plus de liberté, il ne passait jamais plus de deux jours sans aller les voir, et il leur consacrait toujours la journée du dimanche; de cette sorte l'amitié des deux enfants ne subit aucune interruption et devint une amitié fraternelle des plus tendres.

Quant à Georges, il n'avait pas vu Geneviève depuis les dix années qu'ils s'étaient séparés à Plaisance; elle avait dix-huit ans, et depuis deux ans elle avait quitté le couvent.

Au bout de ce temps M. Dormère engagea Mlle Primerose et Geneviève à venir passer un mois ou deux à Plaisance.

« Georges y sera aussi, dit-il; vous referez connaissance. Te voilà tout à fait jeune personne, Geneviève; Georges a vingt-trois ans; il n'y a plus à craindre les querelles d'autrefois.

MADEMOISELLE PRIMEROSE.

Nous acceptons avec plaisir, mon cousin. Geneviève désire beaucoup se retrouver à Plaisance; elle sera fort contente d'y trouver son cousin. Mais, mon cousin, j'ai une demande à vous faire.

M. DORMÈRE.

Elle est accordée d'avance, ma cousine.

MADEMOISELLE PRIMEROSE.

Permettez-moi d'amener Rame et Pélagie pour notre service particulier.

M. DORMÈRE, *souriant*

Mais cela va sans dire, ma cousine ; le pauvre Rame peut-il vivre sans « petite Maîtresse? »

On convint d'arriver à Plaisance huit jours après le commencement des vacances, quand Georges serait libéré de ses cours. Geneviève se réjouit beaucoup de l'invitation de son oncle et attendit avec impatience le jour du départ. Rame fut enchanté de se retrouver à Plaisance avec Geneviève, qu'il n'appelait plus *petite Maîtresse*, mais *jeune Maîtresse* ou *jolie Maîtresse*. Geneviève lui avait défendu de l'appeler *jolie Maîtresse*, mais pour la première fois il refusa de lui obéir.

RAME.

Bonne petite Maîtresse, laisser Rame dire *jolie Maîtresse*; vous si jolie ! Tout le monde dire : Oh ! la jolie mam'selle ! oh ! Rame heureux avoir si jolie Maîtresse. Rame fier, Rame content dire : jolie Maîtresse.

GENEVIÈVE.

Fais comme tu voudras, mon pauvre Rame ; mais c'est ridicule, je t'assure.

RAME.

Quoi ça fait à Rame? Moi rire de moqueur ridicule. Moi dire : jolie Maîtresse. »

Tout ce que put obtenir Geneviève fut que Rame ne l'appellerait pas *jolie Maîtresse* en lui parlant à elle-même ou en sa présence.

Quand Geneviève et Mlle Primerose arrivèrent à la station de Plaisance, elles trouvèrent M. Dormère qui les attendait à la gare avec sa voiture ; elles furent très sensibles à cette attention, et l'en remercièrent affectueusement.

M. DORMÈRE.

C'est bien naturel que je vienne vous chercher moi-même pour vous réinstaller chez moi. Georges vous attend à la maison.

GENEVIÈVE.

Je serai bien contente de le revoir, mon oncle; il y a si longtemps que je ne l'ai vu.

M. DORMÈRE.

Lui aussi attend ton arrivée avec impatience. »

Peu d'instants après, elles descendirent de voiture; Georges n'y était pas. M. Dormère en fut contrarié.

« Où peut-il être? dit-il avec un peu d'humeur.

MADEMOISELLE PRIMEROSE.

Mon cher ami, est-ce qu'on sait jamais où sont les jeunes gens? Ils sont toujours où ils ne doivent pas être. Comment vouliez-vous que Georges nous attendît à la porte, planté là, comme une borne? Laissez-le donc faire à sa fantaisie, nous le retrouverons tout à l'heure.

GENEVIÈVE.

Et c'est pour le mieux, mon oncle; nous sommes couvertes de poussière, et si vous permettez, nous monterons chez nous pour nous arranger.

M. DORMÈRE, *l'embrassant.*

Va, ma fille, tu as peut-être raison; un peu de coquetterie féminine ne sied pas mal à une jeune personne.

GENEVIÈVE.

Oh! mon oncle, ce n'est pas par coquetterie ce que j'en dis. Mais je n'aime pas être couverte de fumée de charbon et de poussière.

M. DORMÈRE.

Tu as raison, je te le répète; je vais à la recherche de Georges. »

Pendant que ces dames prenaient le chemin connu de leur appartement et que Pélagie et Rame défaisaient leurs paquets, M. Dormère se mit à la recherche de Georges, qu'il trouva finissant sa toilette dans sa chambre.

M. DORMÈRE.

Que fais-tu donc, Georges? Mlle Primerose et Geneviève sont arrivées; j'avais annoncé que tu les attendais avec impatience, et, au lieu de te trouver au perron, je te trouve faisant ta toilette.

GEORGES.

C'est pour me présenter avec tous mes avantages, mon père. Je ne vois pas pourquoi je me serais assommé à faire le pied de grue devant le perron comme un suisse qui garde la porte. J'aurai tout le temps de les voir pendant les deux mois qu'elles doivent passer ici.

M. DORMÈRE.

Si tu n'es pas plus galant que cela, mon ami, tu feras manquer mes projets.

GEORGES.

Ah! vous avez des projets? Quels sont-ils? Vous ne m'en aviez rien dit.

M. DORMÈRE.

Et je ne t'en aurais pas parlé encore, si je ne voyais que tu commences mal et que tu ne comprends pas

« C'est pour me présenter avec tous mes avantages. »

de quelle importance sont les premières impressions.

GEORGES.

Mais c'est, au contraire, pour que la première impression soit bonne, que je me fais beau pour les éblouir.

M. DORMÈRE.

D'abord tu n'as pas besoin de te faire beau; tu sais très bien que tu es beau naturellement. Geneviève, qui ne t'a pas vu depuis dix ans, te trouveras certainement très beau; mais il s'agit d'être, en même temps, aimable, empressé....

GEORGES.

Ah! c'est Geneviève qu'il s'agit d'éblouir? Pourquoi cela?

M. DORMÈRE.

Parce que mon projet est de te faire épouser Geneviève, qui est un superbe parti.

GEORGES.

Est-elle jolie, agréable, distinguée?

M. DORMÈRE.

Elle est très jolie, pleine de charme et de distinction.

GEORGES.

Comment est-elle? Grande, petite, maigre, grasse, blonde ou brune?

M. DORMÈRE.

Elle est grande, mince, élancée; elle a l'embonpoint nécessaire pour être très bien; elle a des cheveux blond cendré, pas trop blonds, sur la limite du châtain clair; elle a de grands yeux bleu foncé, charmants, doux, vifs et intelligents; des traits fins, un teint charmant, légèrement coloré, de petits pieds, de petites mains blanches et fines, une tournure distinguée; enfin dans toute sa personne il y a un charme, une grâce, une élégance qui en font une des plus charmantes femmes que j'aie jamais vues.

GEORGES.

Quel portrait séduisant! Et quelle fortune a-t-elle?

M. DORMÈRE.

Ses parents lui ont laissé soixante mille livres de rente; depuis je l'ai augmentée de quatre cent mille francs, en plaçant ses revenus.

GEORGES.

Elle a vécu à vos crochets tout ce temps-là?

M. DORMÈRE.

Non, je donnais pour son éducation quinze mille francs par an sur ses revenus.

GEORGES.

Au fait, c'est un joli parti; il vaut la peine qu'on s'en occupe un peu.

M. DORMÈRE.

Mais tu comprends que pour la faire consentir à t'épouser, il faut lui plaire; et que si tu la négliges, tu ne lui plairas pas. N'oublie pas, mon ami, que tu as bien des choses de ton enfance à lui faire oublier ou du moins pardonner.

GEORGES.

Quant à cela, je ne suis pas inquiet; elle est bonne et douce; je suis sûr qu'elle a déjà tout oublié et depuis longtemps.

M. DORMÈRE.

Ne t'y fie pas trop, mon ami; les impressions d'enfance s'effacent difficilement, et celles que tu lui as laissées ne doivent pas t'être favorables.

GEORGES.

C'est bon, c'est bon. Soyez tranquille, mon père; quand elle me verra, ses impressions changeront, j'en réponds.

XXII

GEORGES ET GENEVIÈVE

Georges avait terminé sa toilette; il se regardait avec complaisance dans son armoire à glace, et son air satisfait laissait voir qu'il était sûr de son succès.

Il quitta son père pour aller chez Geneviève; il frappa à la porte; une voix douce lui dit : « Entrez ».

Georges entra et s'arrêta un instant à la porte.

GENEVIÈVE, *courant à lui.*

'C'est toi, Georges? Je suis contente de te revoir! Il y a si longtemps! »

Georges l'embrassa à plusieurs reprises avant de parler. Il semblait ému.

GEORGES, *très ému.*

Geneviève! Ma cousine, ma sœur, avec quel bonheur je te retrouve! J'ai tant pensé à toi! Je suis si heureux de notre réunion!

Il s'arrêta, regarda autour de lui et continua d'un air pénétré :

« Cette chambre me rappelle des souvenirs bien pénibles. C'est ici que j'ai commis une action dont le souvenir et la honte m'ont si longtemps poursuivi. Je sentais si bien que j'avais mérité ton mépris!

GENEVIÈVE.

Comment! tu y penses encore depuis tant d'années? Quelle folie, Georges! Crois-tu que je te juge sur les actes de ton enfance, que j'aie pu t'en conserver de la rancune? Tout cela me revient comme un rêve. Il faut que tu l'oublies comme moi et que nous commencions une nouvelle vie d'amitié sans nous souvenir du temps de notre enfance. »

Mlle Primerose entra; Georges s'avança vivement vers elle et l'embrassa avec tendresse.

MADEMOISELLE PRIMEROSE, *étonnée*.

Tu m'aimes donc, toi? Je croyais que tu me détestais toujours.

GEORGES, *avec animation*.

Moi, vous détester? Ah! ma cousine, ne me jugez pas d'après mon triste passé; depuis des années je désire vous revoir, vous renouveler volontairement les excuses que mon père m'a forcé de vous faire la dernière fois que je vous ai vue; j'attendais avec impatience le jour où nous nous retrouverions dans cette même demeure où vous m'avez connu si méchant.

MADEMOISELLE PRIMEROSE, *froidement*.

Tout cela est très bien, mon ami. Mais pourquoi alors n'es-tu pas venu me voir à Auteuil?

GEORGES.

Hélas! ma cousine, mes journées étaient si occupées; des cours à suivre, des examens à préparer; il ne me restait plus de temps pour mes amis.

MADEMOISELLE PRIMEROSE, *d'un ton moqueur*.

Laisse donc! Crois-tu que j'ignore tes déjeuners, tes dîners fins, tes spectacles, tes parties de plaisir? Voyons, finissons cette comédie; je n'ai pas dix-huit ans comme Geneviève; ne joue pas l'attendrissement, le repentir. Je devine ce que tu veux; tu ne l'auras pas, c'est moi qui te le dis. — Laisse-nous finir nos petits arrangements; nous irons te rejoindre au salon à l'heure du dîner. »

Georges ne répondit pas et sortit fort irrité contre la cousine Primerose, qui lui inspirait la même antipathie que dans son enfance.

« Si on pouvait l'éloigner, pensa-t-il, la faire partir! Cette vieille folle dérangera les projets de mon père, et je n'aurai pas Geneviève. Et cette petite sotte qui ne me défend pas, qui ne dit pas un mot en ma faveur! Mais elle est jolie, très jolie; elle a quatre-vingt mille livres de rente; il faut absolument qu'elle consente à devenir Mme Dormère. »

Georges alla raconter à son père son insuccès près de Mlle Primerose.

« Figurez-vous, mon père, dit-il en terminant son récit, qu'elle a eu la méchanceté de rappeler le mauvais tour que je lui ai joué en barbouillant le portrait de son horrible nègre. Je ne savais quelle contenance tenir. C'est désagréable cela.

M. DORMÈRE.

Et Geneviève, comment t'a-t-elle reçu?

GEORGES.

Très bien, très amicalement; elle ne pense à rien, elle; elle a tout oublié.

M. DORMÈRE.

C'est l'important. Sois aimable pour elle : elle t'aimera.

GEORGES.

Je ne demande pas mieux, moi. Mais si jamais je l'épouse, je mets à la porte cette vieille cousine, et je défendrai à Geneviève de la voir.

M. DORMÈRE.

Nous n'en sommes pas encore là, mon ami. Commence par plaire à la petite.

GEORGES.

Je ferai mon possible; vous pouvez y compter. Elles vont descendre; l'heure du dîner approche. »

M. Dormère et son fils passèrent au salon, où ils attendirent ces dames.

Au premier coup de cloche, Mlle Primerose et Geneviève descendirent. Après avoir dit quelques mots à son oncle, Geneviève s'approcha de Georges, qui se tenait un peu à l'écart en examinant attentivement sa cousine.

GENEVIÈVE.

Tu as perdu l'habitude des accès de franchise de notre cousine, mon pauvre Georges; tu as l'air un peu préoccupé; ne lui garde pas rancune, je t'en prie, et surtout ne pense pas que je partage ses ressentiments sur ton long oubli. C'était tout naturel; nous vivions si séparés : moi petite fille, toi jeune homme déjà et occupé d'études sérieuses.

GEORGES.

Je te remercie de me rassurer sur tes sentiments à mon égard; mais ce n'était pas à ma cousine Primerose que je pensais. C'est à toi dont j'admirais la grâce, l'élégance, la distinction. Je ne t'avais pas bien vue ce matin, tant j'étais saisi; à présent que je te vois mieux, je comprends qu'on ne se lasse pas de te voir et de t'entendre. Jusqu'au charme de la voix, tout y est.

GENEVIÈVE, *sérieusement*.

Georges, ne dis pas de ces folies dont je n'ai pas l'habitude et qui me déplaisent.

GEORGES.

Pourquoi te déplaisent-elles?

GENEVIÈVE.

Parce que je n'aime pas l'exagération, même quand elle est à mon profit. Ne sois pas comme un *monsieur* avec une *demoiselle* étrangère; soyons comme des anciens quoique jeunes amis, sans cérémonie comme on doit l'être entre frère et sœur.

GEORGES.

Puisque tu le veux, je tâcherai; mais tu ne me défends pas de te regarder?

GENEVIÈVE.

Oh! quant à cela, tant que tu voudras : cela ne me fait rien du tout.

GEORGES.

Et tu me permettras d'aller chez toi, de causer

avec toi, toutes les fois que je pourrai me reposer de mon travail?

GENEVIÈVE.

Tant que tu voudras, mon ami, comme du temps de notre enfance. Je ne me gêne pas avec toi; si j'ai à lire, ou à écrire, ou à peindre, tu ne me dérangeras en aucune façon. — Mais où est donc mon oncle?

GEORGES.

Il est sans doute allé faire voir à ma cousine Primerose les changements qu'il a faits à son cabinet de travail, qui n'est plus dans sa bibliothèque.

GENEVIÈVE.

Ah! Où est-il à présent?

GEORGES.

A côté, dans ce qui faisait ma chambre.

GENEVIÈVE.

Et toi, où es-tu?

GEORGES.

Dans un appartement qu'il a fait arranger pour moi dans l'ancienne serre, qui touchait à la bibliothèque.

GENEVIÈVE.

Je n'ai encore rien vu de tout cela; après dîner, nous irons nous promener et voir les changements dont tu parles.

GEORGES.

Je suis à tes ordres, quand et comme tu voudras. »

Le dîner fut annoncé. M. Dormère et Mlle Primerose rentrèrent dans le salon et on se mit à table. Geneviève fut très gaie, très animée; elle avait perdu la crainte que lui donnait jadis la présence de son oncle. M. Dormère était émerveillé de l'esprit, de l'amabilité de sa nièce, dans laquelle il cherchait vainement la petite fille craintive et la pensionnaire timide d'autrefois; il la trouvait charmante, et il était heureux de penser que cette jeune personne accomplie serait un jour sa belle-fille.

Mlle Primerose était contente du succès qu'obtenait sa jeune cousine, qu'elle avait si bien dirigée et qui lui devait une grande partie de ce qu'elle était. Georges parlait peu; il redoutait les railleries et la clairvoyance de Mlle Primerose et se contentait de ne pas quitter Geneviève des yeux et d'applaudir à toutes ses paroles.

Après dîner, on fit une longue promenade, après laquelle Mlle Primerose fit la partie de piquet avec M. Dormère, pendant que Geneviève crayonnait dans son album, tout en causant avec Georges.

« Sais-tu dessiner? lui demanda-t-elle.

GEORGES.

Non, pas beaucoup; assez pour faire des figures d'algèbre et de mathématiques et pour lever un plan.

GENEVIÈVE.

Mais c'est très utile cela. Aimes-tu la musique? Joues-tu d'un instrument quelconque?

GEORGES.

Non, je n'ai jamais eu le temps de me laisser aller à mon attrait pour la musique.

GENEVIÈVE.

C'est dommage! La musique est une bien agréable distraction. »

La soirée se passa ainsi sans ennui ; les jours suivants furent variés par quelques voisins que M. Dormère avait invités pour leur présenter sa nièce. Mme de Saint-Aimar fut la première à accourir avec Hélène et Louis ; les amis d'enfance se revirent avec joie; Mme de Saint-Aimar fit mille compliments à M. Dormère et à son ancienne amie Cunégonde Primerose de la beauté, de la grâce, du charme de Geneviève.

MADAME DE SAINT-AIMAR.

En vérité, monsieur Dormère, vous devez être fier de votre nièce, et toi, Cunégonde, de ton élève, car c'est toi qui l'as élevée.

MADEMOISELLE PRIMEROSE, *gaiement*.

Oui, c'est bien moi, et moi seule. Sans moi mon cousin aurait eu une petite pensionnaire gauche, timide, ignorante ; car vous vous rappelez, mon cher, qu'elle ne savait rien que lire, un peu écrire et compter jusqu'à cent quand vous me l'avez donnée. *Donnée* est le mot, car il ne s'en est pas plus occupé que d'un vieux chien. Ah! mais il n'y a pas à froncer les sourcils! C'est comme je vous le dis. Osez nier que c'est moi qui l'ai débrouillée, que c'est moi qui ai inventé de m'établir à Auteuil, de la mettre demi-pensionnaire à l'Assomption, de lui donner de bons maîtres de musique, de dessin, de littérature, d'allemand, d'italien. C'est-il vrai cela, mon beau cousin? Dites.

« Sais-tu dessiner? » demanda-t-elle. Page 36.)

M. DORMÈRE.

Très vrai, ma cousine, très vrai; je ne l'ai jamais contesté. Je n'aurais certainement pas si bien réussi, et je conviens avec grande reconnaissance et satisfaction que vous avez fait une œuvre admirable.

MADEMOISELLE PRIMEROSE.

Avec l'aide du bon Dieu et de Geneviève elle-même, qui avait une riche nature : esprit, bonté, douceur, elle avait tout. Je n'ai eu qu'à développer et entretenir.

MADAME DE SAINT-AIMAR.

Et la beauté que tu oublies, Cunégonde?

MADEMOISELLE PRIMEROSE.

Oh! la beauté est agréable, mais ce n'est pas elle qui fait le bonheur.

MADAME DE SAINT-AIMAR.

Et maintenant qu'elle a dix-huit ans, pensez-vous à la marier, monsieur Dormère?

M. DORMÈRE.

Non, pas encore; dans un an ou deux. »

Mme de Saint-Aimar parut satisfaite de cette réponse; elle avait depuis dix ans songé à marier Louis avec Geneviève et Hélène avec Georges.

M. Dormère sortit un instant pour donner des ordres à quelqu'un qui l'attendait; les deux amies restèrent seules.

MADAME DE SAINT-AIMAR.

Cunégonde, tâche de faire rencontrer le plus souvent possible Geneviève avec Louis : je voudrais tant qu'elle devînt ma belle-fille! elle est charmante, très riche ; ce serait un excellent mariage pour Louis.

MADEMOISELLE PRIMEROSE.

Il faut que ces choses viennent toutes seules, Cornélie ; je sais que depuis leur enfance tu entretiens ce projet. Et un autre aussi pour Hélène et Georges ; mais si tu pousses à la roue, tu feras manquer les deux.

MADAME DE SAINT-AIMAR.

Qui t'a dit que j'y songe depuis longtemps et que j'y pousse maladroitement ? C'est une pensée qui m'est venue en retrouvant Geneviève si charmante.

MADEMOISELLE PRIMEROSE.

Ta, ta, ta, je te connais et je t'ai devinée depuis des années.

MADAME DE SAINT-AIMAR.

Et au lieu d'y aider, tu vas contrarier mon projet ?

MADEMOISELLE PRIMEROSE.

Je ne contrarierai rien du tout, ma chère ; Louis est un charmant jeune homme, et je serais très heureuse de lui voir épouser Geneviève. Mais d'autres ont aussi des projets, et ceux-là, par exemple, je n'y aiderai pas, au contraire.

MADAME DE SAINT-AIMAR.

Qui donc ? Est ce que quelqu'un se présente ?

MADEMOISELLE PRIMEROSE.

Personne ne se présente encore, mais on prépare l'affaire.

MADAME DE SAINT-AIMAR.

Qui donc et avec qui ? Pense donc que je suis ta

plus ancienne amie; tu peux bien me confier ce que tu en sais.

MADEMOISELLE PRIMEROSE.

Écoute; mais promets-moi le secret le plus absolu.

MADAME DE SAINT-AIMAR.

Je te le jure.

MADEMOISELLE PRIMEROSE.

Eh bien, apprends que M. Dormère garde Geneviève pour Georges.

MADAME DE SAINT-AIMAR.

Georges! son cousin germain! qu'elle ne pouvait souffrir, à cause de ses méchancetés! Georges dont tu m'as dit un mal sérieux et qui, m'a-t-on dit, fait sottises sur sottises depuis qu'il a quitté le collège.

MADEMOISELLE PRIMEROSE.

Tout cela n'empêche pas que le père, qui est resté aveugle sur le compte de son fils, et qui sait que Geneviève a une fortune considérable, qu'elle fera un très bel effet dans sa maison comme sa belle-fille, ne soit très décidé à ne la marier qu'avec Georges et qu'il refusera son consentement pour tout autre mariage.

MADAME DE SAINT-AIMAR.

Mais si Geneviève refuse Georges? si elle aime mon fils, il faudra bien que M. Dormère consente. Et dans tous les cas, quand elle aura vingt et un ans, elle épousera qui elle voudra.

MADEMOISELLE PRIMEROSE.

Je t'ai prévenue, n'est-ce pas? Fais maintenant

comme tu voudras, mais prends garde de risquer le bonheur du pauvre Louis. Ne lui en parle pas c'est plus sage, et cela n'empêchera pas ce qui doit arriver. »

Mme de Saint-Aimar ne répondit pas; elle resta pensive et garda son idée, tout en retardant l'exécution.

XXIII

ÉVÉNEMENT FATAL

Quinze jours se passèrent sans aucun changement dans aucune des situations ; seulement Geneviève, ennuyée des assiduités de Georges et des compliments exagérés qu'il lui adressait, commença à l'éviter autant qu'elle le pouvait sans blesser son oncle ni Georges lui-même. Elle témoignait au contraire une grande tendresse à M. Dormère et cherchait à se rendre aussi utile que possible.

Un jour qu'il parlait de mettre de l'ordre dans sa bibliothèque et de la fatigue que lui causait ce travail, auquel Georges avait refusé de prendre part, elle proposa à son oncle de l'aider. M. Dormère accepta son offre avec plaisir. Ils commencèrent à ranger les livres d'après une nouvelle nomenclature. La bibliothèque contenait cinq à six mille volumes. Ils occupaient à peu près la moitié de la pièce, et ils en étaient séparés par des arcades formées par quatre grosses colonnes; les premières colonnes de chaque bout étaient appliquées contre le mur, qui formait encore un renfoncement d'un mètre au moins, de sorte qu'une personne qui rangeait les livres dans ces compartiments s'y trouvait complètement masquée.

Un matin, M. Dormère et Geneviève travaillaient activement à changer de tablettes les volumes mal placés. M. Dormère lisait les noms de ces volumes et les présentait à Geneviève, qui les rangeait dans le renfoncement, un peu obscur, à un des bouts de la bibliothèque, lorsqu'on frappa à la porte; M. Dormère l'ouvrit et vit entrer le clerc de son notaire.

LE CLERC.

Je vous apporte, Monsieur, les vingt-cinq mille francs que vous avez demandés à M. Merville.

M. DORMÈRE.

Ah! très bien; je les attendais pour payer la bâtisse que j'ai fait faire l'année dernière pour mon fils. Veuillez compter les billets que je recevrai et dont j'ai le reçu tout préparé. Pardon si je vous reçois en homme pressé; je le suis en effet, parce que j'ai un travail à finir. »

Le clerc de notaire tira de son portefeuille les billets de banque; ils étaient en deux paquets de dix et un de cinq; il les remit à M. Dormère, qui lui en donna le reçu sans les avoir recomptés, le salua et sortit. M. Dormère déposa le paquet sur le bureau, et reprit son travail avec Geneviève, qui attendait dans son renfoncement. Ils rangèrent encore pendant une demi-heure.

Un domestique vint frapper à la porte.

M. DORMÈRE.

Qu'est-ce que c'est? Entrez.

LE DOMESTIQUE.

La note du menuisier; il attend dans le vestibule la réponse de Monsieur.

M. DORMÈRE.

Donnez. — (M. Dormère examina la note.) — Faites-le passer dans mon cabinet. Je vais lui parler. »

Le domestique sortit.

M. DORMÈRE.

Geneviève, je te laisse; il faut que je revoie cette note avec le menuisier; il me porte des prix exorbitants. Si je n'ai pas fini dans une demi-heure, tu pourras t'en aller, mais tu retireras la clef de la bibliothèque, à cause de l'argent que je laisse sur la table.

GENEVIÈVE.

Oui, mon oncle; soyez tranquille, je ne l'oublierai pas. »

M. Dormère sortit; Geneviève resta seule. Peu d'instants après, elle entendit un léger bruit à la porte; elle regarda par la fente qui existait entre la colonne et le mur et vit Georges qui passait la tête et qui appelait son père. N'entendant pas de réponse, il entra.

GEORGES, *se parlant à lui-même.*

Tiens, ils sont sortis. Je croyais Geneviève ici avec mon père. — Tant mieux, au reste; je commence à m'ennuyer de faire la cour à cette petite fille qui me bat froid depuis quelques jours. Mais je ne veux pas la lâcher; avec l'aide de mon père, il faudra bien qu'elle m'épouse et me rende maître de ses quatre-vingt mille livres de rente. — Avec cela j'ai des dettes qui m'ennuient. Je dois bien six à sept mille francs ; et comment les payer? Mon père serait furieux s'il le savait. Je vais l'attendre pour lui faire presser le mariage. C'est pourtant ennuyeux de m'enchaîner si jeune; mais il le faut. J'ai besoin d'argent. »

Tout en se parlant à lui-même, Georges s'approcha du bureau et aperçut les billets de banque.

« Tiens! que de billets! Combien y en a-t-il donc ? » Il compta les billets.

« Vingt-cinq! Que je serais heureux d'avoir tout cela! — Mais quelle imprudence de les laisser traîner dans une pièce où tout le monde peut entrer. — Le premier venu peut les emporter.... Et on ne saurait seulement pas qui les a pris.... C'est pourtant vrai.... Si j'en prenais quelques-uns?... Mon père ne s'en apercevrait pas.... Il ne sait seulement pas combien il y en a.... Il n'a pas beaucoup d'ordre, ce cher papa.... Si je lui donnais une leçon! Il serait plus soigneux à l'avenir.... Et puis ne suis-je pas son fils unique? Tout ce qu'il a m'appartient. Je ne ferai de tort à personne. »

Georges regarda encore autour de lui ; ne voyant personne, n'entendant d'autre bruit que les battements précipités de son cœur, il prit les billets, en fit un paquet de dix, qu'il cacha dans la poche de son habit, remit le reste en un seul paquet sur le bureau et sortit sur la pointe des pieds, tremblant d'être rencontré.

Il rencontra en effet dans le corridor Mlle Primerose, qui l'arrêta, il la regarda d'un air effaré.

Il prit les billets.

MADEMOISELLE PRIMEROSE.

Où vas-tu comme cela à pas précipités? Qu'as-tu donc? Tu as un air tout bouleversé! Où est Geneviève? Lui serait-il arrivé quelque chose?

GEORGES, *effaré.*

Quoi? Qui? Quoi arrivé?

MADEMOISELLE PRIMEROSE.

Je n'en sais rien; mais tu as quelque chose d'extraordinaire! Es-tu malade?

GEORGES.

Non,... oui,... je ne sais pas,... je ne me sens pas bien. Je vais dans ma chambre.

MADEMOISELLE PRIMEROSE.

Viens chez moi, que je te fasse prendre quelque chose. En effet, tu es tout pâle.

GEORGES.

Non, non, merci,... merci, ma cousine; ce n'est rien.... J'ai trop travaillé.... Je vais me reposer jusqu'au déjeuner. »

Georges la quitta en pressant le pas, rentra chez lui et s'enferma dans sa chambre.

« Dieu! que j'ai eu peur! Quel guignon d'avoir rencontré cette assommante femme! Dieu sait ce qu'elle va dire à mon père. — Pourvu qu'il ne soupçonne rien. Cette femme est si bavarde.... Heureusement que j'ai le temps de me préparer. »

Pendant que Georges se préparait, en effet, à répondre à tout, la malheureuse Geneviève était plus morte que vive; elle avait tout vu, tout deviné d'après quelques mots échappés à Georges, et plus elle entendait et voyait, plus elle tremblait d'être enfin aperçue; elle retenait sa respiration, elle comprimait les battements de son cœur, le tremblement de ses membres. Enfin, quand elle vit la porte se refermer, qu'elle entendit les pas de Georges qui s'éloignait, elle sortit du coin obscur où elle s'était cachée et chercha à gagner un fauteuil; elle y parvint malgré ses genoux tremblants qui se dérobaient sous elle et elle tomba presque inanimée dans ce fauteuil.

« Quel monstre! se dit-elle. Voler son père! ce père si bon pour lui, si indulgent!... — Et mon oncle, que va-t-il penser quand il s'apercevra qu'il lui manque dix mille francs? Pourvu qu'il ne croie pas.... » Et, se levant précipitamment à cette pensée qu'elle pourrait être accusée du vol, elle poussa un cri d'horreur et retomba en faiblesse. Elle se remit promptement de son effroi. « Mon Dieu, mon Dieu, protégez-moi! s'écria-t-elle. — Mon Dieu, vous ne permettrez pas que mon oncle ait cette horrible pensée!... Non, non, c'est impossible!... Impossible! » répéta-t-elle.

S'apercevant alors qu'elle se trouvait dans le fauteuil occupé par Georges quelques instants auparavant, elle le quitta brusquement, s'élança hors de la bibliothèque, mais elle eut encore assez de réflexion pour fermer la porte à double tour et en retirer la clef, qu'elle emporta dans sa poche.

Elle rentra dans sa chambre et fondit en larmes.

« Que faire? dit-elle. Que répondre à mon oncle? Je ne veux pas lui dénoncer son fils; oh non! plutôt mourir que dire à un père : « Votre fils que « vous aimez est un voleur, un scélérat ». A qui demander conseil? Je n'ai personne, personne. Oh! Jacques, où est-il? Pourquoi n'est-il pas ici pour me protéger comme dans mon enfance? Voilà un cœur honnête, une âme élevée, généreuse, tout le contraire de cet infâme Georges. Il me donnerait un bon conseil. Que faire, mon Dieu? que faire? Je ne peux pas rester ici, en présence de ce misérable.... Je ne peux pas m'en aller.... Sous quel prétexte? Que dirait ma cousine qui se trouve si bien ici?... Lui avouer tout, serait le dire à toute la terre.... Non, elle ne doit rien savoir. »

XXIV

SCÈNE TERRIBLE

Geneviève, voyant approcher l'heure du déjeuner, se lava les yeux, but un peu d'eau fraîche, pria ardemment le bon Dieu, la sainte Vierge, son bon Ange de venir à son secours et se sentit un peu remise.

Le déjeuner fut sonné. Geneviève descendit au salon; elle y trouva réunis son oncle, sa cousine et Georges souriant et empressé. Elle eut besoin de toute sa force pour ne pas laisser paraître l'horreur qu'il lui inspirait.

Mlle Primerose ne tarda pas à s'apercevoir du trouble de Geneviève.

MADEMOISELLE PRIMEROSE.

Qu'as-tu, ma petite? Tu es pâle, tu as les yeux rouges.

GENEVIÈVE.

Je n'ai rien, ma cousine, qu'un peu mal à la tête; le repos le fera passer.

M. DORMÈRE.

Pourvu que ce ne soit pas la fatigue de notre travail de bibliothèque qui t'ait fait mal! A propos, as-tu pensé à retirer la clef en t'en allant?

GENEVIÈVE.

Oui, mon oncle; la voici, ajouta-t-elle en la lui remettant.

M. DORMÈRE.

Comme ta main tremble, ma pauvre enfant! Tu es réellement indisposée.

GENEVIÈVE.

Ce ne sera rien, mon oncle; ne vous en inquiétez pas. »

Georges la regarda d'un air étonné. Il lui offrit un verre de vin; elle le repoussa avec un regard qui le troubla.

GEORGES

T'es-tu fatiguée avant le déjeuner, Geneviève? Réponds-moi. Ta pâleur m'effraye.

GENEVIÈVE.

Je vous dis que ce ne sera rien. Ce sera passé après déjeuner.

GEORGES.

Que veut dire cela? pensa Georges. Elle ne me tutoie pas; elle m'a regardé d'un air.... Se douterait-elle de quelque chose?... Aurait-elle vu?... C'est impossible; il n'y avait personne.... J'étais seul. Et puis, quand même elle se douterait de quelque chose, elle est bonne, et elle ne le dirait pas.... D'ailleurs mon père ne le croirait pas. »

Georges acheva de se rassurer en se confirmant

dans la certitude que personne ne pouvait l'avoir vu, puisqu'il était seul.

Le déjeuner parut à Geneviève d'une longueur insupportable. Mlle Primerose l'observait avec attention et inquiétude. On sortit enfin de table et on passa au salon. M. Dormère sortit en disant :

« Je vais à la bibliothèque pour serrer l'argent que m'a apporté le notaire ; il faut que je paye le menuisier ; il m'a apporté une note de plus de trois mille francs et il m'attend en déjeunant. »

Aussitôt que M. Dormère fut sorti, Mlle Primerose, qui se doutait que Georges était pour quelque chose dans le trouble de Geneviève, s'approcha de lui et lui dit à mi-voix :

« Georges, qu'a Geneviève? Je parie que tu lui as dit quelque sottise que tu ne devais pas lui dire,

GEORGES.

Moi, ma cousine ; je ne l'avais pas encore vue aujourd'hui. Je suis, comme vous, inquiet de son état, mais sans en connaître la cause.

MADEMOISELLE PRIMEROSE.

Parle-lui ; demande-lui qu'elle te le dise ; peut-être aura-t-elle plus de confiance en toi qu'en nous autres. »

Georges s'approcha de Geneviève, assise ou plutôt tombée dans un fauteuil. Il voulut lui prendre la main ; elle la retira vivement.

GENEVIÈVE.

Ne me touchez pas ; je vous le défends.

GEORGES.

Ah! Geneviève, quel chagrin tu me causes par

ces dures paroles. A moi, ton cousin, ton ami, peut-être mieux encore.

GENEVIÈVE.

Je vous ai défendu de me toucher, Monsieur; je vous défends encore de me tutoyer. Vous n'êtes et ne serez jamais pour moi que ce que je ne puis empêcher, un cousin.

GEORGES.

Mais, Geneviève, au nom du ciel, dis-moi ce que tu as contre moi pour me traiter ainsi. »

Avant que Geneviève eût pu répondre, M. Dormère rentra fort troublé.

M. DORMÈRE.

Geneviève, te souviens-tu du montant de la somme que m'a apportée le clerc du notaire?

GENEVIÈVE.

Oui, mon oncle; c'était vingt-cinq mille francs.

M. DORMÈRE.

Figure-toi que je n'en trouve plus que quinze mille. »

Geneviève ne répondit pas.

M. DORMÈRE.

Geneviève,... quelqu'un est-il entré pendant que tu étais seule dans la bibliothèque? »

Geneviève ne répondit pas.

M. DORMÈRE.

Geneviève, que veut dire ce silence? Je t'adjure de me dire si quelqu'un est entré dans la bibliothèque après que j'en suis sorti.

GENEVIÈVE, *d'une voix éteinte*.

Oui, mon oncle.

M. DORMÈRE.

Qui était-ce?

GENEVIÈVE, *de même*.

Je ne puis vous le dire, mon oncle.

M. DORMÈRE, *irrité*.

Comment, tu ne peux pas me le dire? Tu dois me le dire; je veux que tu me le dises.

GENEVIÈVE.

Je ne dois pas et je ne veux pas vous le dire, mon oncle.

M. DORMÈRE, *de même*.

Tu veux donc te faire complice de ce vol en refusant de me nommer le voleur?

GENEVIÈVE.

Moi, complice d'un vol! Moi! Oh! mon oncle!

M. DORMÈRE.

Écoute. Encore une question à laquelle tu dois répondre sous peine de me faire porter plainte contre ce clerc qui a déposé les billets sans que je les aie recomptés après lui.

GENEVIÈVE.

Pauvre homme! il est bien innocent. Il est parti après avoir compté et déposé les vingt-cinq billets sur votre table.

M. DORMÈRE.

Crois-tu que les dix billets qui me manquent aient été pris par la personne que tu as vue entrer?

GENEVIÈVE, *après quelque hésitation*.

Oui, mon oncle.

M. DORMÈRE.

L'as-tu vue les prendre, les emporter?

GENEVIÈVE.

Oui, mon oncle, après les avoir comptés.

M. DORMÈRE.

Et tu ne veux pas me la nommer? Tu veux me laisser soupçonner tous les gens de ma maison, plutôt que de dévoiler un misérable, un voleur, qui me volera encore probablement. »

Geneviève ne répondit pas.

Pendant cet interrogatoire Georges était plus mort que vif. Il comprenait enfin que Geneviève avait tout vu et entendu, et qu'un mot d'elle pouvait le perdre à jamais près de son père; il tremblait qu'elle ne prononçât ce mot; sa fermeté le rassura un peu, mais ne finirait-elle pas par céder devant une insistance à laquelle pouvaient se joindre de la colère et des menaces!

Un silence, effrayant pour le coupable, dura quelques minutes; après quoi M. Dormère, se tournant vers Mlle Primerose et Georges, leur dit d'une voix très agitée :

« Ma cousine, Georges, faites-lui comprendre qu'en voulant faire de la générosité, elle fait un mal réel; comment puis-je vivre tranquille sachant que j'ai dans ma maison un voleur, un assassin peut-être, car il n'y a pas loin d'un vol aussi impudent à un meurtre? Et comment puis-je faire à des gens honnêtes, à d'anciens serviteurs comme Rame, Julien, Pierre et les autres, l'injure et l'injustice de les soupçonner, de les chasser, pour une action si vile, si abominable? — Je ne puis pourtant pas rester dans cette incertitude; parlez-lui, faites-lui comprendre la faute qu'elle commet. »

Mlle Primerose s'approcha de Geneviève, la pria, la supplia de parler, de nommer le voleur. Geneviève résista à toutes les supplications; elle pleura, elle sanglota en embrassant sa cousine qui pleurait avec elle, mai. elle persista dans son refus.

M. Dormère, outré de cette inexplicable persistance, dit avec colère :

« Eh bien, Mademoiselle, puisque vous vous obstinez à taire un nom qu'il vous serait si facile de prononcer, je vais prendre un moyen qui me répugne, mais auquel vous me forcez d'avoir recours : je vais de ce pas déposer ma plainte et mettre l'affaire entre les mains du procureur impérial.

Et il s'avança vers la porte. Geneviève poussa un cri, s'élança vers lui, se jeta à ses genoux en lui barrant le passage et s'écria :

« Au nom de Dieu, au nom de tout ce qui vous est cher, n'exécutez pas votre menace. Mon oncle, écoutez-moi, voyez-moi, la fille du frère que vous aimiez, prosternée à vos pieds, vous suppliant de ne pas salir l'honneur de votre maison.

M. DORMÈRE.

Ma maison? En quoi ma maison serait-elle entachée par une plainte en justice? Ma maison! »

Il réfléchit un instant; un sentiment de colère se peignit sur son visage; repoussant Geneviève avec une violence qui la fit tomber la face contre terre, il s'écria :

« Malheureuse! c'est ton Rame! Je le chasse! je le livre aux tribunaux!

GENEVIÈVE.

Rame! Rame! Mon Dieu, ayez pitié.... »

Geneviève n'acheva pas et perdit connaissance.

« Vous êtes cruel, Monsieur! s'écria à son tour Mlle Primerose, en relevant Geneviève et en la posant sur un canapé.

M. DORMÈRE.

Cruel! cruel envers une malheureuse qui se rend complice d'un vol pour sauver un misérable!

MADEMOISELLE PRIMEROSE.

Ne flétrissez pas de ces accusations un ange de vertu, de courage, de dévouement.

M. DORMÈRE.

Et qui donc puis-je accuser, si ce n'est Rame? D'après ses propres aveux, une seule personne est entrée dans cette malheureuse bibliothèque, et elle refuse de me dire le nom de cette personne qui, dit-elle, a volé les dix mille francs qui me manquent.

MADEMOISELLE PRIMEROSE.

Cela veut-il dire que ce soit Rame qui les ait pris ou plutôt *volés*, car le mot est juste?

M. DORMÈRE.

Cela veut dire que si elle avait nié avoir vu entrer quelqu'un, il devenait trop clair que c'était un ami ou elle-même qui était la voleuse. Et, une fois cet aveu échappé à sa frayeur, elle n'a pu nommer personne, parce qu'il eût été trop facile de la confondre en la confrontant avec l'individu désigné par elle.

MADEMOISELLE PRIMEROSE, *avec mépris*.

Toujours injuste, toujours aveugle; vous l'avez

« Mon Dieu, ayez pitié.... »

été, vous l'êtes et vous le serez. — Veuillez m'envoyer Rame pour m'aider à la monter dans ma chambre, et si vous touchez à Rame, si vous dites un mot de votre injuste soupçon, vous tuez votre nièce ; voyez si vous avez le courage de supporter ce remords de toute votre vie : c'est la dernière parole que je vous adresse.

M. DORMÈRE.

Georges, aide Mlle Primerose à transporter cette fille chez elle. »

Georges voulut s'approcher. Mlle Primerose l'empêcha d'avancer.

MADEMOISELLE PRIMEROSE.

Ne la touchez pas, Monsieur ; elle vous l'a défendu. Sortez et appelez Rame. »

Georges s'empressa de quitter l'appartement ; M. Dormère le suivit.

Peu d'instants après, Rame entra ; quand il vit Geneviève étendue sur le canapé, pâle comme une morte et sans mouvement, il se précipita vers elle en poussant un cri.

« Petite Maîtresse morte ! Petite Maîtresse pas bouger. Morte, morte !

MADEMOISELLE PRIMEROSE.

Pas morte, mais évanouie, mon bon Rame ; emportez-la dans ma chambre et envoyez-moi Pélagie. »

Rame prit Geneviève dans ses bras et l'emporta en courant, suivi de Mlle Primerose. Arrivé dans sa chambre, il la déposa doucement sur le lit, sortit en pleurant et appela Pélagie à grands cris.

Pélagie accourut très effrayée.

« Qu'y a-t-il? s'écria-t-elle. Pourquoi pleures-tu, Rame? Où est Mademoiselle?

RAME, *sanglotant.*

Froide, pâle, bouge pas, regarde pas. Morte, morte, dans sa chambre. »

Pélagie poussa un cri à son tour; elle aperçut Geneviève inanimée, et, la croyant réellement morte, comme le disait Rame, elle se jeta sur elle, la couvrit de larmes et de baisers.

« Ma fille, mon enfant, disait-elle, ma joie, mon bonheur, ma vie, est-il vrai que le bon Dieu t'ait appelée à lui, que je ne verrai plus ton charmant regard, que je n'entendrai plus ta douce voix?

MADEMOISELLE PRIMEROSE.

Que dites-vous là, Pélagie? Elle n'est pas morte; elle a perdu connaissance. Aidez-moi à la faire revenir; déshabillez-la. Rame, mon ami, apportez-nous des bouteilles d'eau chaude pour la réchauffer. Pélagie, bassinez-lui les tempes, le front avec du vinaigre, tandis que je lui fais respirer de l'alcali et que je vous aiderai à la déshabiller. »

XXV

MALADIE DE GENEVIÈVE

Pélagie, un peu rassurée par les assurances de Mlle Primerose, s'occupa activement à faire revenir la pauvre Geneviève de son évanouissement; un gémissement plaintif annonça enfin son retour à la vie; peu après, elle ouvrit les yeux, regarda autour d'elle; la connaissance lui revint.

« Pourquoi suis-je ici? dit-elle d'une voix si faible qu'on l'entendait à peine. C'est vous, ma cousine? Te voilà, ma bonne? Pourquoi suis-je couchée? Où est mon oncle?... Mon oncle? répéta-t-elle en interrogeant ses souvenirs. Mon oncle?... Ah! je me souviens.... *Malheureuse! c'est ton Rame!* » Et, retombant sur son oreiller, elle éclata en sanglots. « Mon oncle! Oh! mon oncle!... Il croit, il croit.... Mais c'est impossible.... Je ne peux pas..., il me tuerait.... Rame, Rame en prison! C'est horrible, affreux! Ma bonne cousine, sauvez-le,... dites-lui que c'est.... Non, non, ne dites pas.... Ce serait lui qui mourrait.... C'est un monstre, un infâme !... Et il ne dit rien,... il m'assassine et il ne parle pas.... »

Pélagie, frappée de terreur, interrogeait du regard Mlle Primerose, qui pleurait et soutenait dans ses bras la malheureuse enfant.

PÉLAGIE.

Mon Dieu ! mais qu'est-il donc arrivé, Mademoiselle ? De qui parle ma pauvre enfant ? On a voulu l'assassiner ? Qui donc ? Serait-ce son méchant oncle ?

MADEMOISELLE PRIMEROSE.

Non, non ; pas l'assassiner ; mais il a perdu de l'argent, beaucoup d'argent, et il croit que c'est Rame qui le lui a volé, et il veut le livrer à la justice.

PÉLAGIE.

Oh ! l'horreur ! Ce n'est pas possible ! Lui qui le connaît, comment croirait-il...? Il est donc fou ?

MADEMOISELLE PRIMEROSE.

Je l'espère ; ce serait moins affreux que cette accusation insensée. — Voici Rame qui apporte de quoi la réchauffer ; elle est comme un glaçon. »

Rame remit les bouteilles à Pélagie ; un coup d'œil jeté sur Geneviève lui démontra qu'elle vivait, mais qu'elle était en proie à un violent chagrin, elle sanglotait à faire pitié même à un indifférent. Rame se jeta à genoux près du lit de sa jeune maîtresse.

RAME.

Petite Maîtresse ! chère petite Maîtresse !... vous

pas pleurer! Rame peut faire rien; Rame seulement pleurer quand bonne petite Maîtresse avoir chagrin.... Moi quoi faire pour consoler chère jeune Maîtresse?

GENEVIÈVE.

Mon bon Rame, tu me consoles par ton affection. Aime-moi, mon cher Rame, aime-moi toujours. Et toi, ma bonne Pélagie, tu pleures aussi? — Et vous, ma chère cousine, qui avez été une mère pour la malheureuse Geneviève, vous m'aimerez toujours, n'est-ce pas? Vous ne croirez pas mon oncle? Pauvre homme, il ne sait pas; ce n'est pas sa faute.

MADEMOISELLE PRIMEROSE.

Il me tuerait plutôt que de me faire consentir à ce qu'il veut faire et que j'empêcherai, sois-en sûre, ma chère enfant. C'est un méchant homme. Je ne lui pardonnerai jamais.

GENEVIÈVE.

Pardonnez-lui, ma bonne cousine; je vous le répète : il ne sait pas ce qu'il fait; les apparences justifient sa cruelle supposition.

MADEMOISELLE PRIMEROSE.

Non, je ne lui pardonnerai pas, et je soupire après le moment où ma langue sera déliée pour lui dire ce que je crois avoir deviné.

GENEVIÈVE.

Ma cousine, prenez garde d'accuser un innocent; en devinant on se trompe souvent.

MADEMOISELLE PRIMEROSE.

Mais on devine juste quelquefois.

GENEVIÈVE.

Voyez comme mon oncle a été cruel et injuste en devinant. Promettez-moi de ne pas l'imiter, pour ne pas me causer d'affreux désespoirs.

MADEMOISELLE PRIMEROSE.

Je ne promets rien.

GENEVIÈVE.

Vous voulez donc augmenter mes terreurs? Hélas! je suis déjà assez accablée pour que mes amis n'augmentent pas ma souffrance.

MADEMOISELLE PRIMEROSE.

Eh bien, je te le promets, à moins que ton bonheur ne m'oblige en conscience à rompre le silence que je garde par ta volonté expresse, et bien malgré moi, je t'assure.

GENEVIÈVE.

Merci, chère cousine, merci. »

Geneviève parut se calmer ; elle demanda à rester seule.

Mlle Primerose rentra donc dans sa chambre, accompagnée de Pélagie et de Rame, auxquels elle raconta ce qui s'était passé. L'indignation et la douleur de Rame furent à leur comble. La pensée d'être pour quelque chose dans le cruel état de Geneviève le mettait hors de lui. Mlle Primerose et Pélagie finirent par obtenir de lui du calme, sous peine de ne pouvoir plus approcher de Geneviève : « La vérité finira par être connue, mon bon Rame ; cette sotte accusation, à laquelle personne ne croira, tombera d'elle-même, et le vrai coupable sera dévoilé. » Enfin ils convinrent entre eux trois qu'il fallait garder le silence là-dessus, et même éviter d'en parler devant Geneviève, de peur de renouveler la terrible émotion qu'elle venait d'éprouver.

L'indignation de Pélagie et de Rame subsistait

L'indignation et la douleur de Rame furent à leur comble.

pourtant. Rame, qui ne manquait pas de pénétration, laissa échapper un soupçon contre Georges et un projet de vengeance, que Mlle Primerose se hâta d'arrêter, en lui faisant observer qu'il s'exposait à être séparé violemment de sa maîtresse si M. Dormère ou son fils en avait la moindre connaissance.

« Au reste, ajouta-t-elle, ayez seulement un peu de patience, mon pauvre Rame ; nous ne resterons pas longtemps dans cette maison où notre pauvre Geneviève a toujours été malheureuse. Aussitôt qu'elle sera rétablie de l'affreuse secousse d'aujourd'hui, nous partirons pour Paris, et de là pour Rome.

RAME.

Bon ça, Mam'selle Primerose. Bonne idée. Nous aller à Rome ; plus jamais voir Moussu Dormère et coquin Moussu Georges.

MADEMOISELLE PRIMEROSE.

Rame, ne vous habituez pas à parler comme cela de cet homme, et, ce qui vaut mieux encore, n'en parlez pas du tout. Geneviève l'a en horreur ; elle n'aimera pas à entendre prononcer ce nom. Quand nous serons partis d'ici, tâchons d'oublier Plaisance et ses habitants. »

Rame hocha la tête.

« Moi oublier jamais ; moi toujours dans la tête coquins, canailles qui faire petite Maîtresse pleurer.

MADEMOISELLE PRIMEROSE.

Mais du moins n'en parlez pas, mon cher : ce n'est pas difficile cela.

RAME.

Mam'selle Primerose sait bien pas facile, pas parler.

MADEMOISELLE PRIMEROSE.

Surtout ne dites rien à Azéma : elle est si

bavarde. » Pélagie sourit et sortit avec Rame, elle entra doucement chez Geneviève, qui pleurait encore, mais qui était plus calme.

XXVI

LETTRES DE MADEMOISELLE PRIMEROSE

A l'heure du dîner, M. Dormère fit prévenir *ces dames* par Pélagie qu'on les attendait pour dîner.

« Dîner ! s'écria Mlle Primerose Voilà qui est impudent, par exemple ! Dîner avec lui et son coquin de fils ! Attendez, je vais répondre à son invitation.

Elle prit une plume et écrivit :

« Monsieur,

« Votre nièce est très malade et ne dînera pas. Je me trouve aussi insultée que ma pauvre Geneviève. Il n'est pas dans nos usages que les victimes dînent avec *leurs* bourreaux.

« Cunégonde Primerose. »

Elle cacheta et envoya la lettre. M. Dormère la lut, fronça le sourcil, et la passa à son fils, qui rougit et la rendit sans mot dire.

« Dites à Mlle Primerose que je vais envoyer mon médecin à ma nièce. »

Cinq minutes après, il reçut un second billet, ainsi conçu :

« Monsieur,

« Laissez-nous tranquilles ; je ne veux pas de médecin. *Timeo Danaos et dona ferentes*[1].

« Cunégonde Primerose. »

Il n'y eut pas d'autre message.

Mlle Primerose disait vrai en écrivant à M. Dormère que Geneviève était malade. Elle refusa effectivement le dîner que lui servit Rame et que Mlle Primerose et Pélagie la pressaient de manger. Mlle Primerose le mangea seule, car l'indignation et le chagrin n'avaient pas diminué son appétit ; les deux billets qu'elle avait envoyés à M. Dormère étaient, disait-elle, un commencement de vengeance.

« Je n'en resterai pas là ; il en verra bien d'autres. »

Elle parlait, mais Geneviève n'apportait aucune attention à ses paroles ; elle souffrait de la tête et obtint non sans difficulté, à la fin de la journée, que Mlle Primerose la laissât seule avec sa bonne. La nuit fut d'une agitation affreuse ; vers le matin, Pélagie appela Rame, qui n'avait pas quitté la porte de sa jeune maîtresse, et lui demanda d'aller chercher le médecin.

1. « Je crains les Grecs et leurs présents. » (Virgile, *Énéide*.)

« L'agitation ne fait qu'augmenter, dit-elle; elle a de la fièvre; il faut absolument qu'on fasse venir le médecin. Louez un cabriolet dans le village, mon pauvre Rame, afin de ne pas déranger les gens et les chevaux de M. Dormère, et ramenez avec vous le médecin : ce sera plus tôt fait. »

Rame jeta un regard douloureux sur sa jeune maîtresse et sortit avec empressement. Une heure s'était à peine écoulée qu'il rentrait avec le médecin.

M. BOURDON.

Mlle Geneviève est malade? Qu'a-t-elle donc?

PÉLAGIE.

Elle est bien malade, Monsieur; toute la nuit elle a été dans une agitation qui m'a fait peur.

M. BOURDON.

A-t-elle eu une frayeur, une impression violente?

PÉLAGIE.

Oh oui! Monsieur, terrible, affreuse! Elle a été longtemps sans connaissance, et elle n'a pas retrouvé de calme depuis. »

M. Bourdon lui tâta le pouls. « Une fièvre terrible. — La tête est brûlante. — Elle a des mouvements nerveux. — Parle-t-elle? Vous reconnaît-elle?

PÉLAGIE.

Elle parle beaucoup, mais elle ne dit rien de suivi. Depuis quelque temps elle ne semble pas me reconnaître. »

Pélagie pleurait; le médecin, qui était un brave homme, parut touché. Il examina encore attentivement la malade; elle recommença ses paroles entrecoupées. Celles qui revenaient le plus souvent étaient : « Malheureuse! c'est ton Rame! » Elles lui causaient toujours un redoublement de sanglots et de gémissements plaintifs. — Puis elle criait :

« Mon oncle!... Rame! Rame en prison! Chassez cet infâme!... Chassez-le, c'est un monstre! Il ne parle pas.... Il veut me tuer. »

M. Bourdon, surpris de ces paroles incohérentes mais significatives, questionna encore Pélagie, dont les réponses embarrassées lui prouvèrent qu'il y avait un mystère qu'elle ne voulait pas lui faire connaître. Il restait fort incertain, ne connaissant pas la cause précise du mal et ne sachant quel remède y apporter, lorsque Mlle Primerose vint à son secours. Elle avait entendu le bruit d'une voiture, elle avait reconnu la voix de Rame, et elle craignit que Geneviève ne fût plus mal. Apercevant le médecin, elle questionna Pélagie, qui lui raconta comment s'était passée la nuit et qu'elle avait jugé nécessaire d'avoir l'avis du médecin.

MADEMOISELLE PRIMEROSE.

Pensez-vous qu'il y ait du danger, Monsieur?

M. BOURDON.

Je ne puis encore rien dire, Madame; comme j'ignore ce qui a amené la maladie, je ne puis agir qu'avec la plus grande précaution et, comme on dit, en tâtonnant.

MADEMOISELLE PRIMEROSE.

Comment? Pélagie ne vous a pas raconté...?

« Chassez-le, c'est un monstre »

PÉLAGIE.

J'ai dit que Mademoiselle avait eu une grande commotion ; je n'ai pas cru devoir en dire davantage.

MADEMOISELLE PRIMEROSE.

Est-il possible de faire des mystères au médecin ! Heureusement que je suis là pour réparer votre discrétion exagérée. »

Mlle Primerose raconta alors à M. Bourdon tout ce qui s'était passé, depuis l'agitation du déjeuner jusqu'à la terrible accusation et la menace qu'avait formulée M. Dormère, dont elle flétrit avec animation l'odieuse conduite ; sans accuser directement Georges, elle parla de lui comme d'un misérable, digne de tout mépris ; elle ajouta que M. Dormère voulait lui faire épouser sa nièce, mais que Geneviève n'y consentirait jamais, vu qu'elle le détestait et le méprisait profondément.

M. Bourdon tira du récit de Mlle Primerose une conclusion peu favorable à Georges et à M. Dormère. Peut-être soupçonna-t-il ce que Mlle Primerose avait deviné, mais il n'en laissa rien paraître ; il remercia Mlle Primerose de sa confiance et lui promit la plus grande discrétion.

MADEMOISELLE PRIMEROSE.

Je ne vous demande pas du tout la discrétion que vous me promettez ; parlez, racontez, commentez, ce sera pour le mieux.

M. BOURDON.

Mais, Madame, peut-être que cette histoire ébruitée ferait quelque tort à Mlle Geneviève.

MADEMOISELLE PRIMEROSE.

Tort! à Geneviève! Elle est assez connue pour ne pas craindre qu'on l'accuse d'une chose aussi ridicule que favoriser le vol d'un bon et fidèle serviteur comme Rame; personne ne croira qu'un ange comme elle, qui a quatre-vingt mille livres de rente, qui est charmante, qui a plus d'argent qu'elle n'en a besoin, qui a été élevée par moi, fasse la sottise de laisser voler son oncle, et si bêtement encore. Il faut être imbécile comme M. Dormère pour faire une supposition pareille. Vous comprenez maintenant, docteur, la terrible impression qu'elle a dû ressentir; voyez ce que vous avez à faire.

M. BOURDON.

Je vais lui prescrire une potion calmante, et si ce moyen innocent ne suffit pas, je la saignerai avant dîner et vous lui mettrez des sinapismes aux pieds. »

M. Bourdon écrivit son ordonnance, recommanda qu'on donnât de l'air, qu'on entretînt de l'humidité à la tête au moyen d'eau fraîche, et qu'on lui donnât de l'eau froide pour toute boisson.

Rame ramena le médecin chez lui et alla prendre chez le pharmacien la potion prescrite.

XXVII

HORRIBLE FAUSSETÉ DE GEORGES

En quittant Geneviève, M. Bourdon trouva M. Dormère qui l'attendait à la porte. Il avait entendu la voiture, il avait su, par Mlle Primerose, qu'elle avait amené le médecin, et il l'avait attendu pour savoir au juste l'état de sa nièce.

M. BOURDON.

Il me paraît inquiétant, Monsieur. Il semblerait que la pauvre enfant a entendu accuser injustement d'une faute grave quelqu'un qu'elle affectionne particulièrement et auquel elle doit beaucoup, ce qui l'a tellement indignée et épouvantée qu'elle a eu un très long évanouissement, indice d'une commotion cérébrale, et d'autant plus grave qu'elle était imprévue.

M. DORMÈRE.

Comment, imprévue?

M. BOURDON.

Je veux dire, Monsieur, que l'accusation qui est

la cause du mal était imprévue. Quand on a vraiment connaissance d'une faute, on prévoit l'accusation, on s'y attend. Le saisissement n'est pas le même que lorsqu'on entend une personne qui vous est chère faussement accusée d'une faute dont une belle, bonne, franche nature est incapable.

M. DORMÈRE.

La croyez-vous en danger?

M. BOURDON.

Oui, Monsieur. Si la saignée que je vais pratiquer dans quelques heures ne dégage pas la tête, nous courons le danger d'une maladie cérébrale.

M. DORMÈRE.

Mais elle a sa connaissance? elle parle?

M. BOURDON.

Non, Monsieur; elle parle, mais sans savoir ce qu'elle dit. Ainsi elle répète souvent avec un accent de désespoir qui fait mal à entendre : *Malheureuse! c'est ton Rame!* Et puis : *Rame en prison!... c'est un infâme!... c'est un monstre!... il ne parle pas!... il ne dit rien, il veut me tuer....* Cela prouve la grande surexcitation du cerveau et l'indignation profonde amenée par une fausse accusation. »

M. Bourdon pensa en avoir dit assez pour ouvrir les yeux à M. Dormère; il salua et partit.

M. Dormère resta pensif et immobile : un doute commençait à se faire dans son esprit.

« Aurais-je réellement accusé à faux ce malheureux? Ce serait horrible pour elle! Et si elle meurt? Pauvre enfant! je l'aurais assassinée; ce serait la digne fin de la protection et de la tutelle dont m'avait chargé la tendresse confiante de mon frère, de ma sœur. Pauvre petite! elle n'a été heureuse que pendant les années qu'elle a passées loin de moi, quand je l'ai chassée sans m'inquiéter de son avenir.... Mais pourquoi a-t-elle dit : *l'honneur de votre maison?* C'est elle-même qui m'aurait dévoilé ce Rame.... Elle seule... et Georges! ajouta-t-il avec une angoisse qui fit trembler tous ses membres. — Mais non; je suis fou!... Georges était là! Il n'a rien dit.... C'est impossible! Georges! qui est mon fils, qui dispose de tout ce que j'ai. C'est une idée absurde. Georges! Que c'est bête d'avoir de pareilles pensées! Georges! Ha, ha, ha! — Il faut que je l'appelle, que je le consulte; je veux qu'il sache ce qu'a dit ce médecin.... Je suis fâché d'avoir parlé à ce médecin.... Un reste de pitié absurde pour avoir des nouvelles qui m'importaient peu. »

M. Dormère, malgré ses raisonnements, avait conservé du doute et de l'agitation; il entra chez Georges, qu'il trouva encore dans son lit.

« Comment, paresseux, dit-il en riant, pas levé à neuf heures?

GEORGES.

C'est que j'ai mal dormi, mon père; je suis fatigué.

M. DORMÈRE.

Et moi aussi j'ai mal dormi. La scène d'hier m'a tellement bouleversé! Sais-tu qu'il me vient des doutes sur la culpabilité de Rame. — Et toi? »

M. Dormère regarda fixement Georges, qui pâlit et rassembla son courage pour répondre.

GEORGES.

Et moi aussi, mon père; et ce ne sont pas des doutes que j'ai : c'est une conviction profonde de l'innocence de Ramo.

M. DORMÈRE, *inquiet.*

Qu'est-ce qui te donne cette conviction?

GEORGES.

D'abord le caractère de cet homme, sa conduite toujours franche et honnête; et puis, mon père, vous le dirai-je? oserai-je vous l'avouer?

M. DORMÈRE, *pâle et agité.*

Parle, parle, dis tout. Je pardonne tout, pourvu que je sorte du trouble affreux dans lequel me jette cette incertitude.

GEORGES.

Eh bien, mon père, c'est que j'aime Geneviève, sa douleur m'afflige; je ne puis vivre sans elle; je mourrai si vous ne me la donnez pas, si vous ne l'acceptez pas pour votre fille.

M. DORMÈRE.

Ma fille! Avec son voleur qu'elle ne quittera jamais! Tu es fou, Georges.

GEORGES.

Oui, mon père, je suis fou, je suis fou d'elle, et je sais, je crois qu'elle est un ange, et que je ne serai heureux qu'avec elle.

M. DORMÈRE.

Mon Dieu! il ne me manquait plus que cela pour m'achever! Georges épousant une folle, une sotte, escortée d'un voleur.

GEORGES.

Arrêtez, mon père; ne parlez pas ainsi de la créature la plus parfaite que la terre ait portée. Qui vous dit qu'elle soit une folle et une sotte? Ne voyez-vous pas qu'en vous taisant le nom du voleur, elle veut sauver quelqu'un qu'elle aime? Qui vous dit que ce quelqu'un n'est pas Pélagie, à laquelle elle croit devoir une grande reconnaissance?

— Pélagie! s'écria M. Dormère. Tu l'as trouvé! Voilà le mystère! Oh! Georges, mon ami, de quel poids tu me délivres! Pélagie,... c'est cela; tout est expliqué. Pauvre généreuse enfant, comme je l'ai fait souffrir! Épouse-la, mon ami; je suis heureux que tu l'aimes, tu sais que c'était mon plus vif désir.... Mais tu ne sais pas qu'elle est très malade, en danger même, à ce que dit le médecin.

GEORGES.

En danger? Ah! mon père, qu'avez-vous fait! »

M. Dormère se cacha la figure dans ses mains. Et Georges fut consterné, non du danger de Geneviève, mais de la crainte de perdre ses quatre-vingt mille livres de rente.

Georges questionna son père sur ce que lui avait dit le médecin. M. Dormère lui répéta mot pour mot les paroles de M. Bourdon; chacune d'elles s'était gravée dans son souvenir et avait éveillé les remords... et le doute.

GEORGES.

Vous voyez, mon père, combien votre accusation était injuste et cruelle.

M. DORMÈRE.

Oui, Georges, je le vois, et pour première réparation je vais faire chasser Pélagie, ce qui terminera toute l'affaire. »

Georges ne s'attendait pas à ce nouveau coup. C'était un moyen sûr de faire parler Geneviève. Il fallait à tout prix empêcher son père de suivre cette fatale idée.

GEORGES.

Chasser Pélagie! sur une supposition! Vous voulez donc achever de la tuer? C'est indigne, c'est barbare! Pourquoi alors ne pas faire arrêter ma cousine Primerose et Rame? Ils peuvent avoir aussi bien volé vos dix mille francs que Pélagie. Je vous répète que c'est la tuer à coup sûr que d'arrêter Pélagie, qu'elle aime plus que tout au monde.

M. DORMÈRE.

Mais, mon ami, toi-même n'as-tu pas dit que Pélagie était la voleuse? Comment veux-tu que je garde chez moi une coquine pareille!

GEORGES.

Mon père, je n'ai plus qu'un mot à vous dire. Si vous faites la moindre tentative contre Pélagie ou Rame, je quitte votre maison pour n'y plus revenir, et je vais immédiatement déclarer à votre procureur impérial que c'est moi qui vous ai volé. Maintenant que vous voilà prévenu, faites comme vous voudrez. Je vais m'habiller pour être prêt à vous suivre chez le procureur impérial. »

M. Dormère était atterré. Il n'avait qu'un parti

à prendre : celui de garder le silence et laisser passer le vol sans autre réclamation.

« Je ferai ce que tu voudras, Georges, dit-il ; tu es cruel dans tes menaces.

GEORGES.

Moins cruel, mon père, que vous ne l'avez été pour celle que j'aime et qui sera ma femme, je vous le répète ; c'est le seul moyen de la tranquilliser ; ainsi ne résistez pas, car, si vous me refusez, vous me ferez mourir. »

M. Dormère quitta la chambre de Georges et se retira chez lui dans une agitation, un chagrin difficiles à décrire.

La potion du médecin ne produisit aucune amélioration dans l'état de Geneviève. Quand M. Bourdon revint vers quatre heures, il trouva la fièvre augmentée, le délire toujours le même. Il n'hésita pas à lui faire une forte saignée et à mettre des sinapismes aux pieds pour dégager la tête. Il ordonna le repos le plus complet et promit de revenir le lendemain de bonne heure.

La soirée et la nuit furent plus calmes ; quand M. Bourdon la revit le lendemain, il trouva une grande amélioration dans son état ; le danger avait disparu. Mais il recommanda le plus grand calme autour d'elle et le silence le plus complet. — Pélagie et Ramo ne quittèrent pas l'appartement pendant tout le temps que dura la maladie, qui fut longue et qui laissa Geneviève dans un état de faiblesse inquiétante. Jusqu'à son entier rétablissement, c'est-à-dire pendant plus d'un mois, Pélagie continua à passer ses jours et ses nuits près de sa chère enfant. Rame les passait dans la chambre à côté, couchant par terre en travers de la porte de sa jeune maîtresse.

M. Dormère et Georges montaient matin et soir pour savoir de ses nouvelles; Mlle Primerose refusa constamment de les voir et de leur parler et char-

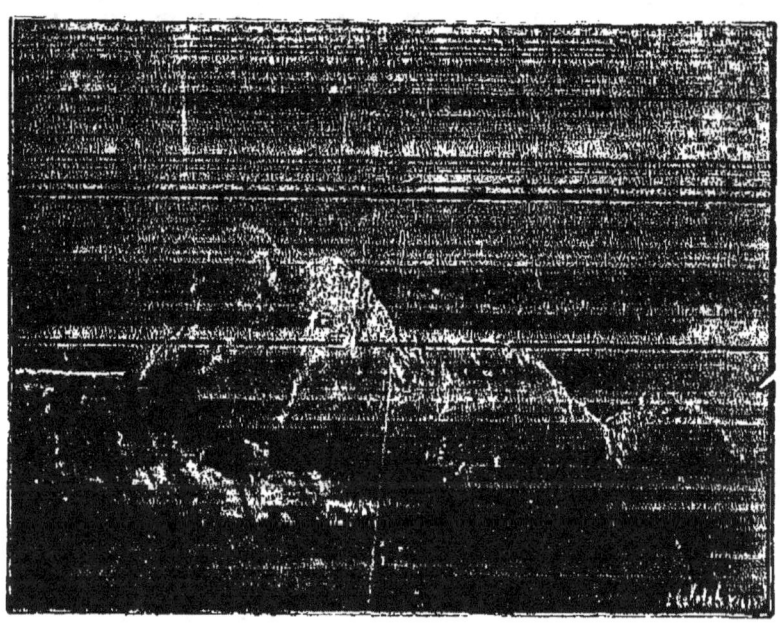

Rame passait les nuits couché par terre,
dans la chambre à côté.

geait Rame de les tenir au courant. Mais Rame répondait toujours :

« Moi pas savoir. »

M. DORMÈRE.

Comment, vous ne savez pas si elle va mieux ou plus mal?

RAME.

Moi pas savoir.

M. DORMÈRE.

Mais vous savez ce qu'a dit le médecin?

RAME.

Moi pas savoir. »

M. Dormère fut obligé de s'adresser au médecin, et il sut enfin par lui qu'elle pouvait se lever et prendre quelque nourriture.

Mlle Primerose était un jour dans sa chambre, occupée à dessiner, quand elle vit la porte s'ouvrir et M. Dormère entrer chez elle. Elle arrêta un cri prêt à s'échapper.

« Sortez, sortez, Monsieur, dit-elle d'une voix étouffée. Si elle vous entendait, elle retomberait dans son premier état. Sortez, vous dis-je ! » Et elle le poussa vers la porte.

M. DORMÈRE.

Mais je veux savoir....

MADEMOISELLE PRIMEROSE.

Vous ne saurez rien; allez-vous-en.

M. DORMÈRE.

Je suis d'une inquiétude affreuse.

MADEMOISELLE PRIMEROSE.

Tant mieux ! Sortez.

M. DORMÈRE.

Je ne peux pas vivre ainsi pourtant....

MADEMOISELLE PRIMEROSE.

Eh bien, mourez, mais allez-vous-en.

M. DORMÈRE.

C'est vraiment incroyable....

MADEMOISELLE PRIMEROSE.

C'est vraiment trop odieux de venir l'achever par une rechute.

M. DORMÈRE.

Je vous en prie, chère cousine, écoutez-moi.

MADEMOISELLE PRIMEROSE.

Je ne veux pas vous écouter et je ne suis pas votre chère cousine. Je vous déteste, vous me faites horreur!

M. DORMÈRE.

Je vous enverrai Georges; peut-être le recevrez-vous.

MADEMOISELLE PRIMEROSE.

Votre coquin de Georges! Je le recevrai à coups de balai s'il s'avise de se montrer. »

Elle poussa M. Dormère en dehors de la porte et la ferma à double tour. Il fut obligé de descendre; il raconta à Georges le peu de succès de sa démarche.

GEORGES.

Il faut attendre, mon père, que vous puissiez la voir elle-même. Cette vieille cousine est un vrai dragon; il n'y a rien à espérer d'elle. Dans quelques jours vous entrerez sans la permission de Mlle Primerose, en passant par la chambre de Pélagie. »

Quatre jours après, sachant Geneviève assez bien remise pour pouvoir aller et venir dans son appartement, Georges résolut d'accomplir un projet hardi, celui d'écrire à Geneviève pour demander sa main comme moyen de la réhabiliter entièrement dans l'esprit de M. Dormère. Voici ce qu'il lui écrivit.

XXVIII

LETTRE DE GEORGES
DÉPART DE GENEVIÈVE

« Geneviève, votre maladie m'a navré; j'ai plus souffert que je ne puis le décrire. C'est moi qui suis votre bourreau; le chagrin, le remords me rongent le cœur. Pour achever mon malheur, je vous aime comme je ne vous ai jamais aimée; vous êtes devenue l'objet de toutes mes pensées.

« Plus vous avez déployé de courage, de générosité en ne me dénonçant pas à mon père, plus j'ai maudit l'indigne faiblesse qui m'avait fermé la bouche pendant cette scène terrible dans laquelle vous avez si héroïquement refusé de me nommer comme le vrai coupable.

« Ces quarante jours de souffrance m'ont cruellement puni de ma faiblesse, et ont développé une tendresse dont je ne me croyais pas susceptible et dont la vivacité m'effraye.

« Une légère espérance me soutient. Je suis parvenu à enlever à mon père l'horrible et injuste soupçon qu'il vous a exprimé avec tant de barbarie; pour achever de lui ouvrir les yeux sur l'innocence de votre fidèle Rame, je lui ai avoué mon amour et mon ardent désir d'unir ma vie à la vôtre en conservant Rame comme le plus fidèle et le plus dévoué de vos amis. Cette déclaration a achevé de dissiper ses derniers doutes. En effet, comment supposer que je veuille lui donner une fille entachée dans son honneur par sa complicité d'un vol si odieux. C'est donc une réhabilitation complète que je vous offre en vous suppliant d'accepter ma main et mon cœur. Croyez que ma vie entière sera consacrée à expier cette grande faute de ma jeunesse.

« Oserai-je espérer que vous ne repousserez pas mon humble demande, et que, dans la noble générosité dont vous avez usé à mon égard, votre cœur était intéressé à me sauver du déshonneur.

« J'attends votre réponse avec une anxiété dont vous ne pouvez avoir aucune idée; puisse-t-elle me conduire à vos pieds, pour entendre de votre bouche le pardon tant désiré.

Votre fidèle et dévoué

« GEORGES. »

Ce fut Rame que Georges chargea de remettre cette lettre à sa maîtresse.

GEORGES.

Si vous saviez, mon pauvre Rame, comme je suis

touché des soins que vous avez donnés à ma chère
Geneviève!

RAME.

Pourquoi *chère* Geneviève? Avant pas *chère*.
Pourquoi *touché?* Moi pas soigner vous, pas pour
vous; moi aimer jeune Maîtresse et moi malheureux quand jeune Maîtresse pleurer, quand jeune
Maîtresse souffrir; et moi soigner jeune Maîtresse
pour elle, pour moi, pas pour vous.

GEORGES.

Je le sais, mon bon Rame; et voilà pourquoi je
vous aime, et je vous demande de lui remettre
cette lettre qui lui fera plaisir, j'en suis sûr. »

Rame hocha la tête d'un air de doute. Il prit la
lettre, la retourna dans tous les sens, avec hésitation, comme s'il craignait qu'elle ne contînt
quelque maléfice, puis il dit :

« Et si moi la donner à Mam'selle Primerose?

GEORGES.

Non, non, Rame, ne faites pas cela. Geneviève
serait très fâchée contre vous; elle seule doit la
lire. Vous verrez comme elle sera contente. Me
promettez-vous de la lui donner à elle et à personne d'autre?

RAME.

Si jeune Maîtresse contente, moi donner tout de
suite. »

Et Rame entra chez Geneviève. Georges l'entendit dire :

« Moussu Georges envoyer lettre à jeune Maîtresse; lui, dire : jeune Maîtresse très contente.

GENEVIÈVE.

Moi contente d'une lettre de lui? Donne, mon bon Rame, que je voie ce qu'il écrit. »

Rame sortit; il ne trouva plus Georges, qui s'en était allé dès qu'il avait su que Geneviève acceptait sa lettre.

Geneviève resta quelques instants sans la décacheter.

« Comment ose-t-il m'écrire, et que peut-il avoir à me dire? »

Elle l'ouvrit pourtant; un sourire de mépris, puis d'indignation, accompagna la première partie de la lettre; mais quand elle arriva à la dernière page, elle fut saisie d'une véritable colère.

« Il ose me proposer d'être sa femme! Il a l'indignité de supposer que je l'aime! lui un misérable, un voleur, un scélérat, sans honneur, sans pitié, sans cœur! un lâche qui n'a pas eu le courage de me sauver des indignes accusations de son père! qui m'a su mourante et qui n'a pas eu pitié de mon désespoir? Oh! le lâche! l'infâme, le monstre!

« Lui répondrai-je? Aurai-je le courage de lui adresser ma réponse? Il le faut. Il mérite d'être éclairé sur mes sentiments à son égard. »

Geneviève prit une plume et, d'une main tremblante, écrivit les lignes suivantes :

« Monsieur,

« Je vous méprise trop pour répondre sérieusement à la honteuse proposition que vous osez m'adresser. Je ne vous dis pas les motifs de ce refus, dicté par mon indignation et par ma juste antipathie; vous ne les comprendriez pas, ayant abjuré tout sentiment d'honneur et de moralité. En quittant Plaisance, je n'emporterai aucun sentiment de haine. Je ne ressens pour vous que le plus profond mépris et le plus grand éloignement. Veuillez à l'avenir ne plus m'importuner de vos lettres et, sous aucun prétexte, de votre présence.

« GENEVIÈVE DORMÈRE. »

Geneviève appela Rame, qui était sorti, par extraordinaire; elle alla jusque chez sa bonne et la pria de faire remettre cette lettre à M. Georges.

PÉLAGIE.

Comment, Geneviève, tu lui écris?

GENEVIÈVE.

Je lui réponds, ma bonne; il a eu l'insolence de m'offrir de l'épouser pour me réhabiliter dans l'esprit de mon oncle. Je ne veux pas lui faire attendre la réponse; elle est ce que tu peux deviner sans trop de peine.

PÉLAGIE.

Donne alors, donne vite, que je la fasse porter tout de suite.

« Rame, Rame, appela-t-elle en entr'ouvrant la porte qui donnait sur l'escalier de l'office. Venez vite, Mademoiselle a besoin de vous. »

Deux secondes après, Rame accourait tout effrayé.

« Petite Maîtresse malade? demanda-t-il.

GENEVIÈVE.

Non, Rame, je ne suis pas malade; c'est une lettre à remettre à M. Georges.

RAME.

Moi voir jeune Maîtresse pas contente.

GENEVIÈVE.

Je suis très mécontente, mais pas malade, mon bon Rame. Je serai contente quand tu auras remis ma lettre. »

Rame partit en courant; il frappa à la porte de Georges, lui remit la lettre et remonta bien vite chez Geneviève, qui ne lui fit aucune question.

XXIX

COLÈRE DE MM. DORMÈRE PÈRE ET FILS

Quand Geneviève rentra chez elle, elle voulut brûler la lettre de Georges, de peur qu'elle ne tombât entre les mains de son oncle ou de quelque personne malveillante. Elle la chercha, mais elle ne la trouva pas. Après avoir cherché partout, elle eut la pensée que Mlle Primerose l'avait peut-être aperçue et emportée; elle entra chez sa cousine, qui n'y était pas. Pélagie lui dit qu'elle était sortie depuis longtemps pour aller donner des nouvelles de Geneviève aux Saint-Aimar, qui en étaient toujours fort occupés, et qui étaient venus tous les jours savoir comment elle allait.

Ce n'était donc pas Mlle Primerose qui avait commis l'indiscrétion dont elle était du reste fort capable, ayant conservé l'habitude de lire les lettres que recevait son élève.

Geneviève eut alors la pensée que Georges lui-même avait eu l'audace de venir chez elle et qu'ayant vu sa lettre laissée ouverte sur la table, il l'avait prudemment emportée pour la brûler.

Geneviève n'y pensa donc plus et ne s'en inquiéta pas. Elle demanda à Pélagie et à Ramo de ne pas parler à Mlle Primerose de la lettre de Georges ni de la réponse qu'elle y avait faite. Elle prévint aussi ses fidèles amis qu'elle demanderait à Mlle Primerose de retourner à Paris le plus tôt possible, sous prétexte de changer d'air pour achever de se remettre.

« Et surtout, mes bons amis, préparez tout sans qu'on le sache dans le château, pour m'éviter une entrevue avec mon oncle; je n'aurais pas encore la force de la supporter. »

Pélagie et Ramo lui promirent que personne n'en saurait rien.

Quand Mlle Primerose rentra, elle était si fatiguée qu'elle se jeta dans un fauteuil et demanda un verre de vin et des biscuits pour se remonter.

GENEVIÈVE.

Ma bonne cousine, pendant votre absence je me suis demandé ce que nous faisions ici; nous y sommes prisonnières, n'osant sortir, de crainte de nous rencontrer avec mon oncle et son fils, ne voyant personne, mangeant chez nous comme des recluses, osant à peine prendre l'air à nos fenêtres, de peur d'être aperçues. Je sens pourtant que j'ai besoin d'air et de mouvement; et surtout j'éprouve le vif désir de quitter cette maison, de changer d'air. Si nous pouvions retourner chez nous à

Paris, je me sentirais soulagée d'un poids qui m'oppresse; je respirerais plus librement.

MADEMOISELLE PRIMEROSE.

Que je suis contente de ce que tu me dis, ma chère enfant! J'attendais, pour te parler de départ, que tu fusses en état de supporter un déplacement; puisque tu partages mon désir de quitter cet horrible château, pour n'y jamais revenir, nous partirons quand tu voudras.

GENEVIÈVE.

Demain, ma cousine, demain; d'autant plus que je sais par Rame que demain mon oncle et son fils vont dîner chez les Saint-Aimar.

MADEMOISELLE PRIMEROSE.

Très bien, mon enfant, très bien. Commençons nos préparatifs. Pélagie fera nos malles; je vais envoyer Rame chez M. Bourdon pour payer ses visites; il passera chez le pharmacien, chez tous les marchands auxquels on peut devoir quelques petites notes; il commandera un omnibus pour demain six heures, et nous partirons par le train de sept heures pendant que les Dormère seront absents. »

Tout fut fait comme l'avait dit Mlle Primerose.

Le lendemain, M. Dormère et Georges montèrent en voiture à cinq heures; à six heures bien précises l'omnibus arriva; toutes les malles furent descendues; elles avaient été achevées par Pélagie dans l'après-midi; Rame et le cocher les chargèrent sur l'omnibus; Mlle Primerose descendit soutenant Geneviève, qui était encore d'une grande faiblesse;

elles firent leurs largesses aux domestiques de M. Dormère, qui témoignèrent beaucoup de regret de les voir partir et qui dirent chacun leur phrase pour indiquer qu'ils savaient que Mlle Geneviève avait souffert, qu'on avait été bien mal pour elle, qu'une personne comme il faut ne pouvait s'accommoder de la société d'un homme comme M. Georges; qu'il finirait mal, que Monsieur regretterait un jour sa faiblesse, etc.

Mlle Primerose profita de l'occasion pour lancer quelques propos significatifs sur M. Dormère, qui était plus imbécile que méchant, sur Georges, qui finirait ses jours au bagne, qui déshonorerait son nom, etc.

Elle céda enfin aux instances réitérées de Geneviève et monta en omnibus avec Pélagie, Azéma et Rame.

A neuf heures elles étaient arrivées chez elles, et Geneviève, moins fatiguée qu'on ne pouvait le craindre, était à dix heures installée dans sa chambre et couchée.

Le soir de ce même jour, quand M. Dormère rentra avec Georges, son valet de chambre s'empressa de lui dire :

« Monsieur ne sait pas ce qui s'est passé en son absence?

M. DORMÈRE.

Non, quoi donc?

JULIEN.

Ces dames sont parties une heure après Monsieur.

M. DORMÈRE.

Parties? Ce n'est pas possible.

Mlle Primerose descendit soutenant Geneviève. (Page 303.)

APRÈS LA PLUIE LE BEAU TEMPS 307

JULIEN.

C'est pourtant bien vrai, Monsieur. A six heures, un omnibus du chemin de fer est venu emporter les malles, qui étaient faites d'avance sans que per-

« Vous ne pouvez pas supporter cela, mon père. »
(Page 308.)

sonne s'en fût douté; ces dames nous ont fait leurs adieux, elles sont montées en omnibus avec les femmes et Rame, et elles sont parties. Mlle Geneviève était si pâle, si maigre, elle paraissait si faible, que nous en étions bouleversés. Monsieur sait combien nous lui sommes tous attachés; elle est si bonne, si douce, si aimable! Ces dames ont été très généreuses; elles ont largement payé des services que nous étions trop heureux de leur rendre. »

Julien aurait pu parler longtemps encore sans que M. Dormère ni Georges songeassent à l'interrompre; ils étaient atterrés par ce départ si imprévu. M. Dormère avait sincèrement désiré voir sa nièce, pour lui exprimer son chagrin de son injuste accusation et du mal qu'il lui avait fait. Georges voyait la fortune de Geneviève lui échapper définitivement. Malgré la lettre si froidement méprisante qu'il en avait reçue la veille, il espérait encore la ramener à lui et la forcer à l'épouser avec l'aide de son père. Quand Julien fut sorti, ce fut Georges qui parla le premier.

« C'est un tour de la cousine Primerose, dit-il avec emportement. Vous ne pouvez pas supporter cela, mon père. Comme tuteur vous avez le droit de garder votre pupille, et vous devez en user.

M. DORMÈRE.

Tu oublies, Georges, qu'elle a dix-huit ans; et que j'ai perdu mes droits par l'abandon que j'en ai fait à ma cousine Primerose, ensuite par l'injure que je viens de lui faire au moment de cette scène. Elle a un subrogé tuteur auquel elle s'adresserait pour m'échapper; et toute cette affaire serait naturellement portée devant les tribunaux. Rappelle-toi aussi que Mlle Primerose est là, qu'elle nous hait et qu'elle pousserait les choses de toute la puissance de sa haine. Elle ne pardonne pas, celle-là.

GEORGES.

Les misérables! Comme elles nous ont joués! Et cette Geneviève! ce prétendu agneau, qui prend part à une pareille action.

M. DORMÈRE.

Le chagrin te rend injuste, mon ami; que vois-tu de coupable, de mauvais dans ce départ?

GEORGES.

C'est une inconvenance, une impertinence vis-à-vis de vous, mon père.

M. DORMÈRE.

Inconvenance oui, impertinence non. »

Julien rentra :

« Voici une lettre à l'adresse de Monsieur, que je viens de trouver sur la table de Mlle Primerose. »

M. Dormère lut ce qui suit :

« Monsieur,

« Geneviève me demande de l'emmener; elle redoute beaucoup une entrevue qui ne peut plus être évitée. Dans son état de faiblesse, votre présence pourrait lui occasionner une rechute qui serait mortelle. Je l'emmène donc avec bonheur, heureuse de quitter votre toit inhospitalier. Je vous salue.

« CUNÉGONDE PRIMEROSE. »

Une seconde petite lettre était de Geneviève.

« Mon oncle,

« Pardonnez-moi de vous quitter sans vous avoir vu. Je sens que je n'aurais pas la force de supporter votre présence. La scène terrible qui m'a mise si près de la mort est encore trop récente pour que l'impression en soit effacée. Permettez-moi de vous dire, mon oncle, qu'en vous quittant je n'emporte aucun ressentiment et que je vous pardonne du fond du cœur tout ce qui s'est passé.

« Votre nièce respectueuse,

« GENEVIÈVE. »

M. Dormère donna à Georges les deux lettres et se retira dans sa chambre sans prononcer une parole.

Georges s'en alla aussi dans sa chambre, furieux contre Geneviève, contre Mlle Primerose, contre son père qu'il trouvait faible et absurde.

« Il n'a jamais su se conduire, ni conduire les autres; avec moi jadis, il s'est comporté comme un enfant, ajoutant foi à tout ce que je lui disais; et pourtant il savait que je mentais; au lieu de me punir, de me fouetter au besoin, il m'excusait, me soutenait, il m'embrassait. C'est stupide! Aussi je ne l'aime ni ne le respecte.

« Je n'aime pas cette petite Geneviève, mais je dois convenir que mon père a toujours été très mal pour elle. Dernièrement encore, cette scène était absurde; il accuse son cher Rame sans savoir pourquoi; c'était bête, c'était sot. A quoi pouvaient servir au nègre ces dix mille francs ? Et lorsque dans son épouvante pour moi (car c'était pour moi qu'elle résistait) elle a l'imprudence de lui parler de l'honneur de sa maison, il ne devine pas que c'est moi qui suis le premier de sa maison. — Rame eût été plus fin.

« Il a tout perdu par cette sotte accusation. Il me fait manquer une fortune superbe.... Mais... il me le payera; je ferai si bien rouler ses écus que je serai vengé de l'éducation absurde qu'il m'a donnée. »

Georges continua longtemps encore à former des projets de vengeance contre son père; et pour commencer, il résolut de s'en aller aussi dès qu'il le pourrait et de courir l'Allemagne.

XXX

RETOUR DE JACQUES

Quelques jours après son retour à Paris, Geneviève se trouva plus calme qu'elle ne l'avait été depuis sa maladie. Un matin, Mlle Primerose entra chez elle de bonne heure ; elle la trouva levée et disposée à reprendre son ancienne habitude d'aller tous les jours à la messe ; mais Mlle Primerose s'y opposa, la trouvant encore trop faible : Geneviève obéit avec sa docilité accoutumée ; elle fit sa toilette et passa au salon.

Elle s'était mise à ranger avec sa tante les livres, papiers, musique, tout ce qui était nécessaire pour reprendre leurs occupations accoutumées. Un peu avant le déjeuner, Geneviève était seule ; elle entendit frapper à la porte.

« Entrez », dit-elle.

La porte s'ouvrit et elle vit entrer un charmant jeune homme avec de jolies moustaches et une barbiche au menton ; elle le reconnut sur-le-champ et s'élança vers lui en criant :

« Jacques, Jacques, c'est toi ! »

Oubliant dans sa joie son âge et celui de Jacques, elle se jeta à son cou en l'embrassant tendrement.

GENEVIÈVE.

Jacques, cher Jacques, que je suis heureuse de te revoir !

JACQUES.

Et moi donc, ma bonne, ma chère Geneviève ! voici près d'un an que je ne t'ai vue. J'ai fait, comme tu sais, un long et intéressant voyage en Orient, et m'en voici revenu depuis deux mois, que j'ai passés chez mes parents à la campagne ; tu étais absente. Mais comme tu es maigre et pâle, ma pauvre Geneviève ; es-tu malade ?

GENEVIÈVE.

Je l'ai été, Jacques ; j'ai manqué mourir.

JACQUES.

Mourir ! oh ! mon Dieu ! et moi qui n'en ai rien su. Que t'est-il donc arrivé ? »

Geneviève voulut répondre, mais les larmes lui coupèrent la parole ; elle dit en sanglotant :

« J'ai été bien malheureuse, Jacques ;... si tu savais.... »

Elle ne put continuer ; les sanglots l'étouffaient. Jacques était désolé et cherchait à la consoler en lui prodiguant les plus affectueux témoignages de son amitié.

JACQUES.

Ma Geneviève ! mon amie ! si tu savais combien

je suis désolé de te voir ainsi! C'est donc bien affreux, pour que le souvenir seul te mette dans un pareil état?

GENEVIÈVE.

Affreux, horrible; appelle ma cousine Primerose, elle te dira ce que je n'ai pas encore la force de te raconter. »

Jacques, très ému du chagrin de Geneviève, courut frapper à la porte de Mlle Primerose, qui répondit : « Entrez »; et qui, reconnaissant Jacques, se jeta à son cou, comme Geneviève, et l'embrassa à plusieurs reprises. Sans lui donner le temps de parler, Jacques la supplia d'entrer au salon pour calmer Geneviève qui ne cessait de pleurer.

MADEMOISELLE PRIMEROSE.

Pauvre petite! c'est qu'elle est encore bien faible et mal remise de la terrible secousse que lui ont donnée son abominable oncle et ce scélérat de Georges.

JACQUES.

Encore ce Georges! Toujours Georges dans les chagrins de ma pauvre Geneviève.

MADEMOISELLE PRIMEROSE.

Mais c'est bien la dernière fois, par exemple, car nous ne remettrons jamais les pieds chez ces gens-là, et jamais nous ne reverrons ce monstre de Georges.

JACQUES.

Mais qu'a-t-il fait? De grâce, chère mademoiselle, ne me laissez pas en suspens; et comment mon oncle, qui est bon homme, a-t-il pu contribuer au chagrin de Geneviève?

MADEMOISELLE PRIMEROSE.

Bon homme! Un sot, un imbécile, un animal, dont Georges ferait un meurtrier au besoin. »

Jacques ne put s'empêcher de sourire à cette explosion de colère de Mlle Primerose.

MADEMOISELLE PRIMEROSE.

Écoute, Jacques, je ne veux pas te raconter cette scène horrible devant elle; je lui ferais un mal affreux en lui rappelant une abomination dont elle a failli mourir; tu vas déjeuner avec nous; après déjeuner, Geneviève se reposera, tu viendras dans ma chambre et tu sauras tout. »

Jacques n'osa pas insister, malgré sa vive inquiétude, car il savait Georges capable de tout. Pour ne pas déranger Geneviève, Mlle Primerose voulut qu'on déjeunât dans le salon. Lorsque Rame entra et qu'il vit Jacques, il courut à lui au risque de tout briser, et, posant rudement son plateau par terre, il prit les mains de Jacques, les serra et les baisa sans que Jacques pût l'en empêcher.

RAME.

Moussu Jacques! Bon Moussu Jacques! Rame content voir Moussu Jacques. — Jeune Maîtresse heureuse voir Moussu Jacques. — Jeune Maîtresse aimer Moussu Jacques. — Elle plus triste, plus pleurer.

JACQUES.

Merci, mon bon Rame, de ce que vous me dites d'affectueux. Moi aussi, je suis heureux de vous retrouver avec ma chère Geneviève.

RAME.

Oui, moi sais bien; pas comme coquin, scélérat, Moussu..., moi pas dire nom; petite Maîtresse pas vouloir, mais Moussu Jacques savoir qui scélérat, coquin. »

Jacques sourit, Mlle Primerose éclata de rire, Geneviève elle-même sourit.

MADEMOISELLE PRIMEROSE.

Voyons, mon cher, mettez-nous le couvert et servez-nous un bon déjeuner : nous avons tous faim, car nous sommes tous heureux. »

Geneviève soupira, Jacques la regarda tristement et laissa aussi échapper un soupir.

MADEMOISELLE PRIMEROSE.

Hé bien! qu'est-ce que c'est? Est-ce pour soupirer que nous sommes réunis ici, hors de cet horrible château de Plaisance? Il porte joliment son nom! c'est Déplaisance qu'on aurait dû le nommer. Et les habitants! ils sont gentils. Je les ferais fourrer en prison si j'étais gendarme ou préfet.

RAME, *gravement*.

Mam'selle Primerose, vous pas raison; domestiques bons. Julien bon, Pierre bon, cocher bon, cuisinière très bon; elle donner bonnes choses à Rame; Fanchette, la fille, très bon; toujours rire et donner sucre et café à Rame.

MADEMOISELLE PRIMEROSE, *riant*.

Mettez votre couvert, mon ami, et tenez votre langue; vous êtes comme Azéma, qui parle comme une pie.

RAME, *se fâchant*.

Moi pas pie, moi pas Azéma, moi Ramoramor, grand chef avec habit rouge plein d'or. »

Mlle Primerose partit encore d'un éclat de rire. Geneviève rit aussi, pour la première fois depuis sa maladie. Jacques, en la voyant rire, se laissa aller à un accès de gaieté. Rame, joignant les mains, s'écria en sautant et en pirouettant :

« Petite Maîtresse rire, petite Maîtresse contente! Moussu Jacques, petite Maîtresse rire! Première fois, bon Moussu Jacques. Moi heureux! Hourra, Moussu Jacques!

GENEVIÈVE, *riant toujours*.

Tais-toi donc, mon bon Rame; tu vas faire monter les sergents de ville. »

Et Geneviève continua son bon rire frais et gai.

RAME.

Chère, chère, jolie Maîtresse! Vous toujours rire; moi apporter bouillon et poulet. »

Mlle Primerose se pâmait. Rame sortit en courant et ne tarda pas à revenir accompagné de Pélagie qui venait dire bonjour à Jacques; elle lui demanda la permission de lui serrer la main, à quoi Jacques consentit avec son amabilité accoutumée.

Le déjeuner s'était annoncé triste d'abord; il fut gai et agréable à tous. Rame ne quittait pas des yeux sa maîtresse, qui mangeait de bon appétit, qui causait et qui souriait souvent. De temps en temps Rame se frottait les mains, riait tout bas et marmottait :

« Petite Maîtresse manger bien ; — petite Maîtresse content. — Petite Maîtresse rire. — Bon Moussu Jacques ! Rame heureux. »

Quand le déjeuner fut terminé, Mlle Primerose arrangea Geneviève sur un canapé, lui dit de se reposer et emmena Jacques; avant qu'il partît, Geneviève l'appela.

« Jacques, lui dit-elle affectueusement, tu reviendras me voir avant de t'en aller?

JACQUES.

Certainement, ma bonne chère Geneviève, je ne partirai pas sans t'avoir revue. »

Et il sortit pour aller rejoindre Mlle Primerose, qui attendait le moment de lui parler avec autant d'impatience que Jacques en éprouvait de l'entendre parler.

La conversation dura plus d'une heure; Jacques, très ému, ne se lassait pas d'écouter et d'interroger. Quand elle fut arrivée au jour qui précéda leur départ de Plaisance, elle se leva, ouvrit une cassette dont elle portait toujours la clef sur elle, en tira une lettre et dit :

« Lis maintenant cette lettre; elle achèvera de te faire connaître la scélératesse de ce monstre. Geneviève ne sait pas que je l'ai lue, que je l'ai gardée; ne lui en parle pas. »

Jacques, déjà bouleversé du récit que lui avait fait Mlle Primerose, lut cette lettre de Georges avec une indignation, une colère qu'il eut peine à maîtriser. Quand il l'eut finie, il la jeta par terre, la repoussa du pied et, se jetant dans un fauteuil, la tête pressée dans ses deux mains comme s'il eût craint qu'elle n'éclatât, il dit d'une voix étouffée :

« Monstre! odieux scélérat! Ah! je n'ai pas de mots pour exprimer mon indignation, mon horreur! »

Il resta longtemps immobile, étouffant sous le poids de son émotion.

« Et cette admirable, héroïque Geneviève, résistant aux instances de ce misérable que je n'ai plus le courage d'appeler mon oncle! Et elle a la force de se taire devant le silence ignominieux de cet être à cœur de tigre! Et cette lettre insultante, odieuse, elle la cache, elle la dissimule! Mon Dieu, mon Dieu, donnez-moi la force de vaincre la violence de mes sentiments! Que je n'oublie jamais cette parole du Seigneur sur la croix :

« Mon père, pardonnez-leur, ils ne savent pas
« ce qu'ils font. »

« Oh! mes chers et saints Pères! soyez bénis, vous qui avez fait de moi un chrétien; un chrétien qui pardonne et qui prie. »

Il cacha sa figure dans ses mains; Mlle Primerose vit quelques larmes couler à travers ses doigts; puis il se calma, essuya ses yeux et se leva.

« Jamais, dit-il à Mlle Primerose, je ne saurai assez vous exprimer ma reconnaissance de tout ce que vous avez fait pour elle. Vous avez été, depuis dix ans, sa protectrice, sa mère. Que serait-elle devenue sans vous? Mon respect, ma reconnaissance, ma vive affection vous sont acquis tant que Dieu me laissera un souffle de vie. »

Mlle Primerose, touchée des sentiments que lui manifestait Jacques, y répondit très amicalement. Elle avait ramassé la lettre foulée aux pieds de Jacques et la remit soigneusement dans sa cachette.

####### JACQUES.

Comment gardez-vous une pareille monstruosité, chère mademoiselle?

####### MADEMOISELLE PRIMEROSE.

Mon ami, c'est une pièce très importante à conserver. Geneviève est encore sous la coupe du père jusqu'à vingt et un ans. On ne sait pas ce que peuvent inventer des êtres pareils; c'est la seule arme que nous ayons. Il faut la garder, le bon Dieu l'a fait tomber dans mes mains. Geneviève ne s'en doute pas, heureusement. »

Jacques lui baisa la main et sortit. Il entra dans le salon; il vit Geneviève endormie sur le canapé. Il s'avança doucement près d'elle, longtemps il la regarda avec respect et admiration; puis il s'approcha, prit une de ses mains restée étendue et la baisa tendrement.

« Généreuse, admirable et bien chère amie, dit-il à voix basse, je t'ai toujours aimée et je t'aimerai toujours. Tu trouveras en moi, jusqu'au dernier jour de ma vie, un ami fidèle et dévoué. »

Il replaça doucement la main de Geneviève sur le canapé et voulut sortir; Geneviève s'éveilla.

####### GENEVIÈVE.

C'est toi, Jacques? comme tu es pâle! C'est ma cousine, n'est-ce pas, qui t'a ainsi troublé? Pauvre

Jacques! C'est terrible, n'est-ce pas? Assieds-toi près de moi et causons.

JACQUES.

O Geneviève! ma Geneviève chérie! Comme tu as souffert! Et quelle héroïque, admirable générosité tu as montrée! — Quel courage! — Et ce scélérat, ce monstre qui se tait, qui entend son père te torturer par ses questions, osant accuser ton ami, ton plus dévoué serviteur, et il ne dit rien. Il vole, et il te laisse la lourde charge de le défendre par ton généreux silence!

— Jacques, Jacques! s'écria Geneviève effrayée, pourquoi penses-tu que ce soit lui? Qui te l'a dit?

JACQUES.

Mais, mon amie, tout le monde l'aurait deviné; il faut être absurdement et sottement aveugle comme son père pour ne pas deviner que c'était lui.

GENEVIÈVE.

Jacques, ne le dis pas à mon oncle, promets-le-moi.

JACQUES.

Il suffit que tu le désires, ma Geneviève, pour que j'aie la bouche close là-dessus. Mais c'est cruel: cruel pour toi, cruel pour ceux qui t'aiment. »

Jacques se leva.

« Il faut que je m'en aille; j'ai tant à faire pour moi, pour mon père.

GENEVIÈVE.

Avec qui es-tu ici? où loges-tu?

JACQUES.

Je suis seul; à l'hôtel.

Il vit Geneviève endormie sur le canapé. (Page 321.)

GENEVIÈVE.

Alors viens dîner avec nous.

JACQUES.

Très volontiers, si je ne te fatigue pas.

GENEVIÈVE.

Me fatiguer! quelle folie! Au contraire, je me sens si bien quand tu es là! »

Jacques sourit, lui serra la main et sortit.

XXXI

BONHEUR DE GENEVIÈVE

Geneviève passa un heureux après-midi ; le retour inattendu de son ami d'enfance, qu'elle ne croyait pas revoir avant l'automne, avait effacé en partie le souvenir de son triste séjour chez son oncle ; une seule inquiétude troublait sa joie : ce voyage de Rome, qu'elle avait désiré et attendu avec impatience, la séparerait encore de Jacques.

« C'est mon seul ami, disait-elle, le seul confident de mes pensées, de mes joies, de mes douleurs. Ma cousine Primerose, malgré sa bonté, son indulgence pour moi, ne m'inspire aucune confiance sous certains rapports : sans Jacques, je me sens isolée comme si j'étais seule au monde. Et puis j'ai peur de ce méchant Georges, de mon oncle qui s'est mis dans la tête de faire passer ma fortune à son fils. Je l'ai bien vu, bien compris pendant mon séjour à Plaisance.

« Si Jacques était avec moi, je n'aurais peur de personne ; il me protégerait contre eux et contre tous. »

Ces réflexions l'attristèrent un peu ; elle chercha à se distraire en s'occupant ; elle dessinait bien et faisait très bien des portraits à l'aquarelle.

Quand elle eut déballé et arrangé couleurs, pinceaux, papier, palette, etc., elle regarda la pendule ; il était six heures.

« Il ne vient pas : c'est singulier ; il sait que nous dînons à six heures et demie. »

Enfin la porte s'ouvrit et Jacques entra.

GENEVIÈVE.

Te voilà enfin, mon ami ; je t'attends depuis longtemps.

JACQUES.

Depuis longtemps ? Il est à peine six heures.

GENEVIÈVE.

Six heures passées, Monsieur ; et tu sais que nous dînons à six heures et demie.

JACQUES.

Eh bien, je ne suis donc pas en retard.

GENEVIÈVE.

Je te trouve toujours en retard, Jacques, quand je t'attends. »

Jacques sourit.

JACQUES.

J'ai beaucoup à faire, ma bonne petite Geneviève ; je ne t'ai pas encore dit que je suis obligé de te quitter dans quinze jours ou un mois, pour longtemps et peut-être pour toujours. »

Geneviève devint pâle, tremblante.

GENEVIÈVE.

Partir! Pour toujours! Oh! Jacques, je suis vouée au malheur! »

Elle tomba en sanglotant dans un fauteuil. Jacques, très ému lui-même, chercha à la consoler de son mieux.

Il s'assit près d'elle; Geneviève, encore affaiblie par sa maladie, n'avait pas la force nécessaire pour commander à ses impressions; elle continua à pleurer amèrement.

GENEVIÈVE.

Partir! Pour toujours! M'abandonner! Jacques, tu es cruel.

JACQUES.

Ma Geneviève chérie, cette séparation ne m'est pas moins cruelle qu'elle l'est à toi; mais le devoir doit passer avant le bonheur : Rome est plus menacée que jamais!

« Le saint-père Pie IX appelle les chrétiens catholiques pour défendre le siège de la foi; je me suis engagé dans les zouaves pontificaux, et je dois partir dans quinze jours ou un mois. »

Geneviève s'était calmée à mesure que Jacques parlait. Quand il eut fini, elle poussa un cri de joie, et, prenant à deux mains la tête de Jacques qu'elle serra contre sa poitrine :

« C'est à Rome que tu vas! Oh bonheur! Mon Dieu, je vous remercie! Jacques, Jacques; moi aussi, je vais à Rome. Nous partirons avec toi. Je ne te quitterai pas. Je serai près de toi. »

Ce fut au tour de Jacques de s'extasier sur son

bonheur, de témoigner sa joie avec une vivacité qui prouva à Geneviève la tendresse qu'il lui portait. Ils se mirent à faire de beaux projets pour leur voyage, leur séjour à Rome, oubliant que Jacques y allait pour combattre, et peut-être pour tomber martyr de sa foi. Mais aucune pensée pénible ou effrayante ne vint gâter leur bonheur du moment; ils ne cherchaient pas à pénétrer dans un avenir plus éloigné.

Pendant qu'ils causaient de la vie charmante qu'ils mèneraient à Rome, Mlle Primerose rentra.

MADEMOISELLE PRIMEROSE.

Mes pauvres enfants, je vous ai fait attendre! Je vous demande bien pardon. J'avais tant à courir, tant à parler.

JACQUES.

Attendre! Pas du tout, chère Madame. Il n'est pas tard.

MADEMOISELLE PRIMEROSE.

Il est presque sept heures et demie, mes enfants. Vous n'avez donc pas faim?

GENEVIÈVE.

Non, pas du tout, ma cousine.

MADEMOISELLE PRIMEROSE.

Pas faim? Mais qu'as-tu, Geneviève? Comme tu as l'air animé.

GENEVIÈVE.

Je crois bien, ma cousine. Je suis si heureuse! Figurez-vous que Jacques va à Rome; il est zouave pontifical. Il part dans quinze jours environ, et nous partirons avec lui.

MADEMOISELLE PRIMEROSE.

Dans quinze jours? C'est bien peu de temps pour mes affaires. Comme vous arrangez tout cela, vous deux!

GENEVIÈVE.

Ma bonne cousine, terminez tout bien vite, je vous en supplie. Voyez quel avantage ce sera pour nous d'avoir en voyage un homme pour nous protéger, vous venir en aide, et un zouave surtout. »

Jacques et Mlle Primerose se mirent à rire de l'anxiété de Geneviève et de son air suppliant.

MADEMOISELLE PRIMEROSE.

Je tâcherai, ma chère petite; je ferai ce que je pourrai, je vous le promets à tous deux. Mais dînons vite; je meurs de faim, moi: je n'ai pas, comme toi, un Jacques pour me faire oublier les heures. Jacques, va voir, mon ami, pour qu'on serve tout de suite. »

Le dîner ne tarda pas à être annoncé; Mlle Primerose le trouva un peu trop cuit, mais, comme c'était elle qui s'était fait attendre, elle n'osa pas trop s'en plaindre; les perdreaux rôtis surtout la firent gémir.

« Quel dommage! disait-elle, de si beaux perdreaux! C'est sec comme une poule bouillie. Pauvre Jacques, je te plains de manger ces bêtes desséchées. Mais c'est ma faute : ils m'ont attendue une heure. »

Jacques n'en mangeait pas moins de fort bon appétit.

Après dîner, Mlle Primerose demanda à Geneviève

ce qu'elle comptait faire de ses couleurs et pinceaux ?

« Je veux faire le portrait de Jacques, ma cousine. Je tiens beaucoup à l'envoyer à sa mère avant le départ pour Rome.

MADEMOISELLE PRIMEROSE.

Très bien, ma fille ; mais Jacques trouvera-t-il le temps de poser ?

JACQUES.

En me levant de bon matin pour terminer mes affaires, j'aurai toujours trois ou quatre heures à donner à Geneviève. »

Les choses ainsi arrangées, ils descendirent tous au jardin pour prendre l'air. Ils parlèrent de leur voyage.

Il fut convenu que Jacques irait passer huit jours chez ses parents, qui étaient encore à la campagne, et qu'il viendrait joindre Mlle Primerose et Geneviève vers le 5 ou 6 septembre pour se mettre en route le 8, jour de la Nativité de la Sainte Vierge et anniversaire du beau fait d'armes de la prise de Malakoff en Crimée. C'était Mlle Primerose qui avait indiqué ce jour.

Le lendemain, Geneviève se leva très gaie, après avoir passé une très bonne nuit ; elle alla entendre au couvent la messe avec Mlle Primerose, elle déjeuna de fort bon appétit et elle se mit à esquisser de mémoire le portrait de Jacques.

Pendant qu'elle dessinait, Mlle Primerose se mit à travailler près d'elle.

« Geneviève, dit-elle, tu sais que j'ai été voir Mme de Saint-Aimar la veille de notre départ.

GENEVIÈVE.

Oui, ma cousine.

MADEMOISELLE PRIMEROSE.

Mais je n'ai pas eu le temps de te faire sa commis-

Elle se mit à esquisser le portrait de Jacques.

sion. Elle m'a chargée de te dire que son fils Louis t'aimait de tout son cœur et qu'il te demandait en mariage.

GENEVIÈVE.

Lui aussi! Pauvre garçon! je l'aime beaucoup;

il est très bon, et Hélène aussi est très bonne.
MADEMOISELLE PRIMEROSE.

Alors accepterais-tu la proposition de Mme de Saint-Aimar?

GENEVIÈVE.

D'épouser Louis? Certainement non.

MADEMOISELLE PRIMEROSE.

Pourquoi cela, puisque tu l'aimes beaucoup?

GENEVIÈVE.

Je l'aime comme un ami que je vois avec plaisir, mais je ne l'aimerais pas du tout comme mari.

MADEMOISELLE PRIMEROSE.

Tu dis pourtant qu'il est très bon.

GENEVIÈVE.

Certainement il est bon; mais je ne suis pas obligée d'épouser tous ceux qui sont bons.

MADEMOISELLE PRIMEROSE.

Mais Louis n'est pas tout le monde; il est, comme Jacques, ton ami d'enfance.

GENEVIÈVE.

Comme Jacques! Oh! ma cousine! comment pouvez-vous comparer? Comme Jacques! Ce n'est pas du tout la même chose.

MADEMOISELLE PRIMEROSE.

Je ne vois pas la grande différence; il est d'une bonne famille comme Jacques, joli garçon comme Jacques, très bon, avec une fortune supérieure à celle de Jacques, t'aimant beaucoup comme Jacques.

GENEVIÈVE, *vivement*.

Tout cela est possible, mais je ne l'aime pas,

je ne l'aimerai jamais, et il ne m'aime pas comme m'aime Jacques; je le vois, je le sens, je le sais.

MADEMOISELLE PRIMEROSE.

Alors tu refuses?

GENEVIÈVE.

Très positivement; et s'il continue à m'aimer trop, je ne l'aimerai plus du tout.

MADEMOISELLE PRIMEROSE.

Oh, oh! Comme te voilà fâchée! Tu es rouge de colère! Écoute; je te propose une chose qui me paraît très bien : parles-en à Jacques, consulte-le; tu te décideras d'après ce qu'il te dira.

GENEVIÈVE.

Oui, s'il me conseille de refuser; non, s'il me conseille d'accepter.

MADEMOISELLE PRIMEROSE.

Mais si tu refuses ainsi de bons partis, tu finiras par rester vieille fille.

GENEVIÈVE.

Tant mieux; je me ferai sœur de charité et j'irai soigner les zouaves de Rome.

MADEMOISELLE PRIMEROSE.

Très bien, ma fille; c'est une très belle vocation, contre laquelle je ne lutterai certainement pas Au reste, voici tout juste notre conseiller qui arrive. Bonjour, Jacques; déjeunes-tu avec nous?

JACQUES.

Si vous voulez bien le permettre.

MADEMOISELLE PRIMEROSE.

Avec grand plaisir; tu manges chez nous, c'est convenu. Je vais voir Pélagie et je reviens. »

XXXII

JACQUES ET GENEVIÈVE S'ENTENDENT
A L'AMIABLE

Quand Mlle Primerose fut partie, Jacques s'approcha vivement de Geneviève.

JACQUES.

Tu ne me dis rien, Geneviève? Mais comme tu as l'air triste? Qu'y a-t-il, mon amie? Une nouvelle contrariété?

GENEVIÈVE.

Je crois bien, et une très grande! Ne voilà-t-il pas ma cousine qui veut que je me marie!

JACQUES *inquiet*.

Que tu te maries! à dix-huit ans! mais c'est trop jeune, beaucoup trop jeune!

GENEVIÈVE.

N'est-ce pas, mon bon Jacques? A la bonne heure! tu es raisonnable, toi.

JACQUES.

Mais qui veut-elle te faire épouser.

GENEVIÈVE.

Louis de Saint-Aimar! Et sais-tu ce qu'elle dit : que c'est mon ami d'enfance comme toi, qu'il est bon comme toi, et enfin qu'il m'aime autant que tu m'aimes. »

Jacques avait approché une chaise et s'était assis près de Geneviève. A cette dernière assertion de Mlle Primerose, il saisit la main de Geneviève et s'écria.

« Ce n'est pas vrai! C'est impossible!

GENEVIÈVE, *affectueusement*.

N'est-ce pas, mon ami, que c'est impossible? Je le lui ai déjà dit, parce que je vois et je sens combien tu m'aimes, et que ce Louis ne peut pas m'aimer comme toi qui es mon frère, mon ami, le bonheur de ma vie.

JACQUES.

Oh! Geneviève, que tes paroles me font de bien! Comme je t'aime, ma Geneviève, ma sœur, mon amie!

GENEVIÈVE.

N'est-ce pas que tu me conseilles de refuser ce mariage qui me rendrait si malheureuse en me séparant de toi? Réponds-moi, Jacques : dis-moi que je ne peux pas, que je ne dois pas y consentir.

JACQUES.

Chère Geneviève, en fait de mariage, il faut suivre l'impulsion de son cœur d'accord avec la raison. Si Louis ne te plaît pas....

« Comme je l'aime, ma Geneviève ! »

GENEVIÈVE.

Il me déplaît horriblement depuis que je sais qu'il prétend m'aimer; s'il persiste, je le détesterai.

JACQUES, *souriant.*

Non, ne le déteste pas : ce ne serait pas juste ; il ne persistera pas ; je le sais trop honnête homme et trop ton ami pour ne pas abandonner son projet quand il saura que tu le repousses.

GENEVIÈVE.

Merci, Jacques ; merci, mon ami. Je ferai part de ton excellent conseil à ma cousine. »

Mlle Primerose rentra.

MADEMOISELLE PRIMEROSE.

Ah ! voilà Mlle Geneviève qui a repris son air doux et calme comme d'habitude. Quand tu es arrivé, elle avait un air presque furieux. Elle t'a consulté, à ce que je vois.

GENEVIÈVE.

Et Jacques est de mon avis, ma chère cousine ; et je vous demande de vouloir bien écrire le plus tôt possible à Mme de Saint-Aimar que je ne veux pas me marier....

MADEMOISELLE PRIMEROSE.

Parce que tu veux te faire sœur de charité pour soigner les zouaves pontificaux. C'est bien ce que tu me disais, n'est-ce pas?

GENEVIÈVE.

Oui, ma cousine ; mais il est inutile d'en faire part à Mme de Saint-Aimar.

MADEMOISELLE PRIMEROSE.

D'autant que ton projet ne s'exécutera pas, j'en

réponds. Mais allons déjeuner, nous en recauserons après. »

En effet, après le déjeuner, qui fut très gai, on reprit la conversation, et Mlle Primerose s'amusa à les taquiner en leur proposant à tous deux des mariages qu'elle trouvait charmants, excellents. Après une heure de cet exercice, elle dit à Geneviève :

« Voyons, nous perdons notre temps à dire des niaiseries. Toi, Geneviève, tu vas te remettre à ton portrait ; seulement toi, Jacques, tu feras bien de te mettre en face d'elle et non à côté : ce serait poser dans le genre de Rame, qui voulait toujours voir ce que faisait *petite Maîtresse*, tout en posant. Mais, avant de commencer la séance, j'ai à te consulter, Jacques, sur une affaire très importante. Comme tu as fait ton droit, tu sauras me donner un bon conseil.

JACQUES.

Très volontiers, chère mademoiselle ; je suis à vos ordres.

MADEMOISELLE PRIMEROSE.

Je ne le garderai pas longtemps, Geneviève ; prépare, en attendant, le fond du dessin. »

XXXIII

EXPLICATION COMPLÈTE

Quand Mlle Primerose fut chez elle avec Jacques, elle lui dit :

« C'est vrai, Jacques, que j'ai à te parler sérieusement; prends ce fauteuil et réponds-moi franchement. Devines-tu pourquoi Geneviève refuse si vivement de se marier? »

Jacques hésita quelques instants.

JACQUES.

Elle ne me l'a pas dit.

MADEMOISELLE PRIMEROSE.

Eh bien, moi je te le dirai : elle refuse et elle refusera avec irritation toute proposition de mariage, parce qu'il n'y en a qu'une qu'elle accepterait avec bonheur, mais qui ne lui a pas été faite : c'est la tienne.

JACQUES.

La mienne! moi! Je ne peux pas la faire, je ne la ferai pas.

MADEMOISELLE PRIMEROSE.

Pourquoi cela, Monsieur le nigaud?

JACQUES.

Parce qu'elle est riche et que je ne le suis pas; je ne veux pas que ma femme et sa famille puissent me soupçonner d'avoir fait un mariage d'argent.

MADEMOISELLE PRIMEROSE.

Que tu es bête, mon pauvre garçon! Qui pourra te soupçonner d'un aussi ignoble sentiment? En voyant Geneviève, qui pourra douter que tu n'aies été subjugué par tant de charmes? Qui pourra ignorer que vous vous aimez depuis l'enfance, que votre tendresse a grandi avec vous, et que Geneviève elle-même t'aime autant que tu l'aimes? Qu'importe que tu sois moins riche qu'elle? Tu lui apportes bien d'autres avantages cent fois plus précieux qu'une fortune dont elle n'aurait que faire; par-dessus tous les autres, une belle réputation méritée depuis ton enfance, et des qualités personnelles devenues si rares maintenant et qui assurent le bonheur d'une femme.

JACQUES.

Chère, chère mademoiselle, que vous me rendez heureux! Vous croyez vraiment que je puis espérer d'être agréé par ma chère bien-aimée Geneviève? qu'elle ne me repoussera pas comme elle l'a fait pour les autres propositions très belles que vous lui avez fait connaître?

MADEMOISELLE PRIMEROSE.

J'en suis certaine, mon ami. Il y a longtemps que je vois se développer en vous deux ce sentiment que j'ai favorisé de mon mieux ; j'aurais voulu attendre un an ou deux pour vous ouvrir les yeux, mais l'aventure de Plaisance rend le mariage, c'est-à-dire l'émancipation de Geneviève, plus urgent. Il faut donc, d'une part, qu'il soit décidé, sans pourtant le faire connaître à personne, qu'à Pélagie et à Rame ; ensuite, qu'il ne se fasse que lorsque la position romaine actuelle sera plus nette. Enfin il faut qu'en allant faire tes adieux à tes parents, tu leur en parles, tu obtiennes leur permission et qu'ils s'occupent d'avance à avoir les papiers nécessaires pour faire promptement le mariage dans un cas pressé. Il ne faut jamais attendre au dernier moment. »

Jacques ne répondit qu'en embrassant tendrement Mlle Primerose et lui promettant de rendre Geneviève la plus heureuse des femmes. Il alla rejoindre sa future fiancée pendant que Mlle Primerose allait s'occuper de voir les hommes d'affaires et le subrogé tuteur de Geneviève.

Lorsque Jacques rentra dans le salon, son visage exprimait un tel bonheur que Geneviève en fut frappée.

GENEVIÈVE.

Que t'a dit ma cousine, Jacques? Tu as un air ravi, heureux ; qu'est-ce que c'est?

JACQUES.

C'est le bonheur de ma vie, la fin de toutes mes anxiétés, ma Geneviève chérie, et c'est à genoux que je dois te demander de ratifier les paroles de ta cousine. »

Et, se mettant effectivement à genoux près de Geneviève étonnée, il ajouta :

« Elle m'a dit, Geneviève, que tu m'aimais....

GENEVIÈVE.

Comment! c'est une nouvelle pour toi?

JACQUES.

Je sais bien que tu m'aimes ; mais elle a ajouté que tu avais refusé Louis et d'autres qu'elle t'a nommés parce que..., parce que....

GENEVIÈVE.

Mais parle donc, Jacques ; tu me mets à la torture.

JACQUES.

Parce que tu n'aimais que moi, et que si je t'adressais la même demande que Louis, tu l'accepterais sans hésiter.

GENEVIÈVE.

Toi! toi! et tu as pu en douter? »

Jacques la serra avec transport contre son cœur.

GENEVIÈVE, *avec malice.*

Tu ne me trouves donc plus trop jeune pour me marier? Je n'ai pourtant pas beaucoup vieilli depuis le déjeuner.

JACQUES.

Je voulais, sans m'en rendre compte, éloigner le plus possible un événement fatal pour moi, puisqu'il t'enlevait à ma tendresse; j'aurais trouvé des obstacles à tout; je trouvais surtout que tu n'avais pas encore assez vécu pour moi seul.

GENEVIÈVE.

Et je n'aurais jamais consenti à vivre pour un autre que toi, mon ami; cette vive affection devait rester dans l'avenir ce qu'elle a été jusqu'ici, concentrée sur toi seul. »

Il ne fut plus question de portrait ce jour-là; ils avaient devant eux trois ou quatre heures de liberté pour causer plus confidentiellement encore de leur avenir si heureusement décidé. Ils convinrent qu'ils ne déclareraient pas leur mariage avant que l'affaire de Rome fût résolue.

« Il y aura, dit Jacques, de durs moments à passer; nous combattrons jusqu'à ce que Dieu nous rappelle tous à lui, ou bien jusqu'à l'anéantissement de ses ennemis, qui amènera la délivrance du Saint-Père et de Rome. Tu prieras pour nous, ma Geneviève....

GENEVIÈVE, *tristement*.

Pour toi surtout, Jacques, afin que le bon Dieu te préserve dans les terribles combats que tu auras à soutenir pour sa cause. »

Jacques, voyant Geneviève attristée, chercha à détourner ses pensées de dessus cette lugubre perspective; il lui parla du petit séjour qu'il comptait faire chez ses parents, de leur consentement assuré à son mariage.

GENEVIÈVE.

Ton père dit toujours pourtant qu'il ne veut pas que tu te maries trop jeune, et tu n'as que vingt-trois ans; c'est bien jeune pour un homme.

JACQUES, *riant*.

Et dix-huit ans! c'est bien jeune pour une femme.

GENEVIÈVE.

Aussi tu diras à ton père que nous ne nous marierons pas tout de suite, que nous attendrons deux ans. Puisque nous serons ensemble, nous ne nous quitterons pas, nous pouvons bien attendre.

JACQUES.

Sans aucun doute; j'aurais alors vingt-cinq ans et toi vingt. Ce sera un âge très raisonnable, et je suis sûr que mon père et ma mère n'y feront aucune objection. Et s'il y avait encore quelque petite hésitation, je chargerais mes frères et mes sœurs de plaider notre cause, de leur donner toutes sortes de bonnes raisons; et ils consentiront à tout; ils m'aiment, ils te connaissent et t'admirent beaucoup; je suis tranquille de ce côté.

GENEVIÈVE.

Et tes affaires pressées que tu avais hier?

JACQUES.

Oh! j'aurai le temps. Ce matin je me suis levé à cinq heures; j'en ai dépêché plusieurs. Avant dîner, il faudra que j'aille au comité pontifical des zouaves, afin de terminer mon engagement et me faire donner mes instructions. Demain je passerai deux bonnes heures à Vaugirard pour voir mes chers Pères; je leur raconterai mon bonheur, auquel ils prendront une part bien sincère, car ils sont si bons, si paternels, et ils m'ont conservé une si bonne affection! Ils me béniront; cette bénédiction me portera bonheur en attendant celle du Saint-Père. »

Jacques quitta Geneviève longtemps avant le retour de Mlle Primerose; dès qu'il fut parti, elle appela Pélagie et Rame.

« Mes bons amis, dit-elle, venez, que je vous apprenne une grande nouvelle. Je me marie. »

Pélagie devina sans peine que c'était Jacques qui était le mari choisi par Geneviève, elle la prit dans ses bras et l'embrassa plusieurs fois :

« Sois bénie, ma chère enfant; tu ne pouvais mieux choisir; tu seras heureuse; le bon Dieu bénira cette union. »

Rame ne bougeait pas; il regardait tristement sa chère maîtresse et ne disait rien.

GENEVIÈVE.

Tu ne me parles pas, mon bon Rame; tu n'es pas content de mon bonheur?

RAME.

Moi content si jeune Maîtresse content; mais moi penser à pauvre Moussu Jacques. Lui tant aimer petite Maîtresse! Lui malheureux, pauvre Moussu Jacques!

GENEVIÈVE.

Jacques malheureux! Il est enchanté : c'est lui qui sera mon mari.

RAME.

Moussu Jacques! Oh bonne petite Maîtresse! Rame heureux, Rame toujours rester avec jeune Maîtresse comme avant, Rame toujours aimer jeune Maître. »

Geneviève remercia affectueusement ce bon et fidèle serviteur qui avait toujours été pour elle un ami dévoué et qui ne vivait que pour elle.

Rame pleurait et ne pouvait ni exprimer ni contenir sa joie. Il étouffait et ne pouvait parler.

GENEVIÈVE.

Calme-toi, mon bon Rame, et, au lieu de pleurer, réjouis-toi avec moi. Si tu savais comme je suis heureuse et comme mon cher Jacques est heureux! Nous partirons ensemble pour Rome dans quinze jours ou un mois et nous y resterons avec lui tant qu'il y restera. »

Geneviève expliqua à Pélagie et à Rame quels étaient leurs projets, et que le mariage n'aurait lieu qu'après la campagne qui se préparait. Elle se mit ensuite à lire et à faire de la musique en attendant Jacques et Mlle Primerose. Jacques arriva exactement à six heures, mais Mlle Primerose se fit attendre comme la veille.

Pélagie grogna un peu, mais elle soigna son dîner en prévoyant le retard.

Quand Mlle Primerose rentra enfin à sept heures comme la veille, elle se jeta sur un fauteuil.

MADEMOISELLE PRIMEROSE.

Ouf! Je suis fatiguée! Il fait une chaleur! Eh bien, mes enfants, qu'avez-vous décidé?

— Chère cousine, dit Geneviève en embrassant Mlle Primerose, Jacques a changé d'avis : il ne me trouve plus trop jeune pour me marier, et il consent à risquer son bonheur en subissant mon joug.

JACQUES.

Geneviève, tu es une petite méchante. Si tu disais : Jacques m'a si tendrement demandé d'ac-

Rame pleurait.

cepter son cœur et sa vie, que j'y ai consenti, tu serais plus près de la vérité.

MADEMOISELLE PRIMEROSE.

La vérité est que vous vous aimez à qui mieux mieux, et que vous êtes enchantés tous les deux que j'aie débrouillé votre affaire, qui sans moi aurait traîné indéfiniment. Moi aussi, je suis enchantée. Il y a si longtemps que j'y pense que j'en étais ennuyée ; je n'aime pas à voir traîner les choses. Ainsi voyez-vous, mes enfants, moi, si je m'écoutais, je finirais tout avant le départ pour Rome ; mais je ne m'écoute pas, et nous attendrons le bon plaisir de ces messieurs les révolutionnaires.

« Quand ils auront fait leur coup et que ces messieurs les zouaves et autres généreux défenseurs du pape auront exterminé ces bandits, nous nous marierons, et la vieille Primerose, satisfaite de son œuvre, ira végéter dans quelque coin solitaire.

JACQUES.

Vous, chère mademoiselle ! Vous, nous quitter ! Non, jamais ; Geneviève ni moi, nous n'y consentirons pas. »

Mlle Primerose, attendrie, se leva et, les prenant tous deux dans ses bras, elle les embrassa tendrement.

MADEMOISELLE PRIMEROSE.

Chers enfants, vous n'êtes et vous ne serez jamais ingrats. J'accepte votre offre et j'avoue que j'y comptais. Mais je me réserve mon indépendance pour m'absenter quelquefois ; ainsi je me donnerai le plaisir d'aller à Saint-Aimar pour taquiner votre imbécile d'oncle, et rire un peu des projets manqués de ma chère amie Saint-Aimar, qui voulait pour son fils notre charmante Geneviève et sa belle fortune ; et pour Hélène, elle désirait et désire encore ce triple gredin de Georges et sa belle fortune. Ha, ha, ha ! je vais joliment les taquiner tous; ils le méritent bien, allez. Ils vont enrager! Cela m'amuse; c'est ma manière de punir les sots et les coupables. »

XXXIV

AFFAIRES TERMINÉES
CORRESPONDANCE AIGRE-DOUCE

Le lendemain, Mlle Primerose rentra un peu troublée, longtemps avant le dîner.

« Mes enfants, dit-elle à Geneviève et à Jacques qui l'attendaient en causant, il faut que j'écrive à votre coquin d'oncle pour avoir son consentement au mariage de Geneviève; je viens de chez le notaire qui est son subrogé tuteur; il m'a dit avoir su par M. Dormère que j'emmenais Geneviève à Rome, que son oncle comptait s'opposer à ce départ et reprendre sa nièce chez lui jusqu'à sa majorité, qu'il en avait le droit et qu'il en userait. Vous devinez comment j'ai reçu cette communication. J'ai raconté alors dans tous ses détails à ce notaire, qui est un brave homme, les procédés soi-disant paternels de cet homme abominable; j'ai terminé par le récit du vol commis par son fils et attribué au pauvre Rame; et comme il ne pouvait croire à de pareilles iniquités, j'ai tiré de mon portefeuille la lettre écrite par cet horrible Georges et je la lui ai fait lire. Il en a été aussi indigné que nous l'avons tous été.

GENEVIÈVE.

Quelle lettre, ma cousine? Comment se trouve-t-elle entre vos mains?

MADEMOISELLE PRIMEROSE.

Celle que ce monstre a osé t'écrire pour te demander ta main; tu l'as laissée dans ta chambre. Je l'ai vue, j'ai reconnu l'écriture, je l'ai lue et je l'ai emportée en remerciant Dieu d'avoir mis entre mes mains une preuve (la seule que nous ayons) de la scélératesse de ce misérable. Je suis ressortie aussitôt pour que tu ne puisses deviner que c'était moi qui la tenais. — J'ai raconté à ton subrogé tuteur ta cruelle et longue maladie qui t'avait mise si près de la mort. Il est convenu que M. Dormère, après une pareille conduite, devait être dépossédé de sa tutelle, mais qu'il faudrait pour cela que je lui intentasse un procès qui amènerait le déshonneur de son fils. Que pour éviter ce malheur, il valait mieux lui écrire pour avoir son autorisation tant pour le voyage à Rome que pour le mariage avec Jacques, et il m'a conseillé de le faire le plus tôt possible et dans les termes les plus doux, sans reproches et sans témoigner aucune incertitude de son consentement. Il viendra demain chez moi pour voir Geneviève et Jacques et faire connaissance avec sa pupille et son fiancé. Je lui ai laissé la lettre de ce scélérat de Georges, afin qu'il la garde comme pièce de conviction. Je vais écrire tout de suite à votre misérable oncle, et nous verrons s'il osera me refuser. »

Mlle Primerose sortit.

GENEVIÈVE.

Mon Dieu, mon Dieu! encore des chagrins, des inquiétudes.

JACQUES.

Ne t'effraye pas, ma bien-aimée Geneviève; notre oncle ne peut pas refuser son consentement; quand il connaîtra la lettre de son infâme Georges, il se gardera bien de provoquer un procès qui lui démontrera clairement ce qu'est son fils. J'avoue que j'éprouve une grande satisfaction en pensant à ses regrets, à ses remords quand il verra si évidemment comment il a payé ton noble et généreux silence. Je puis te dire jusqu'à quel point je me sens indigné, révolté quand j'arrête ma pensée sur la conduite de mon oncle et de son fils à ton égard. Toi si douce, si bonne, si vraie! Aussi je bénis l'excellente Mlle Primerose de s'être chargée de toi; je sais qu'elle a des défauts; qui est-ce qui n'en a pas? Mais quand je vois son dévouement, son affection, je ne puis qu'excuser ses imperfections et sentir augmenter pour elle ma tendresse et ma reconnaissance.

GENEVIÈVE.

Mon bon, mon cher Jacques, que tu es bon! Comme j'ai raison de t'aimer de toutes les forces de mon cœur

Mlle Primerose rentra tenant une lettre à la main.

MADEMOISELLE PRIMEROSE.

Tenez, mes enfants, voici ce que je lui écris ; vous êtes intéressés dans cette affaire ; je désire avoir votre approbation :

« Mon cousin,

(J'ai eu de la peine à lui donner ce nom.)

« Je vous écris comme au tuteur de ma chère Geneviève ; sa santé très ébranlée demande un changement d'air, de climat et une suite de distractions ; j'ai pensé à un séjour à Rome, et je désire avoir votre consentement (toujours comme tuteur) pour ce long voyage. — Je vous adresse par la même lettre une seconde demande plus importante encore. Elle aime depuis son enfance votre neveu Jacques de Belmont ; leur tendresse est réciproque, et cette union est considérée par eux et par moi comme devant faire le bonheur de leur vie. Je ne doute pas de votre consentement, mais je désire l'avoir par écrit, pour agir à coup sûr. Ayez l'obligeance de me répondre courrier par courrier, car j'ai hâte d'emmener Geneviève dans un climat approprié à son état de santé.

« Veuillez croire que cette lettre, importune, je le crains, m'est dictée par une absolue nécessité, et agréez l'assurance de tous mes sentiments.

« CUNÉGONDE PRIMEROSE. »

JACQUES.

Très bien, très bien, chère mademoiselle ; elle est

polie tout en étant froide comme elle doit l'être. Il ne peut pas vous refuser; vous aurez une bonne réponse.

MADEMOISELLE PRIMEROSE.

Que Dieu t'entende, mon ami! Moi qui le connais depuis près de quarante ans, je crois qu'elle sera mauvaise; mais ne nous en effrayons pas : nous avons des armes, et le brave notaire la persuadera, la lettre et la loi à la main. »

Le lendemain, le subrogé tuteur de Geneviève vint déjeuner. Il parut très content de sa pupille et de Jacques, approuva chaleureusement l'engagement dans les zouaves pontificaux, et demanda à Geneviève de lui raconter la scène du vol de Georges.

Geneviève fut très émue de cette demande et supplia son tuteur de la dispenser de ce pénible récit.

LE NOTAIRE.

Je suis fâché, ma chère petite pupille, de vous obliger à recueillir ces douloureux souvenirs, mais c'est nécessaire, croyez-moi. Il faut que je sache tout, car j'aurai une rude opposition à vaincre. »

Geneviève, pâle et tremblante, raconta dans tous ses détails les paroles et les actions de Georges; elle expliqua comment elle était cachée à ses regards par le renfoncement de la bibliothèque et par la colonne. Pour lui faire mieux comprendre ce qui lui paraissait peu clair, elle voulut crayonner le plan de la bibliothèque, mais sa main tremblante laissait échapper le crayon.

« Jacques, dit-elle, toi qui connais la bibliothèque, dessine-la, je t'en prie ; je ne peux pas. »

Jacques, ému lui-même de l'émotion de Geneviève, traça le plan d'une main mal assurée ; mais le notaire le comprit et pria Geneviève de continuer son récit, sans en rien omettre. Elle redit les paroles que Georges avait laissé échapper en parlant d'elle et continua jusqu'à la fin.

LE NOTAIRE.

Comment ne vous êtes-vous pas montrée quand il a manifesté le désir de s'emparer d'une partie de l'argent de son père?

GENEVIÈVE.

« Le peu de mots qu'il avait dits en parlant de moi m'avaient tellement révoltée, que je ne voulais pas subir devant lui la honte de les avoir entendus. L'idée ne me vint pas, jusqu'au dernier moment, qu'il aurait l'infamie de voler son père ; et quand je le vis compter dix billets de mille francs et les mettre dans sa poche, il était trop tard ; j'eus peur et je me suis sentie si tremblante, si prête à défaillir, que je ne pus ni parler, ni faire un mouvement. Ce ne fut que quelques minutes après son départ précipité que j'eus la force de m'approcher du fauteuil pour y tomber. »

Geneviève fondit en larmes ; Jacques se précipita vers elle et lui prit les mains, qu'il baisa affectueusement.

LE NOTAIRE.

Pauvre petite! je comprends la terrible émotion que vous avez dû éprouver. Je vous remercie de

Le notaire baisa la main de Geneviève. (Page 363.)

votre courage en me donnant tous les détails de ce crime, car c'est véritablement un crime qu'il a commis; mais je trouve qu'il est encore surpassé par son attitude dans la scène que vous a fait subir votre oncle. Et oser ensuite écrire la lettre que j'ai entre les mains! Son père la lira; c'est une justice à rendre.

GENEVIÈVE, *les mains jointes et d'un air suppliant.*

O monsieur! Mon pauvre oncle, vous le tuerez : il aime tant son fils!

LE NOTAIRE.

Non, ma chère enfant; il n'en mourra pas, et il mérite cette punition que vous avez voulu lui épargner par votre héroïque silence. — Les misérables ! — Soyez tranquilles sur votre avenir, mes jeunes amis. Je ferai disparaître tous les obstacles que vous redoutez. Adieu; je vais préparer l'acte de désistement de la tutelle de votre oncle; l'excellente Mlle Primerose restera maîtresse de vous diriger comme elle l'a fait jusqu'à présent, avec un cœur de mère. Je reviendrai vous voir le plus souvent que je pourrai. »

Le notaire salua Mlle Primerose, baisa la main de Geneviève, serra fortement celle de Jacques et sortit.

XXXV

NOUVELLE INQUIÉTUDE

Le lendemain de la visite du notaire, Mlle Primerose reçut de M. Dormère la lettre suivante :

« Ma cousine,

« Je reçois votre lettre et je m'empresse d'y répondre par un refus absolu à vos deux demandes. Votre voyage à Rome est complètement inutile pour la santé de ma nièce ; le changement d'air que vous jugez nécessaire me décide à la rappeler à Plaisance ; veuillez lui dire que dans huit jours je l'enverrai chercher ; mon fils Georges l'accompagnera jusque chez moi. Veuillez aussi lui faire savoir que je n'ai besoin ni de son nègre, ni de sa bonne, qui se permettent de tenir sur le compte de mon fils des propos que je ne puis tolérer. Je me charge de lui procurer une femme de chambre qui saura conserver le respect qu'un domestique doit à ses maîtres. Quant à ce mariage dont vous me parlez, c'est, des deux côtés, un enfantillage qui ne demande qu'un *non* très accentué et irrévocable. Vous connaissez aussi bien que ma nièce mes intentions à l'égard de son mariage; elles s'exécuteront plus tard, à moins qu'elle ne m'oblige à la faire renfermer dans un couvent jusqu'à sa majorité. Recevez, ma cousine, l'assurance de tous mes sentiments.

« L. Dormère. »

Le visage de Mlle Primerose exprima une telle irritation, que Jacques et Geneviève s'empressèrent de lui demander ce qu'était cette lettre qui paraissait l'impressionner si vivement.

MADEMOISELLE PRIMEROSE.

C'est la réponse de M. Dormère; elle est telle que je vous l'avais annoncée, mais plus méchante et plus sotte que je ne le supposais. Je ne le croyais pas aussi ignoble. Je vais la porter à notre bon notaire et je lui demanderai d'aller lui-même à Plaisance dès demain, pour en finir avec ces misérables, et il se chargera de ma réponse, que je vais écrire immédiatement. »

Avant de quitter le salon, Mlle Primerose donna la lettre à Jacques, qui la lut tout haut à Geneviève.

JACQUES.

C'est abominable, odieux! Et voilà l'homme auquel tu voulais sacrifier, ma Geneviève, ton bonheur et le mien.

GENEVIÈVE, *pleurant*.

Oh! Jacques, mon ami, ne me laisse pas emmener; j'en mourrais.

JACQUES.

Ne t'effraye pas, mon amie; jamais, moi vivant, je ne te laisserai au pouvoir de ces misérables. D'ailleurs, n'oublie pas que ton subrogé tuteur est là pour t'arracher de ces mains infernales et que la lettre que Mlle Primerose a eu le bonheur de trouver et de garder nous sauvera tous. »

Pendant que Jacques cherchait à calmer les terreurs de la pauvre Geneviève, Mlle Primerose écrivait à son odieux cousin la lettre suivante :

« Monsieur,

« Il y a trop longtemps que je vous connais dépourvu d'esprit, de délicatesse et de cœur, pour n'avoir pas prévu un refus : mais vous avez dépassé toutes mes prévisions. La pensée infernale que vous avez conçue de livrer votre nièce à un infâme scélérat, ou de l'enfermer dans un couvent, n'aura pas son exécution. Le subrogé tuteur de Geneviève vous porte les preuves de votre propre infamie quand vous avez osé accuser le serviteur de votre innocente et trop généreuse nièce de vous avoir soustrait vos dix mille francs qu'elle savait vous avoir été *volés* par votre misérable fils. Si vous ne signez pas, *séance tenante*, votre désistement de votre odieuse tutelle et la reddition de vos comptes de tutelle, je déposerai après-demain ma demande motivée chez le procureur impérial;

et votre nom sera justement déshonoré ainsi que votre personne et celle de votre fils, ce qu'avait voulu empêcher ma noble Geneviève en vous cachant le nom du voleur et en vous suppliant, prosternée à vos pieds, de *sauver l'honneur de votre maison*.

« Je ne veux plus avoir affaire directement à vous et je vous défends de m'écrire.

« CUNÉGONDE PRIMEROSE. »

Mlle Primerose apporta sa lettre au salon et dit à Jacques de la lire à haute voix.

Aux premières lignes, Jacques s'arrêta.

« Chère mademoiselle, dit-il en souriant, ce n'est pas d'un style doux et conciliant.

MADEMOISELLE PRIMEROSE.

Nous ne sommes plus au jour de la conciliation, mon ami. Je parle net parce qu'il le faut. Continue jusqu'au bout. »

Quand Jacques eut fini, Geneviève prit la parole à son tour.

« Chère cousine, c'est bien dur pour mon pauvre oncle d'apprendre si brusquement la terrible vérité.

MADEMOISELLE PRIMEROSE.

Et tu crois que c'est moi qui la lui apprends, bonne personne que tu es. Il y a longtemps qu'il l'a devinée, mais il ne veut pas l'avouer, par orgueil et par lâcheté. Tu oublies donc le plan infâme de ce misérable pour t'amener à épouser forcément son scélérat de fils. Et tout cela uniquement pour avoir ta fortune ! »

Geneviève baissa la tête, et une larme s'échappa de ses yeux.

« Ma cousine, elle pleure! s'écria Jacques tristement.

MADEMOISELLE PRIMEROSE.

Eh bien, mon ami, console-la, et vois toi-même si, pour dissiper ce chagrin... stupide, je dois l'avouer, tu préfères la voir enlever à ta tendresse par deux brigands qui la feront mourir à force de larmes trop motivées. »

Jacques prit sa place accoutumée près de Geneviève sur le canapé, et, pendant qu'il cherchait à effacer les traces de ce petit chagrin, ce qui ne lui fut pas difficile, Mlle Primerose avait mis son chapeau et était partie pour son exécution. Elle fit voir la réponse de M. Dormère au brave notaire, qui en fut aussi indigné que Mlle Primerose; il se chargea de sa lettre.

« Je n'ai pas d'affaire pressée aujourd'hui, dit-il, je vais partir tout de suite pour Plaisance; j'emporte avec votre lettre celle de Georges, et je viendrai ce soir à neuf heures vous donner les actes que vous demandez et qui délivreront votre charmante élève de la tutelle dont elle aurait tant souffert sans vous. »

Il mit ses papiers dans son portefeuille; Mlle Primerose lui offrit de le mener au chemin de fer dans sa voiture et ils partirent ensemble. Le dernier mot de Mlle Primerose fut :

« Surtout n'oubliez pas de lui donner ma lettre tout de suite en arrivant. Que ce soit moi qui lui porte son premier coup d'assommoir. »

Elle raconta son expédition en revenant chez elle et la promesse du tuteur de leur donner la réponse ce soir même.

« Et vous autres, ajouta-t-elle, vous n'avez pas bougé depuis mon départ; vous êtes restés là comme des paresseux, à ne rien faire.

JACQUES.

Nous avons causé, chère mademoiselle.

MADEMOISELLE PRIMEROSE, *riant.*

Causé pendant deux heures?

GENEVIÈVE.

Oui, chère cousine, nous avions beaucoup de choses à décider, à arranger....

MADEMOISELLE PRIMEROSE, *hochant la tête.*

Ah! Geneviève, Geneviève, moi qui t'ai si bien élevée à ne jamais perdre ton temps, à ne pas rester inoccupée, tu vas devenir une paresseuse, une bavarde.

JACQUES, *lui baisant la main.*

Ne grondez pas, chère mademoiselle, nous sommes encore dans une position si agitante, si incertaine.

MADEMOISELLE PRIMEROSE.

Incertaine? Allons donc, tu sais bien qu'avec moi les questions ne restent jamais incertaines, qu'elles sont vite et nettement tranchées. Tu es inquiet, n'est-ce pas, pauvre enfant? Tu crains que je ne donne Geneviève à Louis ou à ce coquin de

Georges. Bêta, va! causez, je vous laisse. Ne permets pas à Geneviève de se tuer de travail, au moins. »

Mlle Primerose sortit en riant. « Pauvres en-

Ils partirent ensemble. (Page 369.)

fants, se dit-elle, sont-ils heureux! — Je suis contente de ma lettre. Je puis dire comme Titus : « Je n'ai pas perdu ma journée ». Seront-ils vexés ces deux coquins là-bas! Je suis fâchée de ne pas voir la figure que fera le père quand il saura que son cher fils est un voleur. »

Mlle Primerose se mit à son bureau et rangea des papiers d'affaires.

XXXVI

LA PUNITION

M. Dormère était seul; il se promenait avec agitation dans sa bibliothèque.

« Georges devient intolérable; il me dépense un argent fou. Il va sans cesse à Paris, où il fait cinq cents sottises : je le sais par mes amis. Et puis il devient tellement menteur que je ne puis ajouter foi à rien de ce qu'il dit. Je suis seul, toujours seul. Mes voisins mêmes ne viennent plus me voir; ils me jettent tous à la tête cette Geneviève qu'ils osent plaindre à ma barbe, et ce malheureux Georges dont ils disent un mal affreux! Hélas! ma vieillesse ne sera pas heureuse. Quand je tiendrai cette sotte Geneviève, je saurai bien la forcer à épouser Georges. Et quand il m'aura ruiné, il aura du moins la fortune de cette péronnelle. »

La porte s'ouvrit; Julien annonça :

« Le notaire de Monsieur. »

M. DORMÈRE.

Bonjour, mon cher; par quel hasard arrivez-vous si tard? Venez-vous dîner avec moi?

LE NOTAIRE.

Non, Monsieur, je viens vous apporter quelques papiers importants. Mais je dois, avant tout, vous remettre une lettre de Mlle Primerose.

M. DORMÈRE.

Que me veut cette bavarde?

LE NOTAIRE.

Lisez, Monsieur, vous verrez. »

M. Dormère ouvrit la lettre....

« Joli style! elle est vexée, furieuse, tant mieux. Je lirai plus tard ces sottises. Voyons vos papiers. »

LE NOTAIRE.

Pardon, Monsieur. Veuillez d'abord terminer la lettre.

M. DORMÈRE.

Quelle insistance! »

M. Dormère continua la lecture de cette lettre. A mesure qu'il avançait, son visage se décomposait et devenait tantôt pourpre, tantôt d'une pâleur mortelle. Il la lut pourtant jusqu'à la fin, puis il se renversa dans son fauteuil et resta quelques instants sans pouvoir articuler une parole. Enfin il dit d'une voix rauque et tremblante :

« La preuve, Monsieur;... la preuve...

LE NOTAIRE.

La voici, Monsieur. Je dois vous prévenir que, redoutant un premier mouvement, j'ai gardé l'original signé de votre fils et je ne vous en apporte qu'une copie. »

Le notaire tendit la lettre, M. Dormère la saisit et ne put d'abord la lire, tant il était troublé par l'émotion et la colère. Il se remit pourtant et parvint à la déchiffrer jusqu'au bout.

LE NOTAIRE.

Eh bien, Monsieur, êtes-vous convaincu maintenant de l'infamie de votre fils, de la grandeur d'âme et de l'héroïsme de votre nièce?

M. DORMÈRE.

Ah! par pitié, ne m'accablez pas.... Mon fils,... mon Georges que j'ai tant aimé.... Et n'avoir rien dit,... pas un mot, pendant que cette fille se compromettait pour lui.

LE NOTAIRE.

Pas pour lui, Monsieur. Pour vou !...

M. DORMÈRE.

Pour moi!... Que n'ai-je pu l'aimer,... elle se serait dévouée pour moi.... Elle aurait épousé Georges.

LE NOTAIRE.

Jamais, Monsieur; elle avait pour lui trop de mépris et d'antipathie.

M. DORMÈRE.

Que faire, mon Dieu, que faire?... Quel coup! — Mais non, je ne puis croire.... Faites venir Georges; il est chez lui. »

Le notaire sortit et rentra peu d'instants après avec Georges.

GEORGES, *d'un air dégagé.*

Vous me demandez, mon père?

M. DORMÈRE.

Oui, Monsieur. Lisez cette lettre de votre cousine Primerose. » Il lui donne la lettre.

GEORGES, *après avoir lu.*

Vous ne croyez pas, je pense, aux sottises que vous raconte Mlle Primerose?

M. DORMÈRE.

Vous niez ce dont elle vous accuse?

GEORGES, *avec calme.*

Complètement; sa lettre est absurde.

M. DORMÈRE.

Nierez-vous aussi la vôtre? »

Il lui présente la copie de sa lettre.

Georges la prit, visiblement troublé; il se remit pourtant en la lisant et la rendit avec calme.

GEORGES, *souriant.*

C'est! une lettre forgée, mon père; ce n'est ni mon écriture ni ma signature.

LE NOTAIRE.

Mais j'ai l'original entre les mains, Monsieur, j'en ai fait tirer une copie.

GEORGES.

Pourquoi cette précaution, Monsieur?

LE NOTAIRE.

Parce que j'ai craint, Monsieur, que vous ou monsieur votre père vous ne la détruisiez pour enlever à votre malheureuse cousine la seule preuve qu'elle pût produire de votre culpabilité.

GEORGES.

Quelle admirable prévoyance dans une jeune personne soi-disant mourante.

LE NOTAIRE.

Ce n'est pas à elle, Monsieur, qu'en revient l'honneur; c'est à Mlle Primerose, qui vous connaît à fond. »

Georges s'inclina d'un air moqueur.

LE NOTAIRE.

Maintenant, Monsieur, veuillez me permettre de continuer l'affaire que j'ai à terminer avec Monsieur votre père, auquel j'ai quelques questions à adresser.

« Consentez-vous à renoncer à la tutelle de Mlle Geneviève Dormère ?

M. DORMÈRE.

Non, Monsieur, je refuse.

LE NOTAIRE.

Veuillez, Monsieur, réfléchir avant de prendre une aussi grave décision. En cas de refus, dont vous voudrez bien me donner acte, je dois déposer demain, au greffe du tribunal, la demande faite par moi, subrogé tuteur de votre nièce, de vous enlever juridiquement vos droits et votre titre de tuteur et de vous faire rendre vos comptes de tutelle ; je me réserve à en donner les motifs. Je vous attaque en calomnie contre le serviteur dévoué de votre nièce que vous avez accusé de vous avoir volé dix mille francs, et j'apporte pour preuve la lettre de votre fils, écrite et signée par lui. M. Georges sera conduit en prison à ma requête, pour procéder au jugement en cour d'assises et constater que c'est bien lui qui est le voleur et non pas le pauvre nègre de votre nièce.

« Je reviendrai dans une heure savoir votre

décision; j'irai pendant ce temps dîner au village. »

Le notaire se retira emportant son portefeuille.

Quand il fut parti, M. Dormère regarda son fils et dit avec colère :

« Misérable! qu'as-tu fait? Mentiras-tu jusqu'au dernier moment?

GEORGES.

Signez, mon père, signez tout ce qu'il voudra. J'avoue tout ce dont on m'accuse; cela me sauvera de la prison.

M. DORMÈRE.

Lâche! menteur! tu as déshonoré mon nom! Je te chasse; je te déshérite.

GEORGES.

Très bien; mais il me faut avoir de quoi vivre honorablement. Donnez-moi de l'argent et je vous quitterai volontiers; autrement je reste; j'emprunte sur mon héritage futur cinq à six cent mille francs; après quoi je pars pour ne jamais revenir et je vous laisse pour adieu ma malédiction comme récompense de la belle éducation que vous m'avez lâchement et sottement donnée.

M. DORMÈRE.

Je signerai tout; mais va-t'en; ta vue me fait mal.

GEORGES.

Donnez-moi de l'argent; sans cela je ne pars pas.

M. DORMÈRE.

Prends tout ce que tu voudras et laisse-moi finir seul ma misérable vie. »

M. Dormère serra son front dans ses mains. « Le misérable! dit-il. Pourquoi l'ai-je connu si tard!

Il enleva tout ce qu'il trouva d'actions au porteur, de billets de banque, etc. (Page 381.)

GEORGES.

Parce que vous n'avez pas voulu me connaître plus tôt, mon père.

M. DORMÈRE, *hors de lui*.

Va-t'en, malheureux! Délivre-moi de ta présence.

GEORGES.

Adieu, mon père; vous n'entendrez plus parler de moi; je ne reviendrai que comme héritier de votre fortune. »

Georges sortit; il passa dans le cabinet de son père; les tiroirs étaient ouverts; il enleva tout ce qu'il trouva d'actions au porteur, de billets de banque, d'or et d'argent; il prit la cassette des diamants et bijoux de sa mère, divers objets précieux qu'avait son père; il sonna pour avoir sa malle, la remplit de tous ses effets en mettant la cassette au fond, fit atteler la voiture et partit pour le chemin de fer. Ce fut sa dernière entrevue avec son père.

Une demi-heure après, le notaire revint; M. Dormère signa sans objection ce qu'il lui présenta et resta dans un état de torpeur et d'anéantissement complet.

XXXVII

DÉCISION IMPRÉVUE

On attendait avec impatience des nouvelles de Plaisance; le notaire fut exact au rendez-vous.

MADEMOISELLE PRIMEROSE.

Eh bien, cher monsieur, quelles nouvelles?

LE NOTAIRE.

Victoire complète, mais pas sans combat. Pour ne pas vous faire languir, voici l'acte de résiliation de la tutelle et le consentement au mariage, qu'il a signé sans savoir ce qu'il signait. Voici les comptes de la tutelle, parfaitement en règle; je les ai parcourus en wagon. Vous avez, ma chère pupille, quatre-vingt-dix mille francs de rente. Vous devriez en avoir plus de cent, avec les économies et les intérêts depuis douze ans; mais si vous m'en croyez, nous ne ferons pas de chicanes là-dessus. M. Dormère est dans un état d'accablement qui lui ôterait la force de supporter un nouveau coup.

MADEMOISELLE PRIMEROSE.

Racontez-nous donc, cher monsieur, comment il a reçu votre communication et ma lettre.

LE NOTAIRE.

Votre lettre n'a pas produit un effet agréable à la lecture des premières lignes.

MADEMOISELLE PRIMEROSE.

C'est bien ce que je voulais : le faire enrager d'abord, et l'atterrer ensuite.

LE NOTAIRE.

Vous avez parfaitement réussi. Il est devenu de toutes les couleurs ; il est resté très pâle et accablé, au point de ne pouvoir parler. Il a demandé *la preuve* d'une voix altérée. Je la lui ai présentée. »

Le notaire continua son récit à la grande satisfaction de Mlle Primerose. Quand il arriva aux dénégations de Georges, elle s'écria :

« Impudent menteur ! effronté scélérat ! »

Mais lorsque le notaire en fut à la signature des actes et à la disparition de Georges, elle voulut savoir ce qui s'était passé entre le père et le fils.

« Je ne puis vous le dire ; mais probablement quelque chose de très vif, car, en prenant mon billet de chemin de fer, à sept heures, j'ai vu Georges descendre de la calèche de son père, avec deux grosses malles qu'il a fait enregistrer en prévenant les employés d'y veiller avec soin, parce que l'une d'elles, qu'il désigna, contenait des papiers et des objets de valeur.

« Son père l'aura chassé et il aura voulu profiter

de l'état de stupeur de son père pour faire main basse sur tout.

MADEMOISELLE PRIMEROSE.

Voilà le fruit de l'éducation insensée et coupable que lui a donnée ce malheureux homme. Jolie vieillesse qu'il s'est préparée !

« A présent, cher monsieur, j'ai aussi des affaires à régler ; aurez-vous l'obligeance de passer dans ma chambre pour que nous en causions à notre aise ?

LE NOTAIRE.

Je suis à vos ordres, Mademoiselle. »

Ils quittèrent le salon, laissant Geneviève et Jacques causer de ce qui les intéressait.

« Geneviève, dit Jacques timidement, j'ai quelque chose à te demander.

GENEVIÈVE *riant*.

Et on dirait que tu as peur.

JACQUES.

Oui, j'ai peur... que tu ne me refuses.

GENEVIÈVE.

Moi, que je te refuse une chose qui te ferait plaisir ! Oh ! Jacques.

JACQUES.

Geneviève, tu sais que je pars demain soir pour faire mes adieux à mes parents ?

GENEVIÈVE.

Oui ;... après ? — Parle donc, mon Jacques chéri ; tu sais si je t'aime et si je puis rien te refuser.

JACQUES.

Eh bien, si mes parents consentaient à ce que

nous nous mariions avant le départ pour Rome, me l'accorderais-tu ? »

Geneviève sauta de dessus sa chaise.

« Avant, avant quinze jours ? dit-elle avec surprise.

JACQUES, *tristement*.

Tu vois bien ! voilà que tu me quittes au premier mot que je t'en dis. »

Geneviève reprit immédiatement sa place.

GENEVIÈVE.

Je ne te quitte pas, Jacques ; je ne te quitte pas ; seulement... je suis étonnée ;... je ne m'attendais pas.

JACQUES.

Me refuseras-tu la première prière que je t'adresse, ma Geneviève ?

GENEVIÈVE.

Puis-je te refuser ce que tu désires, mon Jacques bien-aimé ? Il en sera ce que tu voudras. Ma volonté ne s'opposera jamais à la tienne.

JACQUES.

Mais le veux-tu ?

GENEVIÈVE.

Oui, je le veux puisque tu le veux, mais trouves-tu que ce soit raisonnable ? nous sommes si jeunes tous les deux.

JACQUES.

Nous sommes jeunes, sans doute. Mais notre position, la tienne surtout, n'est ni franche ni stable.

GENEVIÈVE.

Comment, pas stable ? Il est convenu que je serai

ta femme, que tu seras mon mari. Que veux-tu de plus assuré que cette position?

JACQUES.

L'avenir peut nous échapper, mon amie; tu n'as ni père ni mère, personne qui te protège que moi et Mlle Primerose; suppose que Mlle Primerose vienne à mourir, tu restes seule avec un jeune zouave de vingt-trois ans; je ne puis convenablement venir demeurer avec toi, et tu ne peux pas vivre seule. Que deviendrons-nous?

GENEVIÈVE *souriant*.

Tu fais des suppositions improbables, mon pauvre Jacques! Pourquoi veux-tu que Mlle Primerose meure?

JACQUES.

Je suis loin de le vouloir, mais enfin c'est possible.

GENEVIÈVE.

Nous pouvons tous mourir aussi.

JACQUES.

Voilà qui est improbable, pour le coup. Mais tu ne veux pas : n'en parlons plus.

GENEVIÈVE.

Si fait, parlons-en encore. Et quant à moi, je te jure que si tes parents, ma cousine Primerose et mon subrogé tuteur le trouvent bon, j'en serai très heureuse. Tu sais que tout mon cœur est à toi, et qu'unir ma vie à la tienne est mon vœu le plus ardent.

JACQUES.

Je me soumets à ta décision, ma Geneviève. Prenons conseil d'abord de Mlle Primerose et de ton subrogé tuteur; s'ils trouvent des inconvénients à notre prompt mariage, j'en abandonnerai la pensée, je n'en parlerai pas à mes parents, et nous suivrons notre premier projet.

GENEVIÈVE.

Merci, mon ami; je sens que c'est plus raisonnable. »

Mlle Primerose et le notaire ne tardèrent pas à rentrer; dès qu'ils furent assis, Jacques commença son attaque, qui surprit beaucoup le notaire et qui fit sourire Mlle Primerose. Jacques développa ses raisons avec tant de véhémence que Mlle Primerose se mit à rire bien franchement et que Geneviève ne put s'empêcher de l'imiter; le notaire ne disait rien et réfléchissait.

MADEMOISELLE PRIMEROSE.

Voyons, grave notaire, quel est votre avis? Parlez franchement.

LE NOTAIRE.

Ma foi, répondit-il, je n'y vois pas d'inconvénients. Si véritablement les suppositions de Jacques se réalisent, si Mlle Primerose subit avant l'âge la loi commune des hommes, que deviendrait en effet ma pupille? Et si, comme le prévoit Jacques, il se trouvait blessé dans un combat, il ne peut convenablement s'établir entre une jeune personne et une demoiselle dont il n'est pas parent. Le mariage rendrait la position convenable et naturelle.

« Et votre avis à vous, Mademoiselle?

MADEMOISELLE PRIMEROSE.

Le mien est conforme au vôtre, mon cher notaire.

LE NOTAIRE.

Et le vôtre, ma pupille ?

GENEVIÈVE.

Le mien est de faire ce que veut Jacques.

LE NOTAIRE.

Alors la question me semble tranchée.

JACQUES.

Sauf l'approbation de mes parents.

LE NOTAIRE.

C'est juste. C'est un complément nécessaire pour procéder au contrat. Et à présent qu'on n'a plus besoin ni du notaire ni du tuteur, je vous présente mes hommages et je m'en vais après avoir embrassé la charmante mariée. »

Geneviève s'avança joyeusement en lui tendant la main et reçut sur le front le baiser paternel de son subrogé tuteur.

Jacques lui serra les deux mains avec une chaleur de reconnaissance qui fit pousser un cri au pauvre notaire. Il sortit en riant et en se secouant les mains. Jacques le suivit, lui fit des excuses de sa vigoureuse étreinte et lui adressa quelques questions encore sur les actes nécessaires.

MADEMOISELLE PRIMEROSE.

Te voilà tout interdite, ma pauvre enfant. Tu ne voulais donc pas que nous dissions oui ?

GENEVIÈVE.

Ma cousine, je ne sais ce que je voulais, ni ce que je veux. Un refus m'eût beaucoup chagrinée, et votre consentement m'effraye plus qu'il ne me satisfait.

MADEMOISELLE PRIMEROSE.

Pourquoi cela, mon enfant? Les motifs que nous a donnés Jacques sont réellement sages et prudents. J'espère qu'aucune de ses prévisions ne se réalisera, mais s'il avait vu juste dans l'avenir, quels regrets n'aurions-nous pas tous de ne l'avoir pas écouté!

GENEVIÈVE.

C'est vrai, chère cousine; aussi je ne m'y oppose pas. Je trouve seulement que c'est un peu promptement décidé.

MADEMOISELLE PRIMEROSE.

Bah! A quoi servent les lenteurs, les délais?... Ce qui me fait penser que j'ai remis à plus tard à serrer mes papiers. J'y vais et je ne reviens plus, parce que je suis fatiguée; il est dix heures et demie. »

Mlle Primerose embrassa Geneviève et sortit. Un instant après, Jacques entra.

JACQUES.

Tu es seule, Geneviève? Laisse-moi te bien embrasser, ma femme, mon amie. »

Il embrassa tendrement Geneviève.

GENEVIÈVE.

Pars-tu toujours demain, Jacques?

JACQUES.

Plus que jamais; j'ai hâte de tout décider. Je partirai même dès le matin.

GENEVIÈVE.

Je ne te verrai donc pas demain?

JACQUES.

Non, ma Geneviève, mais je reviendrai bientôt.

Mes parents comprendront que nous avons bien des préparatifs à faire.

GENEVIÈVE.

Adieu donc, mon Jacques. Que c'est triste de

Jacques lui serra les mains. (Page 389.)

me séparer de toi, même pour peu de jours!

JACQUES.

Dans quinze jours nous ne nous quitterons plus. Adieu, mon amie, adieu. »

Geneviève l'accompagna jusqu'à la porte et lui dit encore un dernier adieu.

« Comme ce salon est triste sans Jacques, pensa-t-elle en rentrant. Au fait, il a raison de nous avoir tant pressés : c'est trop pénible d'être séparés. »

En se couchant, elle prévint sa bonne du nouveau projet qui avait été décidé; Pélagie l'approuva fort et alla en faire part au fidèle Rame, qui s'en réjouit avec elle.

XXXVIII

LE MARIAGE

Deux jours après, Geneviève reçut une lettre de Jacques; il avait enlevé facilement le consentement de ses parents, qui désiraient depuis longtemps que l'amitié d'enfance finît par un heureux mariage. Mais le délai de quinze jours leur parut bien court.

« Et les papiers! dit le père, les actes, les publications?

JACQUES.

Tout sera fait, mon père; j'ai tout prévu.

— Et la corbeille? dit la mère.

JACQUES.

Vous la donnerez plus tard, ma mère. Geneviève a tout ce qu'il lui faut.

LE PÈRE.

Et un appartement pour nous, pour assister à ton mariage?

JACQUES.

Je m'en charge, mon père ; vous en aurez un tout prêt.

— Puisque tu as réponse à tout, dit le père, marie-toi quand tu voudras. »

Les frères, les sœurs étant prévenus et enchantés, Jacques repartit le surlendemain pour profiter du peu de temps qui lui restait pour tout préparer.

Geneviève était à sa table de dessin, essayant de faire de mémoire le portrait de Jacques, quand la porte s'ouvrit et Jacques lui-même entra. Il courut à elle, elle courut à lui, et ils se trouvèrent dans les bras l'un de l'autre avant d'avoir eu le temps de se reconnaître.

« Jacques! Geneviève! » fut le seul cri qu'ils échangèrent en même temps. Mlle Primerose l'entendit, accourut et se mit à accabler Jacques de questions ; il répondit à tout de la manière la plus satisfaisante, fit part à Geneviève du bonheur de ses parents, de ses frères et sœurs, et annonça qu'il allait s'occuper, aussitôt après le déjeuner, des publications nécessaires.

JACQUES.

Je rapporte mon acte de naissance ; le notaire a le tien, Geneviève ; nous serons affichés à la mairie demain samedi, publiés à l'église dimanche ; mon père en fera autant chez lui à la campagne. J'irai dans l'après-midi chez le notaire, de là à la paroisse, puis à mon bureau d'engagement de zouave ; ensuite j'irai chercher un appartement. Ils arrivent tous, même ma vieille bonne qui m'aime tant et qui veut assister au mariage de son cher Jacquot, comme elle m'appelle encore. Demain j'irai chez mes chers Pères, à Vaugirard, leur annoncer mon prochain mariage ; je courrai encore pour l'appartement et pour quelques commissions de ma mère ; après quoi je reviendrai, dès que je serai libre, me reposer auprès de toi, ma Geneviève ; c'est près de toi que seront toujours mon repos et mon bonheur.

MADEMOISELLE PRIMEROSE.

Tu as tant de choses à faire, mon pauvre garçon, que je vais hâter le déjeuner, et, pendant que tu seras absent, je sortirai avec Geneviève pour quelques commandes et emplettes indispensables.

GENEVIÈVE.

Quelles emplettes, chère cousine?

MADEMOISELLE PRIMEROSE.

Une espèce de trousseau, ma fille ; des robes, des chapeaux.....

GENEVIÈVE.

Je n'ai pas besoin de grand'chose.

MADEMOISELLE PRIMEROSE.

Comment! Vas-tu te marier avec ta vieille robe de soie bleue, par hasard, ou la robe de jaconas que tu portes à présent?

GENEVIÈVE.

Non, certainement! La robe de noce, à la bonne heure ; mais j'ai, du reste, ce qu'il me faut.

MADEMOISELLE PRIMEROSE.

Ne te faut-il pas des toilettes plus élégantes que celles que tu as, une foule de choses qui te seront nécessaires à Rome et même ici?

GENEVIÈVE.

Faites comme vous voudrez, ma cousine, pourvu que je ne perde pas une minute de Jacques.

MADEMOISELLE PRIMEROSE.

Tu ne perdras rien du tout; sois tranquille. »

On déjeuna un peu à la hâte. Mlle Primerose, tout en mangeant, fit à Geneviève un inventaire si considérable de ce qu'il lui fallait pour le matin, pour l'après-midi, pour les dîners, pour les soirées, que Geneviève demanda grâce et se refusa absolument à de telles dépenses pour sa personne. Jacques riait et soutenait Mlle Primerose.

GENEVIÈVE.

Veux-tu donc, Jacques, que je sois de ces folles qui dépensent huit ou dix mille francs par an pour leur toilette?

JACQUES.

Tu ne seras jamais de ces folles, ma Geneviève, mais laisse ta bonne cousine te monter convenablement. Tu sais par une longue expérience qu'elle a beaucoup d'ordre; elle ne t'entraînera pas dans des dépenses inutiles.

MADEMOISELLE PRIMEROSE.

Voilà qui est parler sagement (*imitant Geneviève*), *mon Jacques chéri*. — A la bonne heure! tu as confiance dans la vieille cousine, toi. — Allons, sortons de table; nous sommes tous pressés. Viens en voiture avec nous; nous te déposerons chez le notaire. »

Ils partirent donc ensemble et se séparèrent pour se retrouver à l'heure du dîner. Ils avaient heureusement accompli leurs courses; Jacques avait trouvé un appartement tout meublé pour ses parents; au bureau du comité des zouaves, on lui dit que son départ devait être retardé de quinze jours, à cause de la multitude des engagements volontaires. Ce retard lui fut très agréable ainsi qu'à Geneviève et à sa cousine.

Huit jours après, M. et Mme de Belmont arrivèrent avec leurs enfants. Ce fut une grande joie pour les deux familles. Malgré le peu de temps qui restait à Mme de Belmont avant le mariage, elle offrit à Geneviève une très jolie corbeille, composée de beaux bijoux, de dentelles, de châles et de ce qu'on met en général dans les corbeilles. Le mariage se fit le matin, à dix heures, sans cérémonie, sans invitations, sans tout ce qui fait de ce jour une corvée générale. On déjeuna et on dîna en famille. Deux jours après, M. et Mme de Belmont retournèrent à la campagne; l'heureux Jacques et l'heureuse Geneviève passèrent encore dix jours à Paris, et partirent pour Rome avec Mlle Primerose, Pélagie, le fidèle Rame et Azéma.

A son arrivée, Jacques fut présenté au saint-père, qui lui donna sa sainte et paternelle bénédiction, accompagnée de paroles flatteuses pour lui et pour sa jeune femme. Jacques fut cantonné à Rome, et put consacrer ainsi à Geneviève tout le temps qui n'était pas employé aux manœuvres et aux devoirs du service. Ils visitaient souvent ensemble les grandes et belles curiosités chrétiennes qui font de Rome la ville par excellence, le grand foyer de la foi catholique et le point de mire de tous les voyageurs. Mlle Primerose et Geneviève allaient rarement dans le monde. Rome contenait alors peu d'étrangers ; presque tous avaient fui, dans la crainte d'un conflit sanglant et décisif entre les hordes révolutionnaires italiennes et les troupes du pape, peu nombreuses, mais animées d'une foi ardente et d'un amour profond qui en décuplaient la force.

L'hiver se passa pourtant sans combats sérieux ; quelques faits d'armes, toujours glorieux pour les braves troupes pontificales, ne furent que le prélude nécessaire des deux grandes batailles de Mentana et de Monte Rotondo, qui couvrirent d'une gloire immortelle ces jeunes soldats héroïques et fidèles, toujours un contre dix.

Jacques avait plus d'une fois dû quitter Rome pour prendre part à des escarmouches, où il se fit toujours remarquer par une bravoure et un entrain tout français.

Geneviève avait supporté ces séparations et ces inquiétudes avec le courage d'une femme chrétienne. Mais quand, à l'automne suivant, vint l'annonce d'une campagne et de batailles en règle, et la nécessité d'une séparation immédiate, sa douleur fut plus forte que sa volonté ; elle donna libre cours à ses larmes.

« Ma Geneviève, ma bien-aimée, lui dit Jacques au moment du départ, n'affaiblis pas mon courage par la pensée de ta douleur. Ne perdons pas notre confiance dans le Dieu tout-puissant qui m'a déjà tant de fois protégé contre les balles ennemies ; souviens-toi de la bénédiction toute particulière que nous avons reçue ensemble du saint-père ; il nous a promis de prier pour nous. Que ce souvenir soutienne tes forces, ma bien-aimée !

GENEVIÈVE.

Oh ! Jacques, mon amour, ma vie, tu seras seul dans ces terribles combats ; personne pour veiller sur toi ; personne pour te ramasser si tu tombes victime de ton courage.

« Pardon, petite Maîtresse ; Rame zouave, Rame veiller sur jeune Maître. Rame pas laisser tuer jeune Maître. Moi pas quitter, moi mourir pour jeune Maître. »

Geneviève jeta les yeux sur Rame aux premières paroles qu'il avait prononcées ; il était vêtu en zouave ; car il avait été s'engager en demandant la faveur de ne jamais quitter son jeune sergent ; elle lui fut facilement accordée. Il était déjà connu dans le corps des zouaves ; on savait l'histoire de son dévouement pour Geneviève, et chacun lui portait intérêt.

Geneviève quitta Jacques pour se jeter dans les bras de Rame :

« Mon bon Rame, mon ami fidèle et dévoué, merci, mille fois merci ; je t'aime, mon cher Rame ; plus que jamais, ton dévouement me rassure, me console ; que Dieu daigne te bénir et te ramener près de moi avec mon bien-aimé Jacques ! »

Rame pleurait et baisait les mains de sa chère jeune maîtresse avec une reconnaissance égale à son dévouement.

« Adieu, mon amie, ma femme chérie, dit Jacques en la serrant contre son cœur ; prie pour moi, pour nous ; je t'aime. — Adieu. »

Et il s'arracha des bras de Geneviève. Elle poussa un cri douloureux : « Jacques, mon Jacques ! » Et elle s'affaissa évanouie sur le tapis. Jacques revint à elle, la prit dans ses bras, la posa sur un canapé, l'embrassa encore dix fois, cent fois, appela Pélagie et s'éloigna suivi de Rame, qu'il remercia d'un serrement de main.

Chacun sait la glorieuse histoire de cette courte campagne, qui se termina par les deux magnifiques et meurtriers combats de Montana et de Monte Rotondo. Pendant trois jours, quatre mille hommes, qui composaient l'armée pontificale, luttèrent sans repos contre quinze à vingt mille révolutionnaires bien armés, bien repus et commandés par des officiers italiens.

La victoire des pontificaux fut complète, grâce à la courageuse intervention de nos braves soldats français, heureusement arrivés et débarqués à temps pour compléter la déroute honteuse des misérables bandits

Le combat était fini ; les saintes sœurs de charité, de saints prêtres et prélats continuaient à parcourir le champ de bataille pour ramasser les blessés, les secourir et les porter aux ambulences. Mgr B..., aumônier en chef des zouaves pontificaux, n'avait pas quitté le lieu du combat ; dés le commencement il courait à ceux qui tombaient, les bénissait, leur donnait la dernière absolution ; il

« Moi mourir pour jeune Maître. » (Page 399.)

indiquait aux sœurs les blessés qui pouvaient encore profiter de leurs soins. Vainement on lui représentait que les balles pleuvaient autour de lui, qu'il pouvait en être atteint.

« Mes braves troupes font leur métier, répondait-il ; laissez-moi faire le mien. Ils meurent pour leur Dieu ; moi je les fais vivre pour le bonheur éternel. »

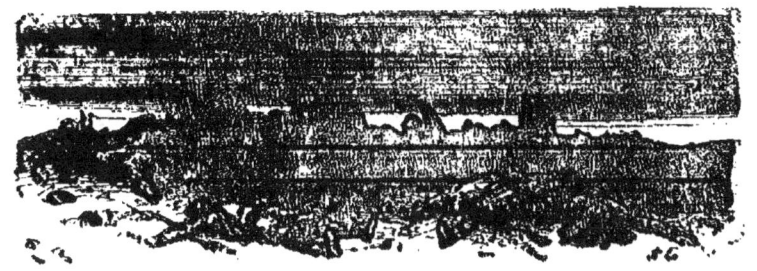

XXXIX

GRAND CHAGRIN

A la fin de la bataille, Mgr B... s'approcha d'un monceau de cadavres, parmi lesquels quelques blessés respiraient encore. Après en avoir confessé et absous plusieurs, il reconnut le corps de Rame qui recouvrait un zouave. Il frémit, car il connaissait et affectionnait beaucoup Jacques et Geneviève. Il retira vivement le pauvre nègre, qui ne donnait que de faibles signes de vie : une balle lui avait traversé la poitrine; sous Rame était Jacques inondé de sang, mais respirant encore.

« Jacques, s'écria-t-il, Jacques! » Il appela deux soldats français qui cherchaient comme lui à sauver les blessés.

« Mes bons amis, emportez avec soin ce pauvre jeune homme blessé; c'est un Français, un brave comme vous; portez-le à l'ambulance des sœurs; emportez aussi ce pauvre nègre qui respire encore.

Attendez ; il saigne, il a une blessure à la poitrine ; je vais bander la plaie avec mon mouchoir pour arrêter le sang. »

Les soldats exécutèrent les ordres de Mgr B.... Jacques fut porté à l'ambulance, où il reçut les premiers soins. Il ouvrit les yeux et les referma aussitôt en murmurant le nom de Geneviève.

Quand Mgr B... eut achevé sa tâche, il demanda une voiture ; un grand nombre de dames et de seigneurs romains avaient envoyé tous leurs équipages pour le transport des blessés. Il fit déposer Jacques dans une de ces voitures, y monta avec lui et dit au cocher de le mener piazza Colonna, palazzo Brancadoro. Il donna ordre qu'on portât le nègre à l'hôpital pour y être soigné. Arrivé dans la cour, il monta promptement, prévint Mlle Primerose qu'il ramenait Jacques blessé, qu'elle eût à préparer Geneviève à ce douloureux événement pendant qu'il ferait monter le blessé sur un matelas.

Mlle Primerose dit à Pélagie de préparer un lit pour coucher Jacques et entra chez Geneviève, qu'elle trouva affaissée sur ses genoux aux pieds de son crucifix.

« Geneviève, lui dit-elle en l'embrassant, tes prières ont été exaucées : le bon Dieu a préservé Jacques de la mort.

GENEVIÈVE.

Préservé ! Merci, mon Dieu ! merci, ma bonne Sainte Vierge ! s'écria-t-elle en se prosternant jusqu'à terre. La bataille est-elle gagnée ?

MADEMOISELLE PRIMEROSE.

Complètement; déroute complète des ennemis de Dieu; mais beaucoup de morts, de blessés. Jacques n'a pu échapper à une blessure. Tu vas le voir tout à l'heure; mais sois calme : l'agitation pourrait lui faire du mal.

GENEVIÈVE.

Jacques blessé! Mon pauvre Jacques! La blessure est-elle dangereuse?

MADEMOISELLE PRIMEROSE.

Je ne sais; elle n'est probablement pas très grave, puisqu'on peut l'amener jusqu'ici. Mais quand tu le reverras, sois calme, mon enfant; de toi, de ton courage, dépend sa prompte guérison.

GENEVIÈVE.

Je serai calme; j'aurai du courage. Je veux le voir; où est-il?

MADEMOISELLE PRIMEROSE.

Monseigneur B... le fait apporter. Pélagie lui prépare son lit. »

Au même instant Mgr B... entra; il n'avait pas pensé qu'il était taché de sang; ses vêtements en étaient imbibés.

Geneviève alla vers lui en chancelant. « Du sang! dit-elle. C'est le sang de Jacques!

MONSEIGNEUR B....

Non, mon enfant; c'est celui de bien d'autres blessés que j'ai relevés. Ayez du courage; j'ai envoyé chercher un chirurgien; j'espère que ce ne sera rien. Voulez-vous voir votre mari? Il est couché dans son lit; Pélagie est près de lui. Mais du calme; pas d'agitation, pas de larmes. Sa vie peut-être en dépend.

GENEVIÈVE.

Sa vie! Oh! Jacques! On ne me dit pas tout.

MONSEIGNEUR B....

Vous en savez tout autant que moi, mon enfant, je vous le jure. D'ailleurs, entrez, vous verrez vous-même.

— Et Rame? dit-elle avant d'entrer.

MONSEIGNEUR B....

Rame vit encore; il a reçu dans la poitrine la balle qui était destinée à Jacques et qui n'a touché Jacques que faiblement après avoir traversé le corps du fidèle serviteur. »

Geneviève étouffa un cri, pleura amèrement pendant quelques instants, essuya ses yeux et s'avança d'un pas tremblant vers la porte, l'ouvrit, approcha du lit où était étendu Jacques, pâle, respirant à peine, les yeux fermés. A cette vue Geneviève jeta sur Mgr B... un regard si douloureux qu'il en fut ému. Il s'approcha d'elle et lui donna tout bas les motifs les meilleurs qu'il put trouver, de consolation et d'espérance; il la fit asseoir dans un fauteuil près du lit de son mari; la main de Jacques était découverte; elle se pencha et la baisa doucement.

Mgr B... l'avertit qu'il était obligé de la quitter pour retourner à ses blessés des hôpitaux.

« Du courage, répéta-t-il, et pas d'agitation; s'il veut boire, de l'eau fraîche, pas autre chose. Le chirurgien va venir; ayez du linge prêt pour le pansement. »

Et il sortit.

Le chirurgien ne tarda pas à arriver; il examina la plaie, retira la balle qui y était restée, mais pas à une grande profondeur, et déclara qu'il ne trouvait pas de gravité à la blessure; qu'il fallait de grands soins, beaucoup de calme, de silence, de repos. Il banda la plaie après l'avoir pansée et humectée de baume du Commandeur pour empêcher l'inflammation; il recommanda de l'humecter toutes les heures, mais sans rien déranger aux linges et aux bandes.

Il pansa aussi une blessure au front, produite par un coup de sabre, et une autre, résultant d'un coup de baïonnette au bras gauche. Il ordonna de l'eau fraîche pour boisson et promit de revenir le lendemain.

Geneviève assista et aida elle-même avec Pélagie au pansement des blessures de Jacques; il ouvrit plusieurs fois les yeux pendant l'opération, reconnut sa femme et lui adressa un regard de tendresse et de douleur qui manqua faire perdre à la malheureuse Geneviève le courage qu'elle avait conservé.

Quand le pansement fut terminé, Jacques voulut parler, mais le médecin lui défendit d'articuler un seul mot. Jacques obéit et referma les yeux. Geneviève ne le quitta pas d'un instant; elle resta immobile près de lui, tantôt assise dans un fauteuil, tantôt à genoux, priant et remerciant Dieu et mêlant le pauvre Rame à ses prières; le souvenir de cet ami dévoué et si gravement blessé lui fit verser bien des larmes silencieuses, qu'elle dissimulait de son mieux.

Le lendemain, le chirurgien trouva les blessures en très bon état et certifia que dans quinze jours Jacques serait en pleine convalescence. La présence continuelle de sa bien-aimée Geneviève contribua beaucoup à hâter sa guérison. Au bout de quinze jours il lui fut permis de quitter son lit pour passer quelques heures dans un fauteuil. Dès qu'il avait pu parler, il avait demandé où était Rame.

GENEVIÈVE.

Notre pauvre Rame est blessé assez gravement, mon bien-aimé Jacques ; la balle qui t'était destinée a traversé la noble poitrine de notre ami avant d'arriver jusqu'à toi ; il t'a sauvé la vie en se jetant devant toi quand le bandit a fait feu ; ta blessure a été légère, la sienne a été grave ; il est à l'hôpital sous la garde de Mgr B.... Un de tes camarades t'a vu tomber ; il avait vu le mouvement de Rame quand il s'est jeté devant toi en te prenant dans ses bras. Ton camarade a tué le bandit, mais trop tard pour prévenir le coup fatal. »

Jacques fut très ému en apprenant ce malheur. Quand il put recueillir ses souvenirs, il raconta que lui, Rame et trois de ses camarades se trouvèrent, à la fin du combat, enveloppés par une bande assez nombreuse de révolutionnaires.

« Nous nous battions en désespérés ; nous en tuâmes un grand nombre ; ma blessure au bras gauche ne m'en laissait plus qu'un pour me défendre ; Rame ne me quittait pas : il frappait, il tuait en faisant le moulinet avec son sabre ; le coup de sabre que j'ai reçu sur la tête m'a inondé de sang, j'étais aveuglé; c'est alors que je me suis senti saisi par Rame en même temps que j'ai entendu un coup de feu et que je suis tombé, entraînant dans

« J'ai perdu connaissance avant d'avoir pu me dégager. »

ma chute Rame qui ne m'avait pas quitté. J'ai perdu connaissance avant d'avoir pu me dégager; je n'ai eu que le temps de me recommander au bon Dieu et à la Sainte Vierge, qui m'a préservé de la mort. — Pauvre Rame! as-tu de ses nouvelles?

GENEVIÈVE.

Tous les jours, mon ami. Elles sont de plus en plus rassurantes; le grand danger est passé; la plaie est presque fermée. Ma cousine Primerose va le voir tous les jours et lui donner de tes nouvelles. »

Au bout de deux mois Rame était guéri et rentré chez ses jeunes maîtres. Jacques était bien rétabli, et se préparait à se remettre en route pour Paris, en congé de convalescence. Avant son départ, il alla avec Geneviève recevoir une dernière bénédiction du saint-père, dont il portait la décoration et dont il avait reçu le grade d'officier. Le saint-père remit à Geneviève son portrait en camée pour avoir aidé par ses tendres soins à sauver un de ses chers zouaves.

Mlle Primerose, dont nous n'avons pas parlé, se voyant inutile près de Jacques, s'était vouée tout ce temps à soigner les blessés des hôpitaux; elle y mettait un zèle, une activité, un entrain qui la firent remarquer entre toutes. Sa gaieté imperturbable ne l'abandonnait jamais; elle donnait du courage aux pauvres blessés en les faisant rire malgré eux; elle se chargeait de donner de leurs nouvelles à leurs familles, d'envoyer des secours à ceux qui manquaient du nécessaire, etc. Sa présence était une bonne fortune pour les salles où elle s'arrêtait; à chaque lit on l'appelait; elle avait une consolation pour chacun.

« Vous voilà bien mieux aujourd'hui, mon brave caporal! Vous allez passer sergent en sortant d'ici.

— Hélas ! Madame, j'ai perdu un œil tout de même.

— Eh bien, mon ami, il vous en reste un qui est bon. Un bon œil vaut mieux que deux mauvais. Allons, ne perdez pas courage ; vous serez encore le beau zouave ! »

Le caporal borgne riait et reprenait courage.

« Et vous, mon ami, comment va la jambe ?

— J'en souffre toujours ; je n'ai pas dormi de la nuit.

— Ce n'est pas étonnant quand on a une jambe coupée.

— Oui ; me voilà estropié pour la vie.

— Mais vous n'en serez pas moins leste ; une jambe de bois vous fait avancer tout comme une jambe de chair et d'os. Avec votre uniforme de zouave et votre jambe de bois, vous allez faire un effet superbe au pays. Toutes les femmes voudront vous épouser ; vous n'aurez qu'à choisir. Et votre femme sera fière d'avoir été choisie par le zouave à jambe de bois. Vous verrez cela. »

Et ainsi de suite ; pendant qu'elle en soignait un, elle en faisait rire plus de dix.

Lorsqu'elle fit sa dernière visite, et qu'elle annonça son prochain départ, ce fut un témoignage général de regrets et de reconnaissance ; elle parla à tous ces pauvres blessés, elle demanda leurs commissions.

« Ne vous gênez pas, leur dit-elle ; lettres, paquets, pourvu qu'ils ne soient pas gros comme des montagnes, je me charge de tout et je ferai tout parvenir à son adresse. Écrivez les noms lisiblement et envoyez-moi tout cela avant deux jours ; je pars le troisième. Adieu, mes chers, mes braves amis ; priez pour moi, pour mon jeune zouave blessé et sa jeune femme.

« Je prierai bien pour vous tous ; je ferai dire des messes pour le repos de l'âme de vos glorieux compagnons, dont l'histoire gardera le souvenir ainsi que le vôtre ; car si vous n'êtes pas tous restés sur le champ de bataille, ce n'est pas de votre faute ; vous avez fait tout ce qu'il fallait pour cela. Les avez-vous fait courir ces bandits! Vous étiez pourtant un contre dix. — Braves soldats ! Vivent les immortels zouaves et les pontificaux ! »

Elle salua de la main, essuya ses yeux pleins de larmes et sortit.

Trois jours après, elle partit avec Jacques, Geneviève, Pélagie et Azéma ; le pauvre Rame était encore faible et pâle. De peur qu'il ne se fatiguât, Jacques le faisait aider par un zouave qui s'était attaché à Jacques et qui lui avait demandé d'entrer à son service, vu qu'il avait fini son temps et que le saint-père n'avait plus besoin de lui.

XL

FIN DE M. DORMÈRE, DE GEORGES ET DU LIVRE

Le voyage fut long, à cause des ménagements que demandaient encore la santé de Jacques et celle de Rame; mais ils arrivèrent tous sans accident et s'établirent dans leur maison d'Auteuil, que Mlle Primerose avait achetée pour Jacques et Geneviève par l'entremise du subrogé tuteur.

Elle avait été arrangée à neuf. Le jeune ménage était logé au premier avec Pélagie. Le rez-de-chaussée était préparé avec les salons pour Mlle Primerose.

Ils apprirent en arrivant que M. Dormère avait été frappé de paralysie le soir même du départ de Georges.

Tous les trois allèrent le voir à Plaisance; au lieu du bel homme bien conservé, à cheveux noirs, à tournure élégante, ils trouvèrent un vieillard à cheveux blancs, paralysé des jambes et ne pouvant faire un mouvement sans l'aide de deux domestiques.

Il pleura beaucoup quand il les revit, demanda dix fois pardon à Geneviève et à Mlle Primerose de ses affreux procédés à leur égard. Il les supplia de ne pas l'abandonner.

« Je suis si malheureux, dit-il ; toujours seul, le cœur déchiré par les souvenirs du passé, rongé de remords, de regrets, volé et abandonné par le fils ingrat que j'ai tant aimé ; n'ayant pas une pensée consolante, mourant d'ennui autant que de chagrin ; perdant la vue à force de verser des larmes. Ayez pitié de moi ; vous êtes assez vengés. Geneviève, Jacques, vous étiez bons jadis ; soyez-le encore pour votre malheureux oncle, qui reconnaît trop tard son injustice et qui vous en demande pardon avec larmes. »

Geneviève pleurait, Jacques était très ému ; tous deux s'agenouillèrent près de lui et mêlèrent leurs larmes aux siennes.

« Mon oncle, dit Jacques, permettez-nous de vivre près de vous ; Geneviève ne me démentira pas ; elle est toujours l'ange que vous avez méconnu jadis.

MADEMOISELLE PRIMEROSE.

Et moi, mon pauvre cousin, je joins ma demande à celle de mes enfants ; je les aiderai dans leur besogne ; je veillerai sur votre ménage, je serai votre secrétaire, votre femme de charge, tout ce que vous voudrez.

M. DORMÈRE.

Excellente cousine, chers enfants, soyez bénis

« Ayez pitié de moi ; vous êtes assez vengés. »

de votre offre généreuse. Oui, venez, venez tous chez moi, ne me quittez pas. Dieu récompensera votre dévouement. »

Après un séjour de deux heures, Jacques, Geneviève et Mlle Primerose s'en allèrent, lui promettant de revenir le lendemain dans l'après-midi. Il les remercia, en pleurant, du pardon qu'ils voulaient bien lui accorder, et qu'il ne méritait pas, disait-il.

Ils vinrent en effet le lendemain et changèrent, par leur présence, l'affreuse vie qu'il s'était faite, en une vie sinon agréable, du moins calme et tolérable.

Il se plaisait à faire revenir Mlle Primerose sur le passé, à lui raconter et expliquer ce qu'il ignorait encore, à lui dévoiler les infamies de Georges. Il aimait à entendre parler du bonheur de Jacques et de Geneviève, de leur amour naissant. Il connut la part brillante qu'avait prise Jacques aux glorieuses batailles de Mentana et de Monte Rotondo; le beau dévouement de Rame pour préserver le mari de sa chère petite maîtresse; il gémit de son injustice à l'égard de cet admirable serviteur.

Les jours s'écoulaient ainsi paisibles et presque heureux. Les seuls moments amers étaient ceux qui le reportaient sur son fils, lequel, depuis son départ, ne lui avait pas donné signe de vie.

Six mois après, il reçut une lettre cachetée de noir. Il l'ouvrit; elle était du consul de France à la Vera-Cruz et lui annonçait que son fils Georges

Dormère était mort de la fièvre jaune, qu'il l'avait chargé de transmettre à son père l'expression de son repentir pour sa conduite à son égard, qu'il avait demandé et reçu les derniers sacrements, qu'il était mort dans de bons sentiments, demandant pardon dans son délire à tous ceux qu'il avait offensés, particulièrement à une demoiselle ou dame Geneviève, etc.

Une heure après, M. Dormère était frappé d'une nouvelle attaque d'apoplexie, qui termina sa vie et ses souffrances après deux jours de lutte.

Le notaire, immédiatement averti, se transporta sur-le-champ à Plaisance; il trouva dans le bureau du cabinet de travail un testament qui laissait à Jacques toute sa fortune, y compris le château de Plaisance, à charge à Jacques de faire à Mlle Primerose une rente viagère de vingt mille francs.

« Si je laisse ma fortune à Jacques, disait-il, au lieu de ma nièce chérie, Geneviève, c'est pour égaliser leurs fortunes; ma cousine Primerose trouvera dans la rente que je lui laisse une expiation de mon injustice et de mon ingratitude à son égard pendant les longues années qu'elle a consacrées à l'éducation et au bonheur de ma nièce. »

Le chagrin de Jacques et de Geneviève fut vif; Mlle Primerose trouvait dans cette fin prématurée du père et du fils une terrible expiation de la faiblesse du père qui avait contribué ainsi à la dépravation du fils. Elle vit toujours avec ses jeunes cousins, qu'elle se plaît à appeler ses enfants. Tous, y compris Rame et Pélagie, sont aussi heureux qu'on peut l'être dans ce monde et reconnaissent la vérité du proverbe : APRÈS LA PLUIE LE BEAU TEMPS.

TABLE DES MATIÈRES

		Pages
I.	Les fraises....................................	1
II.	La visite......................................	11
III.	Encore les fraises.............................	25
IV.	La bonne se plaint de Georges.................	33
V.	Le départ de Georges décidé...................	47
VI.	Ramoramor.....................................	57
VII.	Hostilités de Georges contre Rame.............	69
VIII.	Georges se dessine de plus en plus............	75
IX.	Georges entre au collège......................	85
X.	Geneviève sans Georges........................	99
XI.	Première sortie de Georges....................	109
XII.	Mlle Primerose change de logement.............	129
XIII.	Aigres adieux des deux amies..................	139
XIV.	Installation de Mlle Primerose. — Education de Geneviève....................................	149
XV.	Seconde sortie de Georges et de Jacques.......	161
XVI.	Portrait de Rame. — L'habit rouge.............	181
XVII.	Geneviève fortement attaquée, bien défendue...	193
XVIII.	Portrait de Rame corrigé par Georges..........	199
XIX.	Faiblesse paternelle..........................	207
XX.	Plaisance devient désert......................	217

		Pages.
XXI.	Années de pensionnat et de collège.......................	223
XXII.	Georges et Geneviève......................................	233
XXIII.	Événement fatal...	247
XXIV.	Scène terrible..	255
XXV.	Maladie de Geneviève......................................	267
XXVI.	Lettres de Mlle Primerose.................................	275
XXVII.	Horrible fausseté de Georges..............................	283
XXVIII.	Lettre de Georges. Départ de Geneviève...................	293
XXIX.	Colère de MM. Dormère père et fils........................	301
XXX.	Retour de Jacques...	313
XXXI.	Bonheur de Geneviève......................................	327
XXXII.	Jacques et Geneviève s'entendent à l'amiable..............	337
XXXIII.	Explication complète......................................	343
XXXIV.	Affaires terminées. Correspondance aigre-douce..........	355
XXXV.	Nouvelle inquiétude.......................................	365
XXXVI.	La punition...	373
XXXVII.	Décision imprévue...	383
XXXVIII.	Le mariage..	393
XXXIX	Grand chagrin...	405
XL	Fin de M. Dormère, de Georges et du livre................	415

---

34 608. — Imp. Lahure, rue de Fleurus, 9, à Paris.

LIBRAIRIE HACHETTE ET Cⁱᵉ
BOULEVARD SAINT-GERMAIN, 79, A PARIS

LE
JOURNAL DE LA JEUNESSE
NOUVEAU RECUEIL HEBDOMADAIRE
TRÈS RICHEMENT ILLUSTRÉ
POUR LES ENFANTS DE 10 A 15 ANS

Les vingt-quatre premières années (1873-1896),
formant
quarante-huit beaux volumes grand in-8, sont en vente.

Ce nouveau recueil est une des lectures les plus attrayantes que l'on puisse mettre entre les mains de la jeunesse. Il contient des nouvelles, des contes, des biographies, des récits d'aventures et de voyages, des causeries sur l'histoire naturelle, la géographie, les arts et l'industrie, etc., par

Mᵐᵉˢ D'ARTHÈZ, BARBÉ, S. BLANDY, CAZIN, COLOMB, O. DEMOULIN, E. D'ERWIN, Z. FLEURIOT, ANDRÉ GÉRARD, JULIE GOURAUD, L. MUSSAT, P. DE NANTEUIL, OUIDA, JEANNE SCHULTZ, DE WITT NÉE GUIZOT;
MM. A. ASSOLLANT, DE LA BLANCHÈRE, LÉON CAHUN, CHAMPOL, ERNEST DAUDET, DILLAYE, M. DU CAMP, L. ÉNAULT,
J. GIRARDIN, AINÉ GIRON, A. GUILLEMIN, JACOTTET, CH. JOLIET, ALBERT LÉVY, P. MAEL, E. MENAULT, E. HOUTON, E. MULLER,
PAUL PELET, LOUIS ROUSSELET, L. SEVIN,
Cᵗᵉ STANY, G. TISSANDIER, G. TOUDOUZE, V. TISSOT, ETC.,

et est

ILLUSTRÉ DE 12 500 GRAVURES SUR BOIS

d'après les dessins de

É. BAYARD, BERTALL, BLANCHARD, BUSSON,
CAIN, CASTELLI, CATENACCI, CRAFTY, Mᵐᵉ CRAMPEL, C. DELORT,
FAGUET, PÉRAT, FERDINANDUS, GILBERT, GODEFROY DURAND,
KAUFFMANN, LE BLANT, LEMAISTRE, LIX, A. MARIE,
DE MYRBACH, A. DE NEUVILLE, A. PARIS, PHILIPPOTEAUX, POIRSON,
PRANISHNIKOFF, F. RÉGAMEY, REICHAN, RENOUARD,
RIOU, RONJAT, SAHIB, TAYLOR, TOFANI,
VOGEL, G. VUILLIER, E. VULLIEMIN, TH. WEBER, E. ZIER.

CONDITIONS DE VENTE ET D'ABONNEMENT

Le **JOURNAL DE LA JEUNESSE** paraît le samedi de chaque semaine.

Le prix du numéro, comprenant 16 pages grand in-8, est de 40 centimes.

Les 52 numéros publiés dans une année forment deux volumes.

Prix de chaque volume : broché, 10 francs ; cartonné en percaline rouge, tranches dorées, 13 francs.

PRIX DE L'ABONNEMENT
POUR PARIS ET LES DÉPARTEMENTS

Un an (2 volumes). . . . . **20** FRANCS
Six mois (1 volume). . . . . . . **10** —

Prix de l'abonnement pour les pays étrangers qui font partie de l'Union générale des postes : Un an, **22** francs ; six mois, **11** francs.

Les abonnements se prennent à partir du 1er décembre et du 1er juin de chaque année.

MON JOURNAL

NOUVEAU RECUEIL HEBDOMADAIRE

Illustré de nombreuses gravures en couleurs et en noir

A L'USAGE DES ENFANTS DE HUIT A DOUZE ANS

SEIZIÈME ANNÉE

(1896-1897)

DEUXIÈME SÉRIE

MON JOURNAL, à partir du 1ᵉʳ Octobre 1892, est devenu hebdomadaire, de mensuel qu'il était, et convient à des enfants de 8 à 12 ans.

Il paraît un numéro le samedi de chaque semaine. — Prix du numéro, 15 centimes.

ABONNEMENTS :

FRANCE	UNION POSTALE
Six mois............ 4 fr. 50	Six mois............ 5 fr. 50
Un an............... 8 fr. »	Un an............... 10 fr. »

Prix des années 1893 à 1896 de la deuxième série (4 vol.)
Chacune : Brochée, 8 fr. — Cartonnée, 10 fr.

Les années I à XI de la Première série sont épuisées.

BIBLIOTHÈQUE DES PETITS ENFANTS
DE 4 A 8 ANS
FORMAT GRAND IN-16
CHAQUE VOLUME, BROCHÉ, 2 FR. 25
CARTONNÉ EN PERCALINE BLEUE, TRANCHES DORÉES, 3 FR. 50
Ces volumes sont imprimés en gros caractères

Chéron de la Bruyère (Mme) : *Contes à Pépée*. 1 vol. avec 24 gravures d'après Grivaz.
— *Plaisirs et aventures*. 1 vol. avec 80 gravures d'après Jeanniot.
— *La perruque du grand-père*. 1 vol. illustré de 30 gr. d'après Tofani.
— *Les enfants de Boisfleuri*. 1 vol. ill. de 30 grav. d'après Somochini.
— *Les vacances à Trouville*. 1 vol. avec 40 gravures d'après Tofani.
— *Le château du Roc-Salé*. 1 vol. illustré de 30 gr. d'après Tofani.
— *Les enfants du capitaine*. 1 vol. ill. de 30 grav. d'après Geoffroy.
— *Autour d'un bateau*. 1 vol. illustré de 30 gravures d'après E. Zier.

Desgranges : *Le chemin du collège*. 1 vol. ill. de 30 grav. d'après Tofani.
— *La famille Le Jarriot*. 1 vol. illustré de 33 gr. d'après Geoffroy.

Duporteau (Mme) : *Petits récits*. 1 vol. avec 28 gr. d'après Tofani.

Erwin (Mme E. d') : *Un été à la campagne*. 1 vol. avec 39 grav.

Favre : *L'épreuve de Georges*. 1 vol. avec 44 gravures d'après Geoffroy.

Franck (Mme E.) : *Causeries d'une grand'mère*. 1 vol. avec 72 grav.

Fresneau (Mme), née de Ségur : *Une année du petit Joseph*. Imité de l'anglais. 1 vol. avec 67 gravures d'après Jeanniot.

Girardin (J.) : *Quand j'étais petit garçon*. 1 vol. avec 52 gravures.
— *Dans notre classe*. 1 vol. avec 26 gravures d'après Jeanniot.
— *Un drôle de petit bonhomme*. 1 vol. illustré de 35 grav. d'après Geoffroy.

Le Roy (Mme F.) : *L'aventure du petit Paul*. 1 vol. illustré de 45 gravures, d'après Ferdinandus.
— *Les étourderies de Mlle Lucie*. 1 vol. ill. de 30 gr. d'après Robaudi.
— *Pipo*. 1 vol. illustré de 36 gravures d'après Mencina Kresz.

Malaussa (Mme) : *Sable-Plage*. 1 vol. ill. de 53 grav. d'après Zier.

Molesworth (Mrs) : *Les aventures de M. Baby*, traduit de l'anglais. 1 vol. avec 19 gravures.

Pape-Carpantier (Mme) : *Nouvelles histoires et leçons de choses*. 1 vol. avec 42 gravures d'après Somochini.

Surville (André) : *Les amis de Berthe*. 1 vol. avec 30 gravures d'après Ferdinandus.
— *La petite Givonnette*. 1 vol. illustré de 34 gravures d'après Grigny.
— *Fleur des champs*. 1 vol. illustré de 32 gravures d'après Zier.
— *La vieille maison du grand-père*. 1 vol. avec 34 gravures d'après Zier.
— *La fête de Saint-Maurice*. 1 vol. illustré de 34 grav. d'après Tofani.

Witt (Mme de), née Guizot : *Histoire de deux petits frères*. 1 vol. avec 45 grav. d'après Tofani.
— *Sur la plage*. 1 vol. avec 55 gravures d'après Ferdinandus.
— *Par monts et par vaux*. 1 vol. avec 54 grav. d'après Ferdinandus.
— *En pleins champs*. 1 vol. avec 45 gravures d'après Gilbert.
— *A la montagne*. 1 vol. illustré de 45 gravures d'après Ferdinandus.
— *Deux tout petits*. 1 vol. illustré de 32 gravures d'après Ferdinandus.
— *Au-dessus du lac*. 1 vol. avec 44 gr.
— *Les enfants de la tour du Roc*. 1 vol. ill. de 56 gr. d'après E. Zier.
— *La petite maison dans la forêt*. 1 vol. illustré de 36 grav. d'après Robaudi.
— *Histoires de bêtes*. 1 vol. illustré de 34 gravures d'après Bouisset.
— *Au creux du rocher*. 1 vol. ill. de 48 grav. d'après Robaudi.

LIBRAIRIE HACHETTE ET C⁽ᴵᴱ⁾
BOULEVARD SAINT-GERMAIN, 79, A PARIS

LE
JOURNAL DE LA JEUNESSE
NOUVEAU RECUEIL HEBDOMADAIRE
TRÈS RICHEMENT ILLUSTRÉ
POUR LES ENFANTS DE 10 A 15 ANS

Les vingt-trois premières années (1873-1895),
formant
quarante-six beaux volumes grand in-8, sont en vente.

Ce nouveau recueil est une des lectures les plus attrayantes que l'on puisse mettre entre les mains de la jeunesse. Il contient des nouvelles, des contes, des biographies, des récits d'aventures et de voyages, des causeries sur l'histoire naturelle, la géographie, les arts et l'industrie, etc., par

M⁽ᵐᵉˢ⁾ D'ARTHEZ, BARBÉ, S. BLANDY, CAZIN, COLOMB, G. DENOULIN,
E. D'ERWIN, Z. FLEURIOT, ANDRÉ GÉRARD, JULIE GOURAUD, L. MUSSAT,
P. DE NANTEUIL, OUIDA, JEANNE SCHULTZ, DE WITT NÉE GUIZOT;
MM. A. ASSOLLANT, DE LA BLANCHÈRE, LÉON CAHUN, CHAMPOL,
ERNEST DAUDET, DILLAYE, M. DU CAMP, L. ÉNAULT,
J. GIRARDIN, AIMÉ GIRON, A. GUILLEMIN, JACOTTET, CH. JOLIET,
ALBERT LÉVY, P. MAEL, E. HENAULT, E. MOUTON, E. MULLER,
PAUL PELET, LOUIS ROUSSELET, L. SEVIN,
C⁽ᵗᵉ⁾ STANY, G. TISSANDIER, G. TOUDOUZE, V. TISSOT, ETC.,

et est

ILLUSTRÉ DE 12 000 GRAVURES SUR BOIS

d'après les dessins de

É. BAYARD, BERTALL, BLANCHARD, BUSSON,
CAIN, CASTELLI, CATENACCI, CRAFTY, M⁽ᵐᵉ⁾ CRAMPEL, C. DELORT,
FAGUET, FÉRAT, FERDINANDUS, GILBERT, GODEFROY DURAND,
KAUFFMANN, LE BLANT, LEMAISTRE, LIX, A. MARIE,
DE MYRBACH, A. DE NEUVILLE, A. PARIS, PHILIPPOTEAUX, POIRSON,
PRANISHNIKOFF, F. RÉGAMEY, REICHAN, RENOUARD,
RIOU, RONJAT, SAHIB, TAYLOR, TOFANI,
VOGEL, G. VUILLIER, H. VULLIEMIN, TH. WEBER, E. ZIER.

CONDITIONS DE VENTE ET D'ABONNEMENT

Le **JOURNAL DE LA JEUNESSE** paraît le samedi de chaque semaine.

Le prix du numéro, comprenant 16 pages grand in-8, est de **40** centimes.

Les 52 numéros publiés dans une année forment deux volumes.

Prix de chaque volume : broché, 10 francs; cartonné en percaline rouge, tranches dorées, 13 francs.

PRIX DE L'ABONNEMENT
POUR PARIS ET LES DÉPARTEMENTS

    Un an (2 volumes). . . . . **20** francs
    Six mois (1 volume). . . . . . . **10** —

Prix de l'abonnement pour les pays étrangers qui font partie de l'Union générale des postes : Un an, 22 francs; six mois, 11 francs.

Les abonnements se prennent à partir du 1ᵉʳ décembre et du 1ᵉʳ juin de chaque année.

MON JOURNAL

NOUVEAU RECUEIL HEBDOMADAIRE

Illustré de nombreuses gravures en couleurs et en noir

A L'USAGE DES ENFANTS DE HUIT A DOUZE ANS

QUINZIÈME ANNÉE

(1895-1896)

DEUXIÈME SÉRIE

MON JOURNAL, à partir du 1er Octobre 1892, est devenu hebdomadaire, de mensuel qu'il était, et convient à des enfants de 8 à 12 ans.

Il paraît un numéro le samedi de chaque semaine. — Prix du numéro, 15 centimes.

ABONNEMENTS :

FRANCE	UNION POSTALE
Six mois............... 4 fr. 50	Six mois............. 5 fr. 50
Un an................ 8 fr. »	Un an............... 10 fr. »

Prix de chaque année de la deuxième série :
Brochée, 8 fr. — Cartonnée, 10 fr.

NOUVELLE COLLECTION ILLUSTRÉE
POUR LA JEUNESSE ET L'ENFANCE

1re SÉRIE, FORMAT IN-8 JÉSUS
Prix du volume : broché, 7 fr. ; cartonné, tranches dorées, 10 fr.

About (Ed.) : *Le roman d'un brave homme.* 1 vol. illustré de 52 compositions par Adrien Marie.
— *L'homme à l'oreille cassée.* 1 vol. ill. de 61 comp. par Eug. Courboin.

Cahun (L.) : *Les aventures du capitaine Magon.* 1 vol. illustré de 72 gravures d'après Philippoteaux.

Cim (Albert) : *Grand'mère et petit-fils.* 1 vol. illustré de 70 gravures d'après Vulliemin.

Dillaye (Fr.) : *Les jeux de la jeunesse.* 1 vol. illustré de 203 grav.

Dronsart (Mme M.) : *Les grandes voyageuses.* 1 vol. ill. de 75 grav.

Du Camp (Maxime) : *La vertu en France.* 1 vol. ill. de 45 grav. d'après Duez, Myrbach, Tofani et E. Zier.

Fleuriot (Mlle Z.) : *Cœur muet.* 1 vol. ill. de 57 grav. d'après Adrien Marie.
— *Papillonne.* 1 volume illustré de 50 gravures d'après E. Zier.

Guillemin (Amédée) : *La lumière.* 1 vol. contenant 13 planches en couleurs, 14 planches en noir et 353 figures dans le texte.
— *La Chaleur.* 1 vol. contenant 1 pl. en couleurs, 8 planches en noir et 324 gravures dans le texte.
— *La Météorologie et la Physique moléculaire.* 1 vol. contenant 9 planches en couleurs, 20 planches en noir et 343 gravures dans le texte.

La Ville de Mirmont (H. de) : *Contes mythologiques.* 1 vol. illustré de 41 gravures.

Maël (Pierre) : *Une Française au Pôle Nord.* 1 vol. illustré de 52 grav. d'après Paris.
— *Terre de Fauves.* 1 volume illustré de 52 gravures, d'après les dessins d'Alfred Paris.
— *Robinson et Robinsonne.* 1 vol. illustré de 50 gravures, d'après A. Paris.

Manzoni : *Les fiancés.* Édition abrégée par Mme J. Colomb. 1 vol. illustré de 40 gravures d'après J. Le Blant.

Mouton (Eug.) : *Voyages et Aventures du Capitaine Marius Cougourdan.* 1 vol. ill. de 66 grav. d'après E. Zier.
— *Aventures et mésaventures de Joël Kerbabu.* 1 vol. illustré de 55 gravures d'après A. Paris.

Rousselet (Louis) : *Nos grandes écoles militaires et civiles.* 1 vol. ill. de 169 grav. d'après A. Lemaistre, Fr. Régamey et P. Renouard.
— *Nos grandes écoles d'application.* 1 vol. illustré de 95 grav. d'après Busson, Calmettes, Lemaistre et P. Renouard.

Toudouze (Gustave) : *Enfant perdu (1814).* 1 volume illustré de 49 gravures d'après J. Le Blant.

Witt (Mme de), née Guizot : *Les femmes dans l'histoire.* 1 vol. illustré de 80 gravures.
— *La charité en France à travers les siècles.* 1 vol. ill. de 81 gravures.
— *Père et fils.* 1 volume illustré de 40 gravures d'après Vogel.

2e SÉRIE, FORMAT IN-8 RAISIN
Prix du volume : broché, 4 fr. ; cartonné, tranches dorées, 6 fr.

Arthez (Danielle d') : *Les tribulations de Nicolas Mender.* 1 vol. ill. de 83 grav. d'après Tofani.

Assollant (A.) : *Pendragon.* 1 vol. avec 42 gravures d'après C. Gilbert.

Champol (F.) : *Anaïs Evrard.* 1 volume illustré de 22 gravures d'après Tofani et Bergevin.

Chéron de la Bruyère (Mme) : *La tante Derbier.* 1 vol. illustré de 50 gravures d'après Myrbach.

— *Princesse Rosalba.* 1 vol. illustré de 60 gravures d'après Tofani.

Colomb (Mme) : *Le violoneux de la sapinière.* 1 vol. avec 85 gravures d'après A. Marie.

— *La fille de Carilès.* 1 vol. avec 96 grav. d'après A. Marie.

Ouvrage couronné par l'Académie française.

— *Deux mères.* 1 vol. avec 133 grav. d'après A. Marie.

— *Le bonheur de Françoise.* 1 vol. avec 112 grav. d'après A. Marie.

— *Chloris et Jeanneton.* 1 vol. avec 105 gravures d'après Sahib.

— *L'héritière de Vauclain.* 1 vol. avec 104 grav. d'après C. Delort.

— *Franchise.* 1 vol. avec 113 gravures d'après C. Delort.

— *Feu de paille.* 1 vol. avec 98 grav. d'après Tofani.

— *Les étapes de Madeleine.* 1 vol. avec 105 grav. d'après Tofani.

— *Denis le tyran.* 1 vol. avec 115 grav. d'après Tofani.

— *Pour la muse.* 1 vol. avec 105 grav. d'après Tofani.

— *Hervé Plémeur.* 1 vol. avec 112 grav. d'après E. Zier.

— *Jean l'innocent.* 1 vol. illustré de 112 gravures d'après Zier.

— *Danielle.* 1 vol. illustré de 112 grav. d'après Tofani.

— *La Fille des Bohémiens.* 1 vol. illustré de 112 grav. d'après S. Reichan.

— *Les conquêtes d'Hermine.* 1 vol. ill. de 112 grav. d'après Th. Vogel.

— *Hélène Corianis.* 1 vol. illustré de 80 gravures d'après A. Moreau.

Cortambert et Deslys : *Le pays du soleil.* 1 vol. avec 35 gravures.

Daudet (E.) : *Robert Darnetal.* 1 vol. avec 81 grav. d'après Sahib.

Demage (G.) : *A travers le Sahara.* 1 vol. illustré de 84 grav. d'après Mme Crampel.

Demoulin (Mme G.) : *Les animaux étranges.* 1 vol. avec 172 gravures.

Énault (L.) : *Le chien du capitaine.* 1 vol. avec 42 gr. d'après E. Riou.

Fleuriot (Mlle Z.) : *M. Nostradamus.* 1 vol. avec 36 gr. d'après A. Marie.

— *La petite duchesse.* 1 vol. avec 79 gravures d'après A. Marie.

— *Grand cœur.* 1 vol. avec 45 gravures d'après C. Delort.

— *Raoul Daubry,* chef de famille. 1 vol. avec 32 gr. d'après C. Delort.

— *Mandarine.* 1 vol. avec 95 gravures d'après C. Gilbert.

— *Cadok.* 1 vol. avec 24 gravures d'après C. Gilbert.

— *Céline.* 1 vol. avec 102 grav. d'après G. Fraipont.

— *Feu et flamme.* 1 vol. avec 80 gravures d'après Tofani.

— *Le clan des têtes chaudes.* 1 vol. illustré de 65 gr. d'après Myrbach.

— *Au Galadoc.* 1 vol. illustré de 60 gravures d'après Zier.

— *Les premières pages.* 1 vol. avec 75 gravures d'après Adrien Marie.

— *Rayon de soleil.* 1 vol. illustré de 10 gravures d'après Mencina Kresz.

Girardin (J.) : *Les braves gens.* 1 vol. avec 115 gr. d'après E. Bayard.

Ouvrage couronné par l'Académie française.

— *Nous autres.* 1 vol. avec 132 gravures d'après E. Bayard.

— *La toute petite.* 1 vol. avec 128 gravures d'après E. Bayard.

— *L'oncle Placide.* 1 vol. avec 139 gravures d'après A. Marie.

— *Le neveu de l'oncle Placide.* 3 vol. illustrés de 367 gravures d'après A. Marie, qui se vendent séparément.

— *Grand-père.* 1 vol. avec 91 gravures d'après C. Delort.

Ouvrage couronné par l'Académie française.

Girardin (J.) (suite) : *Maman.* 1 vol. avec 112 gravures d'après Tofani.

— *Le roman d'un cancre.* 1 vol. avec 119 gravures d'après Tofani.

— *Les millions de la tante Zézé.* 1 vol. avec 112 grav. d'après Tofani.

— *La famille Gaudry.* 1 vol. avec 112 gravures d'après Tofani.

— *Histoire d'un Berrichon.* 1 vol. avec 112 gravures d'après Tofani.

— *Second violon.* 1 vol. illustré de 112 gravures d'après Tofani.

— *Le fils Valansé.* 1 vol. avec 119 gravures d'après Tofani.

— *Le commis de M. Bouvat.* 1 vol. illustré de 119 gr. d'après Tofani.

Giron (Aimé) : *Les trois rois mages.* 1 vol. illustré de 60 gravures d'après Fraipont et Pranishnikoff.

Meyer (Henri) : *Les Jumeaux de la Bouzaraque.* 1 vol. illustré de 71 gravures d'après Tofani.

— *Le serment de Paul Marcorel.* 1 vol. illustré de 51 gravures d'après Tofani.

Nanteuil (Mme P. de) : *Capitaine.* 1 vol. illustré de 72 gravures d'après Myrbach.

Ouvrage couronné par l'Académie française.

— *Le général Du Maine.* 1 vol. avec 70 gravures d'après Myrbach.

— *L'épave mystérieuse.* 1 volume illustré de 80 gr. d'après Myrbach.

Ouvrage couronné par l'Académie française.

— *En esclavage.* 1 vol. illustré de 80 gravures d'après Myrbach.

— *Une poursuite.* 1 vol. illustré de 57 gravures d'après Alfred Paris.

— *Le secret de la grève.* 1 vol. ill. de 50 gr. d'après A. Paris.

— *Alexandre Vorzof.* 1 vol. illustré de 80 grav. d'après Myrbach.

— *L'héritier des Vaubert.* 1 vol. illustré de 80 gravures d'après A. Paris.

— *Alain le Baleinier.* 1 vol. illustré de 80 grav. d'après A. Paris.

Rousselet (L.) : *Le charmeur de serpents.* 1 vol. avec 68 gravures d'après A. Marie.

Rousselet (L.) (suite) : *Le Fils du Connétable.* 1 vol. avec 113 grav. d'après Pranishnikoff.

— *Les deux mousses.* 1 vol. avec 90 gravures d'après Sahib.

— *Le tambour du Royal-Auvergne.* 1 vol. avec 115 gr. d'après Poirson.

— *La peau du tigre.* 1 vol. avec 102 gr. d'après Bellecroix et Tofani.

Saintine : *La nature et ses trois règnes.* 1 vol. avec 171 grav. d'après Foulquier et Faguet.

— *La mythologie du Rhin et les contes de la mère-grand.* 1 vol. avec 160 grav. d'après G. Doré.

Schults (Mlle Jeanne) : *Tout droit.* 1 vol. ill. de 112 gr. d'après E. Zier.

— *La famille Hamelin.* 1 vol. ill. de 89 gravures d'après E. Zier.

— *Sauvons Madelon!* 1 vol. illustré de 60 gravures d'après Tofani.

Stany (Le C^t) : *Les trésors de la Fable.* 1 vol. illustré de 80 gravures d'après E. Zier.

— *Mabel.* 1 vol. illustré de 60 gravures d'après E. Zier.

Tissot et Améro : *Aventures de trois fugitifs en Sibérie.* 1 vol. avec 72 gr. d'après Pranishnikoff.

Witt (Mme de), née Guizot : *Scènes historiques.* 1 vol. avec 28 gravures d'après A. Marie.

— *Normands et Normandes.* 1 vol. avec 70 gravures d'après E. Zier.

— *Un jardin suspendu.* 1 vol. avec 30 gravures d'après C. Gilbert.

— *Notre-Dame Guesclin.* 1 vol. avec 70 gravures d'après E. Zier.

— *Une sœur.* 1 vol. avec 65 gravures d'après E. Bayard.

— *Légendes et récits pour la jeunesse.* 1 vol. avec 18 gravures d'après Philippoteaux.

— *Un nid.* 1 vol. avec 63 gravures d'après Ferdinandus.

— *Un patriote au XIVe siècle.* 1 vol. illustré de gravures d'après E. Zier.

— *Alsaciens et Alsaciennes.* 1 vol. illustré de 60 grav. d'après A. Moreau et E. Zier.

BIBLIOTHÈQUE DES PETITS ENFANTS
DE 4 A 8 ANS

FORMAT GRAND IN-16

CHAQUE VOLUME, BROCHÉ, 2 FR. 25

CARTONNÉ EN PERCALINE BLEUE, TRANCHES DORÉES, 3 FR. 50

Ces volumes sont imprimés en gros caractères

Chéron de la Bruyère (Mme) : *Contes à Pépée*. 1 vol. avec 24 gravures d'après Grivaz.
— *Plaisirs et aventures*. 1 vol. avec 30 gravures d'après Jeanniot.
— *La perruque du grand-père*. 1 vol. illustré de 30 gr. d'après Tofani.
— *Les enfants de Boisfleuri*. 1 vol. ill. de 30 grav. d'après Semechini.
— *Les vacances à Trouville*. 1 vol. avec 40 gravures d'après Tofani.
— *Le château du Roc-Salé*. 1 vol. illustré de 30 gr. d'après Tofani.
— *Les enfants du capitaine*. 1 vol. ill. de 30 grav. d'après Geoffroy.
— *Autour d'un bateau*. 1 vol. illustré de 36 gravures d'après E. Zier.

Desgranges : *Le chemin du collège*. 1 vol. ill. de 30 grav. d'après Tofani.
— *La famille Le Jarriel*. 1 vol. illustré de 36 gr. d'après Geoffroy.

Duporteau (Mme) : *Petits récits*. 1 vol. avec 28 gr. d'après Tofani.

Erwin (Mme E. d') : *Un été à la campagne*. 1 vol. avec 39 grav.

Favre : *L'épreuve de Georges*. 1 vol. avec 44 gravures d'après Geoffroy.

Franck (Mme E.) : *Causeries d'une grand'mère*. 1 vol. avec 72 grav.

Fresneau (Mme), née de Ségur : *Une année du petit Joseph*. Imité de l'anglais. 1 vol. avec 67 gravures d'après Jeanniot.

Girardin (J.) : *Quand j'étais petit garçon*. 1 vol. avec 52 gravures.
— *Dans notre classe*. 1 vol. avec 26 gravures d'après Jeanniot.
— *Un drôle de petit bonhomme*. 1 vol. illustré de 36 grav. d'après Geoffroy.

Le Roy (Mme F.) : *L'aventure du petit Paul*. 1 vol. illustré de 45 gravures, d'après Ferdinandus.
— *Les étourderies de Mlle Lucie*. 1 vol. ill. de 30 gr. d'après Robaudi.
— *Pipo*. 1 vol. illustré de 36 gravures d'après Mencina Kress.

Malassez (Mme) : *Sable-Plage*. 1 vol. ill. de 58 grav. d'après Zier.

Molesworth (Mrs) : *Les aventures de M. Baby*, traduit de l'anglais. 1 vol. avec 12 gravures.

Pape-Carpantier (Mme) : *Nouvelles histoires et leçons de choses*. 1 vol. avec 42 gravures d'après Semechini.

Surville (André) : *Les amis de Berthe*. 1 vol. avec 30 gravures d'après Ferdinandus.
— *La petite Givonnette*. 1 vol. illustré de 34 gravures d'après Griguy.
— *Fleur des champs*. 1 vol. illustré de 32 gravures d'après Zier.
— *La vieille maison du grand-père*. 1 vol. avec 34 gravures d'après Zier.
— *La fête de Saint-Maurice*. 1 vol. illustré de 34 grav. d'après Tofani.

Witt (Mme de), née Guizot : *Histoire de deux petits frères*. 1 vol. avec 45 grav. d'après Tofani.
— *Sur la plage*. 1 vol. avec 55 gravures d'après Ferdinandus.
— *Par monts et par vaux*. 1 vol. avec 54 grav. d'après Ferdinandus.
— *En pleins champs*. 1 vol. avec 45 gravures d'après Gilbert.
— *A la montagne*. 1 vol. illustré de 45 gravures d'après Ferdinandus.
— *Deux tout petits*. 1 vol. illustré de 32 gravures d'après Ferdinandus.
— *Au-dessus du lac*. 1 vol. avec 44 gr.
— *Les enfants de la tour du Roc*. 1 vol. ill. de 56 gr. d'après E. Zier.
— *La maison dans la forêt*. 1 vol. illustré de 36 grav. d'après Robaudi.
— *Histoires de bêtes*. 1 vol. illustré de 34 gravures d'après Bouisset.
— *Au creux du rocher*. 1 vol. ill. de 48 grav. d'après Robaudi.

BIBLIOTHÈQUE ROSE ILLUSTRÉE

FORMAT IN-16, BROCHÉ, A 2 FR. 25 C. LE VOLUME

La reliure en percaline rouge, tranches dorées, se paye en sus 1 fr. 25

1re SÉRIE. — POUR LES ENFANTS DE 4 A 8 ANS

Anonyme : *Chien et Chat*; 5e édition, traduit de l'anglais par Mme A. Dibarrart. 1 vol. avec 45 gravures d'après E. Bayard.

— *Douze histoires pour les enfants de quatre à huit ans*, par une mère de famille; 3e édit. 1 vol. avec 18 grav. d'après Bertall.

— *Les enfants d'aujourd'hui*, par la même; 3e édit. 1 vol. avec 40 grav. d'après Bertall.

Carraud (Mme) : *Historiettes véritables*, pour les enfants de quatre à huit ans; 6e édition. 1 vol. avec 94 grav. d'après Fath.

Fath (G.) : *La sagesse des enfants*, proverbes; 4e édit. 1 vol. avec 100 grav. d'après l'auteur.

Laroque (Mme) : *Grands et petits*; 1 vol. avec 61 gravures d'après Bertall.

Marcel (Mme J.) : *Histoire d'un cheval de bois*; 4e édit. 1 vol. imprimé en gros caractères, avec 20 gravures d'après E. Bayard.

Pape-Carpantier (Mme) : *Histoires et leçons de choses pour les enfants*; 12e édit. 1 vol. avec 85 gravures d'après Bertall.

Ouvrage couronné par l'Académie française.

Perrault, Mmes d'Aulnoy et Leprince de Beaumont : *Contes de fées*. 1 volume avec 65 gravures d'après Bertall, Forest, etc.

Porchat (L.) : *Contes merveilleux*; 5e édit. 1 vol. avec 21 gravures d'après Bertall.

Schmid (Le chanoine) : *190 contes pour les enfants*, trad. de l'allemand par A. Van Hasselt; 7e édit. 1 vol. avec 29 grav. d'après Bertall.

Ségur (Mme de) : *Nouveaux contes de fées*; nouvelle édition. 1 vol. avec 46 gravures d'après G. Doré et J. Didier.

2e SÉRIE. — POUR LES ENFANTS DE 8 A 14 ANS

Alcott (Miss) : *Sous les lilas*, traduit de l'anglais par Mme Lepage; 2e édition. 1 volume avec 23 gravures.

Andersen : *Contes choisis*, trad. du danois par Soldi; 9e édition. 1 vol. avec 40 gravures d'après Bertall.

Anonyme : *Les fêtes d'enfants*, scènes et dialogues ; 5e édition. 1 vol. avec 41 gravures d'après Foulquier.

Assollant (A.) : *Les aventures merveilleuses mais authentiques du capitaine Corcoran* ; 8e édit. 2 vol. avec 50 grav. d'après A. de Neuville.

Barran (Th.) : *Amour filial* ; 5e édition. 1 vol. avec 41 gravures d'après Foraglo.

Bawr (Mme de) : *Nouveaux contes* ; 6e édition. 1 vol. avec 40 gravures d'après Bertall.
Ouvrage couronné par l'Académie française.

Belèze : *Jeux des adolescents* ; 6e édition. 1 vol. avec 140 gravures.

Berquin : *Choix de petits drames et de contes* ; 2e édition. 1 vol. avec 38 gravures d'après Foulquier, etc.

Berthet (E.) : *L'enfant des bois* ; 8e édition. 1 vol. avec 61 gravures.
— *La petite Chailloux*. 1 vol. avec 44 gravures d'après Bayard et J. Fraipont.

Blanchère (De la) : *Les aventures de La Ramée et de ses trois compagnons* ; 4e édit. 1 vol. avec 38 gravures d'après E. Forest.
— *Oncle Tobie le pêcheur* ; 3e édit. 1 vol. avec 60 gravures d'après Foulquier et Mesnel.

Boiteau (P.) : *Légendes recueillies ou composées pour les enfants* ; 3e édition. 1 vol. avec 42 gravures d'après Bertall.

Carpentier (Mlle) : *La maison du bon Dieu* ; 2e édit. 1 vol. avec 58 gravures d'après Riou.
— *Sauvons-le !* 2e édition. 1 vol. avec 40 gravures d'après Riou.
— *Le secret du docteur, ou la Maison fermée* ; 2e édition. 1 vol. avec 43 gravures d'après Girardet.
— *La tour du Preux*. 1 vol. avec 60 gravures d'après Tofani.
— *Pierre le Tors*. 1 vol. avec 56 gravures d'après E. Zier.
— *La dame bleue*. 1 vol. avec 49 gravures d'après E. Zier.

Carraud (Mme) : *La petite Jeanne* ; 10e édit. 1 vol. avec 21 gravures d'après Forest.
Ouvrage couronné par l'Académie française.
— *Les métamorphoses d'une goutte d'eau*. 5e édition. 1 vol. avec 50 gravures d'après E. Bayard.

Castillon (A.) : *Récréations physiques* ; 8e édition. 1 vol. avec 30 grav. d'après Castelli.
— *Récréations chimiques* ; 5e édit. 1 vol. avec 34 grav. d'après H. Castelli.

Cazin (Mme) : *Les petits montagnards* ; 2e édition. 1 vol. avec 51 grav. d'après G. Vuillier.
— *Un drame dans la montagne* ; 2e édit. 1 vol. avec 33 gravures d'après G. Vuillier.
— *Histoire d'un pauvre petit*. 1 vol. avec 60 gravures d'après Tofani.
— *L'enfant des Alpes* ; 2e édition. 1 vol. avec 33 gravures d'après Tofani.
Ouvrage couronné par l'Académie française.
— *Parletta*. 1 vol. avec 51 gravures d'après Myrbach.
— *Les saltimbanques, scènes de la montagne*. 1 vol. avec 65 gravures d'après Girardet.
— *Le petit chevrier*. 1 vol. avec 39 gravures d'après Vuillier.
— *Jean le Savoyard*. 1 vol. avec 51 grav. d'après Slom.
— *Les orphelins bernois*. 1 vol. avec 58 gravures d'après E. Girardet.

Chabreul (Mme de) : *Jeux et exercices des jeunes filles* ; 6e édition. 1 vol. avec la musique des rondes et 55 gravures d'après Fath.

Chéron de la Bruyère (Mme) : *Giboulée*. 1 vol. illustré de 24 gravures d'après Zier.
— *La tour grise*. 1 vol. ill. de 25 grav. d'après Zier.

Cim (Albert) : *Mes amis et moi*. 1 vol. avec 16 grav. d'après Ferdinandus et Slom.
— *Entre camarades*. 1 vol. illustré de 20 gravures d'après Ferdinandus.

Colet (Mme L.) : *Enfances célèbres* ; 12e édit. 1 vol. avec 57 gravures d'après Foulquier.

Colomb (Mme J.) : *Souffre-Douleur*. 1 vol. avec 40 gravures d'après Mlle Lancelot.

Contes anglais, traduits par Mme de Witt. 1 vol. avec 43 gravures d'après E. Morin.

Deschamps (F.) : *Mon amie Georgette*. 1 vol. illustré de 43 gravures d'après Robaudi.

— *Mon ami Jean*. 1 vol. illustré de 40 gravures d'après Robaudi.

— *L'intrépide Marcel*. 1 vol. illustré de 40 gravures d'après Robaudi.

Deslys (Ch.) : *Grand'maman*. 1 vol. avec 29 gravures d'après Ed. Zier.

Edgeworth (Miss) : *Contes de l'adolescence*. 1 vol. avec 43 gravures d'après Morin.

— *Contes de l'enfance*. 1 vol. avec 27 gravures d'après Foulquier.

— *Demain*, suivi de *Mourad le malheureux*. 1 vol. avec 55 gravures d'après Bertall.

Fath (G.) : *Bernard, la gloire de son village*. 1 vol. avec 56 gravures d'après l'auteur.

Ouvrage couronné par l'Académie française.

Fleuriot (Mlle Z.) : *Le petit chef de famille*; 9ᵉ édit. 1 vol. avec 57 grav. d'après Castelli.

— *Plus tard*, ou *le Jeune Chef de famille*; 6ᵉ édit. 1 vol. avec 60 grav. d'après E. Bayard.

— *Un enfant gâté*; 5ᵉ édition. 1 vol. avec 48 gravures d'après Ferdinandus.

— *Tranquille et Tourbillon*; 3ᵉ édition. 1 vol. avec 45 gravures d'après C. Delort.

— *Cadette*; 3ᵉ édit. 1 vol. avec 25 grav. d'après Tofani.

— *En congé*; 6ᵉ édit. 1 vol. avec 61 gravures d'après A. Marie.

— *Bigarrette*; 6ᵉ édit. 1 vol. avec 55 gravures d'après A. Marie.

— *Bouche-en-Cœur*; 3ᵉ édition. 1 vol. avec 45 gravures d'après Tofani.

— *Gildas l'Intraitable*; 2ᵉ édit. 1 vol. avec 56 gravures d'après E. Zier.

— *Parisiens et montagnards*. 1 vol. avec 49 gravures d'après E. Zier.

Foe (Da) : *La vie et les aventures de Robinson Crusoé*, édit. abrégée. 1 vol. avec 40 grav.

Fonvielle (W. de) : *Néridah*. 2 vol. avec 40 gravures d'après Sahib.

Fresneau (Mme), née Ségur : *Comme les grands !* 1 vol. avec 40 grav. d'après Ed. Zier.

— *Thérèse à Saint-Domingue*. 1 vol. avec 49 gravures d'après Tofani.

— *Les protégés d'Isabelle*. 1 vol. avec 50 grav.

— *Deux abandonnées*. 1 vol. illustré de 49 gravures d'après M. Orange.

Fromont : *Petit-Prince*. 1 vol. illustré de 5 gravures d'après Vogel.

Genlis (Mme de) : *Contes moraux*. 1 vol. avec 40 gravures d'après Foulquier, etc.

Gérard (A.) : *Petite Rose*. — *Grande Jeanne*. 1 vol. avec 28 gravures d'après C. Gilbert.

Girardin (J.) : *La disparition du grand Krause*; 4ᵉ édition. 1 vol. avec 70 gravures d'après Kauffmann.

Giron (Aimé) : *Ces pauvres petits!* 2ᵉ édition. 1 vol. avec 22 grav. d'après B. de Monvel, etc.

— *Contes à nos petits rois*. 1 vol. avec 23 grav. d'après Blanchard, Vogel et Zier.

Gouraud (Mlle J.) : *Les enfants de la ferme*; 5ᵉ édit. 1 vol. avec 59 grav. d'après E. Bayard.

— *Le livre de maman*; 4ᵉ édition. 1 vol. avec 68 gravures d'après E. Bayard.

— *Cécile*, ou *la Petite Sœur*; 7ᵉ édition. 1 vol. avec 26 gravures d'après Desandré.

— *Lettres de deux poupées*; 6ᵉ édition. 1 vol. avec 59 grav. d'après Olivier.

— *Le petit colporteur*; 6ᵉ édition. 1 vol. avec 27 gravures d'après A. de Neuville.

— *Les mémoires d'un petit garçon*; 9ᵉ édit. 1 vol. avec 86 gravures d'après E. Bayard.

— *Les mémoires d'un caniche*; 9ᵉ édition. 1 vol. avec 75 gravures d'après E. Bayard.

— *L'enfant du guide*; 6ᵉ édition. 1 vol. avec 60 gravures d'après E. Bayard.

— *Petite et grande*; 4ᵉ édition. 1 vol. avec 48 gravures d'après E. Bayard.

Gouraud (Mlle J.) (suite) : *Les deux enfants de Saint-Domingue*; 4ᵉ édition. 1 vol. avec 64 gravures d'après E. Bayard.

— *La petite maîtresse de maison*; 5ᵉ édit. 1 vol. avec 37 gravures d'après A. Marie.

— *Les filles du professeur*; 3ᵉ édit. 1 vol. avec 36 gravures d'après Kauffmann.

— *La famille Harel*; 2ᵉ édit. 1 vol. avec 48 gravures d'après Valnay et Ferdinandus.

— *Aller et retour*; 2ᵉ édition. 1 vol. avec 40 gravures d'après Ferdinandus.

— *Les petits voisins*; 2ᵉ édition. 1 vol. avec 39 gravures d'après C. Gilbert.

— *Le petit bonhomme*. 1 vol. avec 45 gravures d'après Ferdinandus.

— *Pierrot*. 1 vol. avec 31 grav. d'après Zier.

— *Minette*. 1 vol. avec 52 grav. d'après Tofani.

Grimm (Les frères) : *Contes choisis*, trad. de l'allemand. 1 vol. avec 40 grav. d'après Bertall.

Hauff : *La caravane*, trad. de l'allemand, 5ᵉ édition. 1 vol. avec 40 grav. d'après Bertall.

— *L'auberge du Spessart*, 5ᵉ édition. 1 vol. avec 61 grav. d'après Bertall.

Hawthorne : *Le livre des merveilles*, trad. de l'anglais; 3ᵉ édit. 2 vol. avec 40 grav. d'après Bertall.

Johnson : *Dans l'extrême Far West*, traduit de l'anglais par A. Talandier; 2ᵉ édition. 1 vol. avec 20 gravures d'après A. Marie.

Marcel (Mme J.) : *L'école buissonnière*; 4ᵉ édit. 1 vol. avec 20 gravures d'après A. Marie.

— *Les petits vagabonds*; 4ᵉ édition. 1 vol. avec 25 gravures d'après E. Bayard.

— *Histoire d'une grand'mère et de son petit-fils*. 1 vol. avec 36 gravures d'après Delort.

Marcel (Mme J.) (suite) : *Daniel*; 2ᵉ édition. 1 vol. avec 45 gravures d'après Gilbert.

— *Un bon gros pataud*. 1 vol. avec 40 gravures d'après Jeanniot.

— *Un bon oncle*. 1 vol. avec 50 grav. d'après F. Régamey.

Maréchal (Mlle) : *La dette de Ben-Aïssa*; 4ᵉ édit. 1 vol. avec 20 grav. d'après Bertall.

— *Nos petits camarades*; 2ᵉ édition. 1 vol. avec 18 gravures d'après E. Bayard et H. Castelli.

— *La maison modèle*; 3ᵉ édition. 1 vol. avec 49 gravures d'après Sahib.

Martignat (Mlle de) : *Les vacances d'Élisabeth*; 3ᵉ édit. 1 vol. avec 46 grav. d'après Kauffmann.

— *L'oncle Boni*; 2ᵉ édition. 1 vol. avec 42 gravures d'après Gilbert.

— *Ginette*; 2ᵉ édit. 1 vol. avec 50 gravures d'après Tofani.

— *Le manoir d'Yolan*; 2ᵉ édition. 1 vol. avec 50 gravures d'après Tofani.

— *Le pupille du général*. 1 vol. avec 40 gravures d'après Tofani.

— *L'héritière de Mauricèze*. 1 vol. avec 41 gravures d'après Poirson.

— *Une vaillante enfant*; 2ᵉ édit. 1 vol. avec 43 gravures d'après Tofani.

— *Une petite nièce d'Amérique*. 1 vol. avec 43 gravures d'après Tofani.

— *La petite fille du vieux Thémi*. 1 vol. avec 44 gravures d'après Tofani.

Mayne-Reid (Le capitaine) : Œuvres traduites de l'anglais :

— *Les chasseurs de girafes*. 1 vol. avec 10 gravures d'après A. de Neuville.

— *A fond de cale*, voyage d'un jeune marin à travers les ténèbres. 1 vol. avec 12 grandes gravures.

— *A la mer!* 1 vol. avec 12 grandes gravures.

— *Bruin, ou les Chasseurs d'ours*. 1 vol. avec 8 grandes gravures.

— *Le chasseur de plantes*. 1 vol. avec 12 grandes gravures.

— *Les exilés dans la forêt*. 1 vol. avec 12 grandes gravures.

— *L'habitation du désert*, ou Aventures d'une famille perdue dans les solitudes de l'Amérique. 1 vol. avec 23 grandes gravures d'après G. Doré.

Mayne-Reid (Le capitaine) (suite) : *Les grimpeurs de rochers*, suite du *Chasseur de plantes*. 1 vol. avec 20 grandes gravures.
— *Les peuples étranges*. 1 vol. avec 8 gravures.
— *Les vacances des jeunes Boers*. 1 vol. avec 12 grandes gravures.
— *Les veillées de chasse*. 1 vol. avec 45 gravures d'après Frooman.
— *La chasse au Léviathan*. 1 vol. avec 51 gravures d'après Ferdinandus et Weber.

Meynors d'Estroy : *Les aventures de Gérard Hendriks à la recherche de son frère*. 1 vol. illustré de 15 gravures d'après Mme P. Crampel.
— *Au pays des diamants*. 1 vol. illustré de gravures d'après Riou.

Moussac (Mme la marquise de) : *Popo et Lili, histoire de deux jumeaux*. 1 vol. avec 58 grav. d'après Zier.

Muller (E.) : *Robinsonnette*; 4º édition. 1 vol. avec 22 gravures d'après Lix.

Peyronny (Mme de) : *Deux cœurs dévoués*; 4º édit. 1 vol. avec 53 grav. d'après Devaux.

Pitray (Mme de) : *Les enfants des Tuileries*; 4º édit. 1 vol. avec 29 grav. d'après E. Bayard.
— *Les débuts du gros Phildas*; 4º édition. 1 vol. avec 57 gravures d'après H. Castelli.
— *Le château de la Pétaudière*; 3º édition. 1 vol. avec 78 gravures d'après A. Marie.
— *Le fils du maquignon*; 2º édition. 1 vol. avec 65 gravures d'après Riou.
— *Petit Monstre et Poule Mouillée*; 6º mille. 1 vol. avec 36 gravures d'après E. Girardet.
— *Robin des Bois*. 1 vol. avec 40 gravures d'après Sirouy.
— *L'usine et le château*. 1 vol. avec 44 grav. d'après Robaudi.
— *L'arche de Noé*. 1 vol. illustré d'après Robaudi.

Rendu (V.) : *Mœurs pittoresques des insectes*. 1 vol. avec 49 gravures.

Sandras (Mme) : *Mémoires d'un lapin blanc*; 5º édit. 1 vol. avec 20 grav. d'après E. Bayard.

Sannois (Mme de) : *Les soirées à la maison*; 3º édit. 1 vol. avec 49 grav. d'après E. Bayard.

Ségur (Mme de) : *Après la pluie le beau temps*; nouvelle édition. 1 vol. avec 128 gravures d'après E. Bayard.
— *Comédies et proverbes*; nouvelle édition. 1 vol. avec 60 gravures d'après E. Bayard.
— *Diloy le Chemineau*; nouvelle édition. 1 vol. avec 90 gravures d'après H. Castelli.
— *François le Bossu*; nouvelle édition. 1 vol. avec 114 gravures d'après E. Bayard.
— *Jean qui grogne et Jean qui rit*; nouvelle édition. 1 vol. avec 70 grav. d'après H. Castelli.
— *La fortune de Gaspard*; nouvelle édit. 1 vol. avec 32 gravures d'après Gorlier.
— *La sœur de Gribouille*; nouvelle édition. 1 vol. avec 72 gravures d'après Castelli.
— *Pauvre Blaise*; nouvelle édition. 1 vol. avec 96 gravures d'après H. Castelli.
— *Quel amour d'enfant!* nouvelle édition. 1 vol. avec 78 gravures d'après E. Bayard.
— *Un bon petit diable*; nouvelle édition. 1 vol. avec 100 gravures d'après Castelli.
— *Le mauvais génie*; nouvelle édition. 1 vol. avec 90 gravures d'après E. Bayard.
— *L'auberge de l'Ange-Gardien*; nouvelle édition. 1 vol. avec 75 grav. d'après Foulquier.
— *Le général Dourakine*; nouvelle édition. 1 vol. avec 100 gravures d'après E. Bayard.
— *Les bons enfants*; nouvelle édition. 1 vol. avec 70 grav. d'après Férogio.
— *Les deux nigauds*; nouvelle édition. 1 vol. avec 70 grav. d'après Castelli.
— *Les malheurs de Sophie*; nouvelle édition. 1 vol. avec 48 gravures d'après Castelli.
— *Les petites filles modèles*; nouvelle édition. 1 vol. avec 21 grandes gravures d'après Bertall.
— *Les vacances*; nouvelle édition. 1 vol. avec 36 gravures d'après Bertall.

Ségur (Mme de) (suite) : *Mémoires d'un âne;* nouvelle édition, 1 vol. avec 75 gravures d'après Castelli.

Stoltz (Mme de) : *La maison roulante;* 7ᵉ édit. 1 vol. avec 20 gravures d'après E. Bayard.

— *Le trésor de Nanette;* 6ᵉ édition, 1 vol. avec 25 gravures d'après E. Bayard.

— *Blanche et Noire;* 4ᵉ édition. 1 vol. avec 54 gravures d'après E. Bayard.

— *Par-dessus la haie;* 4ᵉ édition. 1 vol. avec 56 gravures d'après A. Marie.

— *Les poches de mon oncle;* 5ᵉ édition. 1 vol. avec 20 gravures d'après Bertall.

— *Les vacances d'un grand-père;* 4ᵉ édition. 1 vol. avec 40 gravures d'après G. Dolafosse.

— *Le vieux de la forêt;* 3ᵉ édition. 1 vol. avec 40 gravures d'après Sahib.

— *Les deux reines;* 2ᵉ édit. 1 vol. avec 39 gravures d'après Delort.

— *Les mésaventures de Mlle Thérèse;* 3ᵉ édition. 1 vol. avec 29 gravures d'après Charles.

— *Les frères de lait;* 2ᵉ édition. 1 vol. avec 42 gravures d'après E. Zier.

— *Magali;* 2ᵉ éd. 1 vol. avec 36 grav. d'après Tofani.

Stoltz (Mme de) (suite) : *Deux tantes.* 1 vol. avec 49 grav. d'après Ed. Zier.

— *Violence et bonté.* 1 vol. avec 30 gravures d'après Tofani.

— *L'embarras du choix.* 1 vol. avec 40 gravures d'après Tofani.

— *Petit Jacques.* 1 vol. avec 48 gravures d'après Tofani.

— *La famille Coquelicot.* 1 vol. illustré de 80 gravures d'après Jeanniot.

Swift : *Voyages de Gulliver,* traduits de l'anglais et abrégés à l'usage des enfants. 1 vol. avec 57 gravures d'après G. Dolafosse.

Tournier : *Les premiers chants,* poésies à l'usage de la jeunesse; 2ᵉ édition. 1 vol. avec 20 gravures d'après Gustave Roux.

Verley : *Miss Fantaisie.* 1 vol. avec 30 grav. d'après Zier.

Vimont (Ch.) : *Histoire d'un navire;* 8ᵉ édit. 1 vol. avec 40 grav. d'après Alex. Vimont.

Witt (Mme de), née Guizot : *Enfants et parents;* 4ᵉ édition. 1 vol. avec 34 gravures d'après A. de Neuville.

— *La petite fille aux grand'mères;* 4ᵉ édit. 1 vol. avec 36 gravures d'après Beau.

— *En quarantaine,* jeux et récits; 2ᵉ édit. 1 vol. avec 48 gravures d'après Ferdinandus.

3ᵉ SÉRIE. — POUR LES ADOLESCENTS

VOYAGES

Agassiz (M. et Mme) : *Voyage au Brésil,* traduit et abrégé par J. Belin-de Launay; 3ᵉ édition. 1 vol. avec 15 gravures et 1 carte.

Aunet (Mme d') : *Voyage d'une femme au Spitzberg;* 6ᵉ édit. 1 vol. avec 34 gravures.

Baines : *Voyages dans le sud-ouest de l'Afrique,* traduits et abrégés par J. Belin-de Launay; 2ᵉ édit. 1 vol. avec 22 grav. et 1 carte.

Baker : *Le lac Albert.* Nouveau voyage aux sources du Nil, abrégé par J. Belin-de Launay; 2ᵉ édit. 1 vol. avec 16 grav. et 1 carte.

Baldwin : *Du Natal au Zambèze,* 1851-1866. Récits de chasses, abrégés par J. Belin-de Launay; 3ᵉ édit. 1 vol. avec 24 grav. et 1 carte.

Catlin : *La vie chez les Indiens,* traduite de l'anglais; 6ᵉ édition. 1 vol. avec 25 gravures.

Fonvielle (W. de) : *Le glaçon du Polaris,* aventures du capitaine Tyson; 3ᵉ édit. 1 vol. avec 19 gravures et 1 carte.

Hayes (Dr) : *La mer libre du pôle*, traduite par F. de Lanoye et abrégée par J. Belin-de Launay; 2ᵉ édition. 1 vol. avec 14 gravures et 1 carte.

Hervé et de Lanoye : *Voyage dans les glaces du pôle arctique*; 6ᵉ édition. 1 vol. avec 40 gravures.

Lanoye (F. de) : *Le Nil, son bassin et ses sources*; 4ᵉ édit. 1 vol. avec 32 gravures et cartes.

— *La Sibérie*; 2ᵉ édition. 1 vol. avec 48 gravures d'après Lebreton, etc.

— *Les grandes scènes de la nature*; 5ᵉ édit. 1 vol. avec 40 gravures.

— *La mer polaire, voyage de l'Érèbe et de la Terreur*; 4ᵉ édit. 1 vol. avec 29 gravures et des cartes.

Livingstone : *Explorations dans l'Afrique australe*, abrégées par J. Belin-de Launay; 5ᵉ édit. 1 vol. avec 20 gravures et 1 carte.

— *Dernier journal*, abrégé par J. Belin-de Launay; 2ᵉ édition. 1 vol. avec 16 gravures et 1 carte.

Mage (L.) : *Voyage dans le Soudan occidental*, abrégé par J. Belin-de Launay; 2ᵉ édit. 1 vol. avec 16 gravures et 1 carte.

Milton et Cheadle : *Voyage de l'Atlantique au Pacifique*, trad. et abrégé par J. Belin-de Launay; 2ᵉ édit. 1 vol. avec 16 grav. et 2 cartes.

Mouhot (Ch.): *Voyage dans les royaumes de Siam, de Cambodge et de Laos*; 4ᵉ édition. 1 vol. avec 23 gravures et 1 carte.

Palgrave (W. G.) : *Une année dans l'Arabie centrale*, trad. abrégée par J. Belin-de Launay; 2ᵉ édition. 1 vol. avec 12 grav. et 1 carte.

Pfeiffer (Mme) : *Voyages autour du monde*, abrégés par J. Belin-de Launay; 5ᵉ édition. 1 vol. avec 16 gravures et 1 carte.

Piotrowski : *Souvenirs d'un Sibérien*; 3ᵉ édit. 1 vol. avec 10 gravures.

Schweinfurth H. (Dr) : *Au cœur de l'Afrique (1868-1871)*, traduit par Mme H. Loreau, et abrégé par J. Belin-de Launay; 2ᵉ édition. 1 vol. avec 16 gravures et 1 carte.

Speke : *Les sources du Nil*, édition abrégée par J. Belin-de Launay; 3ᵉ édition. 1 vol. avec 24 gravures et 3 cartes.

Stanley : *Comment j'ai retrouvé Livingstone*, trad. par Mme H. Loreau et abrégé par J. Belin-de Launay; 4ᵉ édit. 1 vol. avec 10 gravures et 1 carte.

Vambery : *Voyages d'un faux derviche dans l'Asie centrale*, traduits par E. Forgues, et abrégés par J. Belin-de Launay; 4ᵉ édit. 1 vol. avec 18 gravures et 1 carte.

HISTOIRE

Loyal Serviteur (Le) : *Histoire du gentil seigneur de Bayard*, revue et abrégée, à l'usage de la jeunesse, par Alph. Feillet; 4ᵉ éd. 1 vol. avec 30 gravures d'après P. Sellier.

Monnier (M.) : *Pompéi et les Pompéiens*; 3ᵉ édition, à l'usage de la jeunesse. 1 vol. avec 23 gravures d'après Thérond.

Plutarque : *Vies des Grecs illustres*, édition abrégée par Alph. Feillet, 5ᵉ édit. 1 vol. avec 53 gravures d'après P. Sellier.

— *Vies des Romains illustres*, édit. abrégée par Alph. Feillet. 5ᵉ édit. 1 vol. avec 69 grav.

Retz (De) : *Mémoires*, abrégés par Alph. Feillet. 1 vol. avec 35 gravures d'après Gilbert.

LITTÉRATURE

Bernardin de Saint-Pierre : *Œuvres choisies*. 1 vol. avec 12 gravures d'après E. Bayard.

Cervantes : *Don Quichotte de la Manche*. 1 vol. avec 64 grav. d'après Bertall et Forest.

Homère : *L'Iliade et l'Odyssée*, traduites par P. Giguet, abrégées par Alph. Feillet. 1 vol. avec 33 gravures d'après Olivier.

Le Sage : *Aventures de Gil Blas*, édition destinée à l'adolescence. 1 vol. avec 50 gravures d'après Leroux.

Mac-Intosh (Miss) : *Contes américains*, traduits par Mme Dionis; 2° édition. 2 vol. avec 120 gravures d'après E. Bayard.

Maistre (X. de) : *Œuvres choisies*. 1 vol. avec 15 gravures d'après E. Bayard.

Molière : *Œuvres choisies*, abrégées à l'usage de la jeunesse. 2 vol. avec 22 gravures d'après Villemacher.

Virgile : *Œuvres choisies*, traduites et abrégées à l'usage de la jeunesse, par Th. Barrau et Alph. Feillet. 1 vol. avec 20 gravures d'après les grands peintres, par P. Sellier.

ALBUMS POUR LES PETITS ENFANTS

FORMAT IN-4

A 4 fr. le volume cartonné avec couverture en couleurs

Dilhaud (P.) : *Les vacances de Bob et Lisette*. Album illustré de 56 gravures en couleurs d'après Job.
— *Fanfan la Tulipe*. Album illustré de 33 gravures en couleurs d'après Job.

Cim (Albert) : *Spectacles enfantins*. Album illustré de 58 gravures en couleurs et en noir d'après Gerbault et Job.

France (A.) : *Nos enfants*, avec 36 gravures en noir et en couleurs d'après Boutet de Monvel.
— *Filles et garçons*, avec 38 gravures en noir et en couleurs d'après Boutet de Monvel.

Giron (Aimé) : *Trois héros*. Album illustré de 34 gravures en couleurs et en noir d'après Job.

Houdetot (Mme la comtesse de) : *Mémoires d'un parapluie*. Album illustré de 48 gravures en couleurs et en noir d'après Gerbault.

Nanteuil (Mme de) : *Un fils de capitaine*. Album illustré de 24 gravures d'après H. Vogel.

Quatrelles : *Histoire de l'intrépide capitaine Castagnette*, avec les illustrations de Gustave Doré.
— *Croquemitaine*, avec les illustrations de Gustave Doré.

Samary (Mme J.) : *Les gourmandises de Charlotte*, avec les illustrations de Job.

Trim : *Le bon Toto et le méchant Tom*, avec 70 gravures en couleurs et en noir d'Eug. Le Mouel et Semechini.

MON PREMIER ALPHABET

Album in-4, contenant 250 gravures en noir et 4 gravures en couleurs, cartonné. . . . . 2 fr.

MON HISTOIRE DE FRANCE

Album in-4, contenant plus de 100 gravures en noir et 10 gravures en couleurs, cartonné. . . . . 2 fr.

MON HISTOIRE SAINTE

Album in-4, contenant 100 gravures en noir et 8 planches en couleurs, cartonné. . . . . 2 fr.

PETITE BIBLIOTHÈQUE DE LA FAMILLE

Format petit in-16

A 2 FRANCS LE VOLUME BROCHÉ

LA RELIURE EN PERCALINE GRIS PERLE, TRANCHES ROUGES,
SE PAIE EN SUS 50 C.

Champol (F.) : *En deux mots*. 1 vol.
Dombre (R.) : *La garçonnière*. 1 vol.
Fleuriot (Mlle Z.) : *Tombée du nid*. 4ᵉ éd. 1 vol.
— *Raoul Daubry, chef de famille*. 3ᵉ éd. 1 vol.
— *L'héritier de Kerguignon*. 3ᵉ édit. 1 vol.
— *Réséda*. 11ᵉ édit. 1 vol.
— *Ces bons Rosacé*. 3ᵉ édit. 1 vol.
— *La vie en famille*. 9ᵉ édit. 1 vol.
— *Le cœur et la tête*. 2ᵉ édit. 1 vol.
— *Au Galadoc*. 1 vol.
— *De trop*. 2ᵉ édit. 1 vol.
— *Le théâtre chez soi, comédies et proverbes*. 2ᵉ édit. 1 vol.
— *Sans Beauté*. 18ᵉ édit. 1 vol.
— *Loyauté*. 2ᵉ édit. 1 vol.
— *La clef d'or*. 8ᵉ édit. 1 vol.
— *Bengale*. 1 vol.
— *La glorieuse*. 1 vol.
— *Un fruit sec*. 1 vol.
— *Les Prévalonnais*. 1 vol.
Fleuriot Kérinou : *De fil en aiguille*. 1 vol.
Girardin (J.) : *Les théories du docteur Wurtz*. 1 vol.

Girardin (J.) (suite) : *Miss Sans-Cœur*. 4ᵉ édit. 1 vol.
— *Les Braves gens*. 1 vol.
— *Mauviette*. 1 vol.
Giron (Aimé) : *Braconnette*. 1 vol.
Leo-Dex : *Vers le Tchad*. 1 vol.
Marcel (Mme J.) : *Le Clos-Chantereine*. 1 vol.
Nanteuil (Mme P. de) : *Les élans d'Élodie*. 1 vol.
Verley : *Une perfection*. 1 vol.
Ouvrage couronné par l'Académie française.
— *Dernier rayon*. 1 vol.
Wiele (Mme Van de) : *Filleul du roi*. 1 vol.
Witt (Mme de), née Guizot : *Tout simplement*. 2ᵉ édit. 1 vol.
— *Un héritage*. 1 vol.
— *Ceux qui nous aiment et ceux que nous aimons*. 1 vol.
— *Sous tous les cieux*. 1 vol.
— *A travers pays*.
— *Vieux contes de la veillée*. 1 vol.
— *Regain de vie*. 1 vol.
— *Contes et légendes de l'Est*. 1 vol.
— *Les chiens de l'amiral*. 1 vol.
— *Sur quatre roues*. 1 vol.
— *Mont et manoir en Normandie*. 1 vol.

D'AUTRES VOLUMES SONT EN PRÉPARATION

COULOMMIERS. — IMP. PAUL BRODARD. — 353-5-98. 100.000.

www.ingramcontent.com/pod-product-compliance
Lightning Source LLC
Chambersburg PA
CBHW051825230426
43671CB00008B/837